말 타고 종 부리고

송기호 교수의 우리역사읽기 3

말 타고 종 부리고

초판 1쇄 발행 2009년 12월 25일
개정증보판 2쇄 발행 2017년 3월 17일

지은이 송기호
펴낸곳 서울대학교출판문화원
펴낸이 성낙인

책임 편집 현우진
디자인 장혜원

출판등록 제15-3호

주소 (08826) 서울 관악구 관악로 1
대표전화 02-880-5252 | 팩스 02-888-4148
출판관리팀(주문상담) 02-889-4424, 02-880-7995
이메일 snubook@snu.ac.kr
홈페이지 www.snupress.com

ISBN 978-89-521-1725-0 04900
978-89-521-0997-2 (세트)

송기호 교수의 우리역사읽기 3

신분세계와
유토피아

말타고
종부리고

송기호 지음

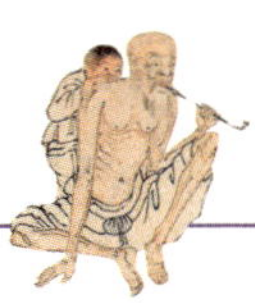

서울대학교출판문화원

개정증보판을 내면서

생활사 세 책을 낸 지 거의 5년 만에 후속으로 세 책을 더 내게 되면서 앞의 세 책을 다시 손대게 되었다. 처음에는 체재의 통일을 기하기 위해서 표지를 바꾸거나 삽화를 빼고 간단히 문장을 고치는 수준에 그치려 하였다. 그러나 그동안 글을 계속 연재하고 때때로 생활사 강의를 하면서 모아두거나 정리해둔 자료를 하나씩 추가하다 보니, 예상치 못하게 큰 작업이 되고 말았다. 이렇게 해서 작년 여름방학은 4, 5, 6책을 교정하는 한편으로 1, 2, 3책을 증보하는 데에 모두 소진하고 말았다. 오류를 수정한 것은 소수에 불과하고 내용을 대폭 보충하고 사진을 많이 추가하였기에 이 책들을 개정증보판이라 부르게 되었다. 이로써 독자들에게 좀 더 많은 정보를 제공할 수 있게 되면 좋겠다.

이번에 교정을 보아준 대학원생 김지희, 편집을 맡아준 서울대학교 출판문화원 관계자 여러분에게 감사를 표한다. 나 개인적으로는 빨리 건강이 회복되어 마지막 권을 출간함으로써, 10여 년에 걸친 대장정의 길을 마무리하고 일곱 빛깔 무지개 표지 띠가 완성되길 바라 본다.

2015년 8월

관악산 아래에서

머리말

과거에서 지금 '우리'를 찾다

동아시아 삼국은 문화가 비슷하지만 다른 면도 의외로 많다. 의료체계만 해도 그렇다. 중국에서는 중의와 양의가 통합되어 있으나 일본에서는 전통의학이 거의 사라졌다. 우리에게도 양의와 한의가 있기는 하나 중국과 달리 대립과 경쟁의 관계가 되어버렸다. 세 나라 모두 전통의학이 있었건만 근대에 서양의학을 받아들이는 과정에서 각각 제 갈길로 가버리고 말았다. 이는 삼국 문화의 차이를 상징적으로 보여주는 것이다.

과거에는 우수한 문화와 열등한 문화가 있다고 생각했다. 고대에 우리의 우수한 문화를 일본에 전해주었다고 지금까지 가르쳐오고 있다. 그렇지만 중국의 우수한 문화가 우리에게 들어왔다는 사실에 대해서는 입을 다문다. 그 배경은 아마 짐작이 될 것이다. 이렇게 우열을 따지는 사고방식은 지금과 같은 세계화 시대에는 맞지 않는다. 모든 문화는 제각기 고유한 가치를 지니고 있기 때문이다.

필자가 생활사에 관심을 가지게 된 것은 1980년대부터였다. 이제 칠

판에 판서만 하는 역사 강의는 지양해야 할 때가 되었다는 생각에서였다. 사실 한국사를 전공하기로 고등학교 때에 이미 마음먹었지만, 성적이 제일 나오지 않은 과목이 바로 국사였다. 예비고사에서나 입학시험에서도 많이 틀린 과목에 속했다. 흥미를 전혀 유발하지 못하고, 무조건 외워야 하는 암기 과목으로 전락해버린 현실을 잘 말해준다. 대학에 들어와 접한 역사 개설서도 정말 무미건조했다. 초등학교까지는 역사에 지대한 관심을 가지고 부모도 역사책을 많이 사주지만, 중학교와 고등학교를 거치면서는 점차 역사에서 정을 떼는 과정을 거치게 되는 게 우리 교육의 현주소다.

역사에는 두 가지가 있다. 하나는 역사의 발전이니 구조니 제도니 하는 골치 아픈 문제들을 논하는 지극히 학술적이고 이론적인 것이다. 그러나 근대 학문이라 하면서 이런 주제만 파다 보니 주체인 인간 그 자체는 역사 서술에서 사라지고 말았다. 우리 역사서에서 생동적인 삶이 빠져버린 것은 이 때문이다. 이를 보완해줄 수 있는 것이 두 번째 역사인 '이야기로서의 역사'다. 어렸을 적 할머니가 해주던 옛날 이야기는 지금도 잊히지 않는다. 거기에서는 사람 냄새가 나기 때문이요, 이야기 속 인물이 뭘 생각하고 있을지 머릿속에 떠오르기 때문이다. 생활사도 바로 그러한 분야에 속한다.

워낙 빨리 바뀌는 세상이 되다 보니 지금 자라는 세대는 전통시대를 그야말로 상상으로만 이해할 것이란 생각이 든다. 요즘 퓨전 사극을 보면 전통시대상을 제대로 가지고 있는 사람이라면 도저히 이해할 수 없는 장면들이 나온다. 가상 현실 속의 역사인 것이고, 그게 또 자연스럽게 받아들여지고 있다.

필자의 경험으로는 1970년대에 우리 사회가 급변하기 시작하면서 생활상이 크게 바뀌어갔다. 그러기에 그 뒤에 태어나 역사를 전공하는 젊은이들이 과거를 상상하는 모습은 우리와 꽤 다를 것이다. 농사짓는 것을 보지 못한 학생이 농업사를 전공할 경우를 상상해보라. 한자도 제대로 읽지 못하면서 역사를 전공하러 들어오는 지금의 상황만 봐도 충분히 짐작될 것이다. 학문의 가장 기초인 한문 강독이 인기가 없어서 각 대학 사학과에서 폐지되기 시작한 지 꽤 오래되었다. 그런 점에서 필자는 전통시대 끝자락에 서 있고, 이제는 이질적인 세대의 젊은이에게 그들이 전혀 겪어보지 못한 생소한 과거를 강의를 통하여 이해시켜야 하는 형편이 되었다.

또 하나의 이유는 해외 생활의 경험이었다. 두 차례 연구년을 미국과 캐나다에서 보내고 수시로 주변 국가를 답사하면서 어떻게 우리를 타국인에게 설명할 수 있는가 하는 고민을 하게 되었다. 한국사를 전공하는데 왜 서양에 와 있느냐 하고 궁금해하는 질문을 받곤 했다. 그럴 때마다 우리와 전혀 다른 세계를 겪어봐야 우리 역사, 우리 문화가 눈에 들어온다고 설명해주었다. 우리 문화와 유사한 중국과 일본에서는 겪어보지 못한 체험을 하면서 그를 통해 우리적인 것이 무엇인가를 깨닫게 된다. 또 동아시아를 전혀 모르는 서양인에게 우리가 중국이나 일본과 무엇이 다른지를 설명해야 할 때가 많다. 이때에 민족주의적인 시각은 아무런 쓸모가 없다. 그것은 우리 삶의 전통에서 해답을 찾아야만 하는 것이다.

마지막으로는 개인적인 이유다. 20대 후반부터 발해사 연구에 전념하면서 대학원 때에 '송발해'란 별명까지 얻었다. 1990년을 시작으로 중국 만주를 14회, 러시아 연해주를 17회 답사했고, 일본의 발해 관련 유적도 몇 차례 답사했다. 그러나 연구 자료가 워낙 제한되어 있어 정년 때까지 발해만 연구하기가 어렵겠다는 생각도 들었다. 그래서 미시적으로 아주 좁게 발해를 연구했으니, 이제 연구 후반기에는 한국사 전체를 조망하는 거시적인 연구를 해봐야겠다는 욕심이 들었다. 이렇게 준비하게 된 것이 생활사다.

1980년대부터 마음만 먹고 있다가 이제는 시작해야 할 단계라고 생각해서 1995년 1학기부터 대학원 수업을 생활사 슬라이드 자료집 제작으로 진행했다. 이때에 고대생활사 자료집을 슬라이드북과 함께 완성했다. 내친김에 1996년 2학기에는 중세생활사, 1997년 1학기에는 근현대생활사를 완성했다. 이렇게 대학원생들과 함께 공들여 만든 슬라이드 자료는 대학 교양 교재로 활용되었고, 심지어 중·고등학교 교사들에게까지 퍼져나갔다. 이 무렵부터 국내 서점에는 생활사 책들이 하나씩 꽂히기 시작했다.

또 하나 계기가 된 것은 당시에 '새끼 BK'라고 부르던 서울대학교 연구비로 대학원생들과 생활사 자료집을 작성하게 된 것이다. 2000년 5월부터 2002년 4월까지 2년간 작업을 해서 자료집을 낼 수 있었다. 그런 다음에 2002년부터 국사학과에 '한국사와 생활문화'라는 전공탐색 과목을 개설하여 제법 호응을 얻었고, 학생들이 새롭게 역사에 관심을 갖는 계기를 마련했다고 자부할 수 있게 되었다.

이상과 같은 공동 작업과는 달리 필자는 개인적으로 삼국사기, 삼국유사에서 고려사를 거쳐 조선왕조실록까지 탐독하면서 자료를 뽑아내는 작업을 틈틈이 해왔다. 첫 시작이 아마 1998년이 아닌가 기억된다.

조선왕조실록은 2001년 1월 초에 시작해서 2008년 3월 말에 와서야 완독할 수 있었다. 이렇게 10년의 세월을 보냈다. 2006년 초에 출간한 『한국 고대의 온돌』도 생활사에 대한 문제의식에서 비롯된 연구 결과물이었다.

문제는 뽑아낸 자료를 어떻게 분류하고 정리할 것인가 하는 것이었다. 그때에 서양사학과 주경철 교수가 번역한 페르낭 브로델 책이 떠올랐다. 경제세계를 일상생활, 시장경제, 자본주의 3개 층위로 나누어 하층에서 상층으로 서술한 방식을 모방해보겠다는 소박한 마음에서 내 자료를 5부로 분류했다. 그것이 제1부 인간과 자연, 제2부 가족과 혼인, 제3부 사회와 신분, 제4부 국가와 제도, 제5부 외교와 이민족이었다. 이렇게 분류해서 모은 자료량은 현재 원고지 2만 매 가까이 된다. 국가에서 편찬한 사료가 중심을 이루므로 제4부가 제일 많을 수밖에 없고, 제3부가 그 뒤를 따른다. 이에 비해서 제1부는 제4부의 7분의 1에 불과할 정도로 적다. 이런 사료의 불균형은 서술 분량에도 영향을 미치게 되었다.

이런 거대한 작업은 국역본이 없었으면 불가능한 일이었다. 조선왕조실록을 열람할 수 있는 국사편찬위원회, 수많은 번역물을 인터넷으로 서비스하고 있는 한국고전번역원민족문화추진위원회, 그리고 기타 누리미디어나 동방미디어, 한국학술정보 등 각종 웹사이트의 존재는 절대적인 도움이 되었다. 한국민족문화대백과사전, 표준국어대사전과 같은 온라인 사전의 도움도 컸다. 특히 외국에 체류 중일 때에는 이들 사이트의 위력을 더욱 실감할 수 있었다.

그러나 자료만 축적하고 있었으면 무의미했을 것이다. 마침 서울대학교 공과대학 이병기, 김재관 교수와 인문대학 정상준 교수의 권유로

『공학교육』에 '한국 민족의 기원'을 네 차례 연재한 것을 계기로 해서, 다른 주제를 대한토목학회지에 연재해달라는 부탁을 다시 받게 되었다. 아직은 때가 되지 않았다고 사양하다가 2005년 2월호부터 지금까지 50여 차례 연재해오게 되었고, 앞으로도 몇 년 정도를 더 가야 마침표를 찍을 수 있을 것 같다. 연재가 모두 끝난 뒤에 책을 내는 것이 마땅하지만, 그러기에는 아직 시간이 멀었고 또 지금까지 연재한 것을 대폭 보완해야 할 필요성도 느끼게 되었다. 이에 52회 연재한 글을 보완 정리한 다음에 서울대학교출판문화원에 세 권 분량으로 원고를 넘길 수 있었다.

세 권의 책은 한국을 이해하기 위한 서론적인 글들인 프롤로그로 시작해서 앞서 언급한 5부 가운데 제3부까지를 다룬 것이다. 그것이 이번에 차례로 낼 『이 땅에 태어나서』, 『시집가고 장가가고』, 『말 타고 종 부리고』이다. 첫째 책은 우리 역사를 바라보는 기본 시각을 다룬 서론 부분과 제1부 '인간과 자연'에 해당하는 부분으로 구성했다. 둘째 책은 제2부 '가족과 혼인' 전체와 제3부 '사회와 신분' 일부를 대상으로 삼았고, 셋째 책은 앞의 책에 이어서 제3부 나머지 부분을 다루었다. 앞으로 나올 책은 제4부와 제5부의 내용이 될 것이다. 그런 다음에 최종적으로 총괄적인 에필로그를 쓸 생각이다. 여기서는 우리 삶의 역사에 보이는 보편성과 고유성, 가변성과 불변성을 중심으로 정리해보고 싶다.

내용 구성은 주로 현실 문제와 연결되는 주제를 정해서 과거 사료 자체가 어떠했는지를 시간적 흐름에 따라 드러내는 방식을 주로 택했다. 특히 연대가 확실한 연대기를 중심으로 했고, 나머지 자료들은 보조적으로 활용했다. 그러한 보조자료로는 조선시대 일기도 아주 유용하게 이용했다. 2006년 밴쿠버 UBC에 연구년으로 있으면서 허남린 교수를 중심으로 『쇄미록』, 『재조번방지』 독회를 했던 것도 큰 도움이 되었다.

취사선택한 자료들을 주로 제시하면서 필자의 주관적 언급은 이들 자료를 연결하는 교량 역할만 하였다. 그러니 독자는 내 말을 빼고 제시된 사료만 읽어도 좋을 것이다. 오히려 필자의 설명에는 잘못된 부분이 들어 있을 것 같아 두려움마저 앞선다. 또 제시된 사료는 원문과 대조하면서 내 문장으로 다시 만들었지만, 역시 여기에도 오역이 있을까 두렵다. 그 부분에 대해서 독자의 지적이 있으면 고쳐나갈 각오가 되어 있다.

쉽게 읽을 수 있는 이야기로서의 역사를 지향하면서, 이 책에는 관련 사진과 그림 자료를 많이 수록하려고 노력했다. 비주얼 세대에 맞는 역사책이 필요하고, 그림과 사진을 통해서 사실적인 역사 이미지를 구축하게 할 수 있기 때문이다. 저작권 문제가 복잡해서 취미 삼아 찍어왔던 필자의 사진을 되도록이면 활용하려 했으나, 유물 사진이나 회화 사진은 어쩔 수 없이 다른 도판의 도움을 받았다. 사진 사용을 허락해준 국립중앙박물관, 서울대학교박물관, 규장각한국학연구원, 경주박물관 김승희 님, 그리고 여기서는 밝히기 어려운 여러분께 감사의 말을 전하고, 또 일부는 허락 없이 전재했기에 용서를 구한다. 또 서울대학교출판문화원의 배려로 삽화도 넣었다. 고증 문제가 불거질 수 있을 것이란 우려도 있었지만, 좀 더 독자에게 가까이 다가가고자 노력한 것이니 그냥 참고 자료로 이해해주면 고맙겠다.

이 글을 연재해온 4년여 동안 처가 어르신들이 모두 세상을 뜨셨다. 마음으로 의지했던 분들이 가까이 계시지 않으니 공허한 마음을 주체할 수 없다. 부모님처럼 모셨던 정주석, 정식 두 분 영전에 늦게나마

이 책을 바친다. 또 국문학과를 다니는 큰딸 인지가 처음부터 원고를 읽어주어 무엇보다 뿌듯하다. 내 잘못된 글버릇을 고치는 계기가 될 수 있었다.

그 밖에도 대한토목학회지에 연재할 수 있는 다리를 마련해주신 김재관, 정상준 교수와 교정을 도와준 김수진 대학원생에게도 감사를 표한다. 또 경제적 어려움에도 내 고집에 못 이겨 컬러 인쇄를 해주고 1년이나 걸려서 좋은 책으로 탄생시켜준 정미경 씨를 비롯한 서울대학교 출판문화원 편집진에게도 고마움을 전한다.

2009년 11월

울긋불긋 춤추는

관악산 자락에서

차례

신분의 세계

신분 질서와 담배 예절 | 서얼 차별 | 백성의 고통
말하는 꽃 기생 | 백정과 광대
일기 속의 노비 1 | 일기 속의 노비 2

신분 질서와 담배 예절

박지원1737~1805이 지은 『양반전』은 누구나 기억할 것이다. 짧지만 사회 풍자적인 성격 때문에 유명한 소설이다. 강원도 정선군에 사는 가난한 양반이 부자에게 자신의 신분을 팔면서 증서를 작성하는 내용이 나온다. 거기에는 장차 양반으로서 지켜야 할 법도가 죽 나열되어 있으니 한번 읽어봄직하다.

비천한 일은 완전히 버리고 옛일을 본받아 고상한 뜻을 가져야 한다. 5경3~5시이 되면 항상 일어나 유황을 그어 기름에 불을 붙인다. 눈으로 코끝을 내려다보고 발꿈치를 모아서 엉덩이를 괴고 앉아서 얼음 위에 박 밀듯이 『동래박의』를 외운다. 배고픔과 추위를 참고 가난하다는 말을 하지 않는다. 이를 마주 부딪쳐 소리를 내고 손가락으로 뒤통수를 튕기며, 기침은 작게 하고 침은 삼킨다. 모피 관은 소매로 닦고 먼지를 털어 빛나게 한다. 세수할 때에는 손을 비비지 않고 양치질할 때에는 입에 흐르지 않게 한다. 긴 소리로 종을 부르고 신을 끌며 천천히 걸어야 한다. 『고문진보』와 『당시품휘』를 깨알같이 작게 베껴 한 줄에 100자씩 쓴다. 손으로 돈을 만지지 않고 쌀값은 묻지 않는다. 더워도 버선을 벗지 않고 식사할 때에는 맨상투를 하지 않는다. 국을 먼저 먹지 말고 마실 때에는 후루룩 소리를 내지 않는다. 젓가락으로 방아 찧듯 하지 말고 생파를 먹지 않는다. 술 마실 때에 수염을 빨지 말고 담배 빨 때에 볼이 오목하게 들어가지 말아야 한다. 성난다고 아내를 때리지 말고 화난다고 그릇을 차지 않는다. 주먹으로 아녀자를 때리지 말고 종들을 죽으라고 꾸짖지 않는다. 소나 말을 질책하되 판매한 주인을 욕하지 않는다. 병들어도 무당을 부르지 않고 제사 지낼 때 중을 시켜 재를 올리지 않는다. 화로에 손을 쬐지 말고 말할 때엔 이가 보이지 않고 침이 튀지 않게 한다. 소를 잡지 않고 도박을 하지 않는다. _『연암집』 방경각외전, 양반전

소설이라서 과장된 면이 있으나 조선시대 양반의 행동거지를 상상해 볼 수 있는 좋은 자료다. 부자는 이를 듣고 양반이 신선과 같다고 하던데 어찌 이것뿐이냐고 하면서 돈이 아까우니 유익하게 고쳐달라고 부탁을 한다. 그래서 양반의 특권을 죽 나열하니 부자는 도둑놈이나 마찬가지라고 하고 다시는 양반을 입에 올리지 않았다고 한다.

몰리에르의 희곡 『부르주아 귀족』도 프랑스판 양반전으로 벼락부자가 된 평민 주르댕이 귀족이 되려고 하면서 일어나는 해프닝을 담고 있다. 그는 귀족처럼 되려고 검술도 배우고 철학과 음악도 공부한다. 이처럼 부르주아지는 귀족의 매너를 익혀서 그 일원이 되고자 하였다. 매너란 귀족의 표지였다. 마찬가지로 조선시대에도 양반이면 양반답게 행동해야 했다.

『양반전』에 복잡하게 나열된 것을 보면 서양의 매너에 관한 역사가 떠오른다. 중세까지만 해도 평민이나 귀족이나 생활 양식에 별 차이가

그림 1 벗고 자는 중세의 여인숙

없었다고 한다. 고기를 손으로 뜯어 먹고 접시와 숟가락은 공동으로 사용하였다. 길거리에서 함부로 소변을 보고 옷자락에 코를 풀었다. 목욕탕에 갈 때에는 집에서 옷을 벗고 가는 것이 예사였다. "옷을 벗고 자는 사람은 완전히 알몸으로 잠을 잤다. … 수도회에서는 규칙의 엄격성에 따라 완전히 입고 자든가 완전히 벗고 잤다." "낮에 입던 웃옷을 그대로 입고 잠을 자는 것이 오히려 이상하게 보였다. 그러면 그 남자 또는 그 여자의 몸에 상처가 있지 않나 하는 의심을 불러일으켰다."그림 1 "짧은 바지만 걸친 아버지가 발가벗은 부인과 아이들을 데리고 골목을 가로질러 목욕탕으로 뛰어가는 것은 흔히 볼 수 있는 풍경이었다." 이처럼 완전 나체를 보는 일은 16세기까지 평범한 일상이었다. 파리 루브르 박물관의 모나리자 전시실에 함께 걸려 있는 베네치아 화가 틴토레토가 그린 1550년 무렵의 그림만 보아도 다른 사람의 시선에 아랑곳하지 않고 옷을 벗고 있다.그림 2

그런데 우리나라에서도 평민은 옷을 벗고 잤던 것 같다. '한밤중의 벌거숭이 사돈'에 관한 얘기를 보면, 농민이 사돈 집에서 옷을 벗고 잤는데, 몰래 죽사발을 들고 나오다가 그만 상투가 갈고리에 걸려서 꼼짝 못한 채 알몸으로 안사돈에게 들켜서 큰 실수를 하고 말았다고 한다. 대개 속옷은 제대로 입지 않았을 것이고 겉옷은 낮에 잘 입어야 하니,

그림 2 목욕하는 수산나(2013. 5.)

밤에는 벌거벗은 채 잤을 가능성이 크다.

서양에서 이런 현상은 16세기부터 서서히 사라지기 시작해 17~19세기에 급속히 자취를 감추었다고 한다. 다른 한편으로 궁정 귀족 사이에서는 예법이란 것이 생겨나기 시작하였다. 음식을 먹을 때에는 포크를 사용해야 하고, 뼈를 뜯다가 바닥에 버려서는 안 되고, 식사 중에 콧소리를 내거나 입맛을 다셔서도 안 되고, 음식을 먹던 손으로 귀나 코를 만져서는 안 된다는 등 규정이 점차 까다로워졌다. 그런데 이런 과정은 부르주아지의 성장과도 연관이 있다. 돈을 많이 번 부르주아지들이 귀족을 흉내 내기 시작하자, 자신의 신분에 위협을 느낀 귀족은 이들을 멀리 떨궈놓기 위해서 더욱더 엄격한 예법을 만들어갔다. 결국 매너란 배타적으로 신분을 지키기 위한 방편이었다.

양반의 예법이 조선 후기에 더욱 까다로워진 것도 결국 이런 이유가 아닌가 생각된다. 다음은 신분에 따른 구별을 보여주는 사례다.

임금이 예조판서 이극배에게 "명분을 엄하게 하지 아니할 수 없다. 어제 사옹원에서 음식을 내올 때에 세자의 그릇을 섞어 썼는데 심히 불가한 일이다. 이리하면 아비와 아들이 그릇을 같이하고 임금과 신하가 그릇을 같이하며 주인과 종이 그릇을 같이하는 것이니, 명분이 어디에 있으며 오랑캐들과 무엇이 다르겠는가? …"고 일렀다. _세조실록 8년(1462) 11월 30일

왕과 세자, 아비와 아들, 임금과 신하, 주인과 종의 그릇은 섞이지 않아야 한다. 이것은 명분, 즉 신분 질서를 지키기 위한 것이다. 그릇의 사용에서도 엄격한 구분을 했으니, 이것은 서양의 사례와 비교해보면 시기적으로 한참 앞선다. 다음은 신분의 한계에 맞추어 생활한 한 역관의 모습이다.

일본어 통역관 김근행은 부자로 알려졌으나, 거친 베로 만든 옷을 입고, 찢어진 갓을 쓰고, 망건 관자로는 붉은 구리에 금칠을 해서 사용했다. 금띠로는 쇠뿔에 누런 빛이 나게 해서 썼고, 차는 칼은 나무로 자루를 만들었다. 사람들이 그 이유를 물으니 "내 몸에 있는 물건이 화려하고 아름다우면 귀족 자제들이 모두 갖고 싶어 하는데, 주지 않으면 환심을 잃게 되고, 주게 되면 두루 미칠 수가 없다. 사치하면 화를 가져오게 되니, 그런 까닭에 이와 같이 하는 것이다"고 했다. 그의 식견이 이처럼 밝았다. _『공사견문록』 303쪽

그러나 이것은 예외적인 것이다. 여유가 생기면 양반 행세를 따라가려고 하는 것이 인지상정일 것이다.

근래에 금지법이 크게 무너져 기강이 땅에 떨어졌습니다. 장사꾼들이 살진 말을 타고 좋은 옷을 입으며, 하인과 천인이 자색 띠와 붉은 삿갓을 사용하여, 상하의 복식이 뒤섞여 법도가 없습니다. 이러니 존비를 어떻게 구별하며 귀천을 어떻게 판가름할 수 있겠습니까? 신은 이런 폐단을 보고 항상 분한 마음을 가져오다가 본직에 임명된 다음에 이를 바로잡아 보고자 장사꾼이 비단옷을 입고 하인이 비단 삿갓을 쓰는 것을 간혹 나가서 금지하기도 하였습니다. _광해군일기 9년(1617) 9월 26일

상인이나 하인, 천인까지도 양반 전유물을 사용하니 존비귀천의 구별이 사라지게 되었다고 왕에게 아뢰는 내용이다. 하층민이 사대부를 모방하고 능멸하면서 신분 질서가 무너져가는 모습은 다음 자료에서도 볼 수 있다.

시독관 이재학이 아뢰었다. "우리나라에서 400년 동안 유지해온 것은 곧 명분입니다. … 밖으로는 아전과 백성들이 수령에게 유감을 품어 감영 문 앞에서 호소하기도 하고, 심지어는 격쟁하여 왕에게 진정까지 하니, 이는 풍속 교화에 크게 관계되는 것으로 진실로 작은 걱정이 아닙니다. 또 안으로는 가난한 선비들이 매번 상민이나 천민에게 능멸과 모욕을 당합니다. 심지어 시정의 무뢰배도 재상 이름을 손가락질하며 부르고, 여염집의 하인들 옷이 분수에 넘친 것이 많습니다. 바야흐로 새로운

정치가 시작되었으니, 마땅히 명분을 바르게 하고 기강을 확립하는 데 힘써야 합니다." … 시독관 이헌경은 상민 여자가 가마를 타는 것과 천한 사람 무덤에 비석을 세우는 것을 금할 것을 요청하니, 왕이 모두 받아들이고 내외에 엄히 경계하도록 명했다. _정조실록 즉위년(1776) 11월 19일

여기서 명분은 바로 신분 질서를 의미한다. 존비귀천이란 말처럼 신분은 사회적 불평등을 전제로 한다. 그런데 하위 계층에서는 경제적 성장에 따라 언제든지 상위 계층으로 올라가려 할 것이므로, 상위 계층에서는 신분 교란을 막기 위해서 각종 금지법을 시행하거나 자신의 행동 규범을 점점 복잡하게 만들어 장막을 치게 된다. 『양반전』도 이런 역사적 배경을 반영한다.

신분과 매너의 연관성을 가장 극적으로 보여주는 것이 담배 예절이다. 비록 지금은 많이 완화되었지만 적어도 아버지나 웃어른 앞에서는 담배를 피우지 않는 것이 일반적이다. 지금은 교수가 지나가도 버젓이 담배를 피우는 일이 많지만 그래도 아직은 담배를 감추거나 얼른 담뱃불을 끄는 학생이 많다. 이런 예법도 실은 전통시대에 신분, 명분을 지키기 위해서 만들어진 것이다.

그런데 담배 예절은 중국이나 일본에는 없고 우리나라에만 있는 독특한 문화이다. 어른 앞에서 담배를 피우지 못하는 것은 우리나라뿐이다. 문필가 이윤기1947~2010는 그의 수필에서 "일본인들, 우리와 많이 달랐다. 머리의 피도 안 마른 여대생이 담배를 물고는, 머리카락이 허연 나에게 손을 내밀었다. 라이터를 빌려주었다. 봉변인가? 봉변 아니었다. 그 여대생은, 부자지간에도 맞담배질을 예사로 하는 곳에서 온 일

그림 3 유럽에 들어온 동식물들(2013. 11.)

본인이었다"고 하여 그 차이를 잘 드러냈다.

유럽인이 아메리카 대륙에 진출하면서 두 지역은 서로 알지 못하는 동식물들을 교환하게 된다. 담배도 그중 하나이다. 유럽에는 옥수수, 감자, 고구마, 고추, 토마토, 담배, 해바라기, 호박, 카카오, 코카, 아보카도, 딸기, 땅콩, 고무, 껌, 파인애플, 각종 콩, 칠면조와 앵무새가 전해졌고, 아메리카에는 사탕수수, 올리브, 포도, 오렌지, 레몬, 소, 말, 돼지, 고양이, 닭이 전해졌다. 이 밖에 매독처럼 의도하지 않게 옮겨진 전염병도 있다. 이를 콜럼버스의 교환이라 하는데, 아메리카에서 넘어온 여러 작물이 유럽을 돌아 우리에게까지 혜택을 주었다. 일본을 통해서 담배, 고추, 고구마, 호박이 전해지고, 청나라를 통해서 감자가 전해진 것이다. 콜럼버스가 묻혀 있다고 전해지는 스페인의 세비야 대성당 안에는 아메리카 대륙에서 유입된 각종 동식물이 문틀을 따라 빼곡히 장식

되어 있어 눈길을 끈다.그림 3

이 가운데 담배가 우리나라에 처음 들어온 것은 임진왜란 무렵에 부산 왜관을 통해서였으니, 대체로 17세기 초쯤 된다. 이때에는 기호품이 아니라 약품으로 인식되어 급속히 퍼져나갔다. 다음은 담배가 처음 들어오던 사정을 기록한 것이다. 당시에는 담배를 남령초南靈草, 즉 '남방의 영험 있는 풀'이라 불렀다.

우리나라 사람이 몰래 남령초를 심양에 들여보냈다가 청나라 장수에게 발각되어 크게 힐책을 당했다. 남령초는 일본에서 생산되는 풀인데 그 잎이 큰 것은 7, 8촌寸쯤 된다. 가늘게 썰어 대나무 통에 담거나, 때로는 은이나 주석으로 통을 만들어 담아서 불을 붙여 빨아들이는데 맛은 아주 맵고 아리다. 가래를 다스리고 소화를 돕는다고 하는데, 오래 피우면 왕왕 간의 기운을 손상하여 눈을 흐리게 한다. 이 풀은 병진1616·정사 연간부터 바다를 건너왔는데, 이를 피우는 사람이 있었지만 성행하지는 않았다. 그런데 신유1621·임술년 뒤로는 피우지 않는 사람이 없어서 손님을 접대할 때에 흔히 차와 술을 대신하였기 때문에 이를 연다煙茶라 하고 혹은 연주煙酒라고도 하였다. 심지어는 재배하여 서로 교역하였다. 오래 피운 사람이 백해무익한 것을 알고 끊으려고 해도 끝내 이루지 못하니 세상에서 '요망한 풀'이라고 일컫는다. 심양으로 흘러들어가자 심양 사람들도 아주 좋아하였는데, 오랑캐 임금은 토산물이 아니라서 재물을 소모시킨다고 하여 엄금했다고 한다. _인조실록 16년(1638) 8월 4일

『증보산림경제』에서도 "감기와 습진을 치료하고 체기와 가래를 돌게

한다"고 하였다. 민간요법으로는 횟배를 앓을 때에 담배를 피우거나 아편대양귀비를 삶아서 먹었다. 한편으로 담배가 들어오니 담뱃불로 인한 실화도 발생하였다. 다음은 아마 그 첫 기록이 아닌가 생각된다.

동래에 있는 왜관에 화재가 발생하여 건물 80칸을 모두 태웠다.【임술년1622에도 큰 화재가 발생했다. 대개 왜인들이 담배를 즐겨 피워서 떨어진 담뱃재로 일어난 것이다.】_광해군일기 15년(1623) 2월 15일

인조 때인 17세기 전반에 살았던 장유1587~1638는 이미 담배 예찬론을 피력하였다. 그는 "지금 남초로 말하면 세상에 유행한 지 겨우 수십 년밖에 안 되는데도 벌써 이처럼 성행하고 있으니, 백 년쯤 지난 뒤에는 그 이익을 두고 차와 각축을 벌이게 될 것이다"고 하여 남초가 중국의 차처럼 세상에 널리 쓰일 것을 예견하였고, 당시 사람들이 "배고플 땐 배부르게 하고 배부를 땐 배고프게 하며, 추울 땐 따뜻하게 하고 더울 땐 서늘하게 한다"고 남초를 예찬한다고 하였다.

담배가 급속히 퍼져나갔던 사정은 이보다 약간 늦은 시기인 17세기 중반에 조선을 방문했던 하멜Hendrik Hamel의 기록에서도 볼 수 있다.

일본인이 그들에게 담배의 씨가 남반국포르투갈에서 왔다고 일러주어, 그들은 흔히 담배를 남반괴라고 한다. 현재 그들 사이에는 담배가 매우 성행하여 어린이들까지도 4, 5세 때에 이미 이를 배우기 시작하니, 남녀 간에 담배를 피우지 않는 사람이 극히 드물다. 처음 담배가 들어왔을 때에 그들이 은 중량으로 이를 무역하였고, 그 이유로 남반국을 세

계에서 가장 훌륭한 나라의 하나로 쳐다보게 되었다. _헨드릭 하멜 책, 92쪽

남령초는 간단히 줄여서 '남초'라고도 하였고, 이 기록에서처럼 남반괴라고 하거나 tobacco의 음을 따서 담박괴, 담파고, 담마고라고도 하였다. 지금의 담배란 단어는 여기서 유래하였다.

하멜이 1653~1666년 사이에 조선에 머물렀으니 불과 반세기 만에 어린아이들까지도 담배를 피울 정도가 되었다. 물론 사회문제가 되지 않을 리가 없다. 더구나 곡식을 심을 땅에 담배를 경작하니 흡연 찬반 논쟁이 벌어지지 않을 수 없다. 그렇지만, 일본에서는 1609년에, 청나라에서는 1638년에 금연령을 내렸던 데에 반해서 조선에서는 금연령을 내리지는 않았다.

임금이 이르기를, "남초를 심은 농토에 모두 곡식을 심게 하면 몇만 섬을 얻을 수 있을 것이다"고 하니, 이병모가 아뢰기를, "기름진 땅에 다 남초를 심었는데 서로西路, 황해도와 평안도가 더욱 심하니 이것이 가장 애석한 일입니다"고 하였다. 임금이 이르기를, "일체 금지할 수는 없는가?" 하니, 이병모가 아뢰기를, "남초를 금지하는 것은 술을 금지하는 것과는 다르니, 만일 금지하려면 어려울 것이 없을 듯합니다만, 신은 기수氣數와 관련이 있다고 생각합니다. 청나라 사람이 우리나라에서 돌아갈 때에 군대에서 담배 피우는 것을 처음에 금지했으나, 군사의 마음이 변하는 것을 보고서는 마침내 그 명령을 거두었다고 합니다. 지금 천하에 퍼졌으니 어찌 기수가 그렇게 되도록 한 것이 아니겠습니까?" 하였다.
_정조실록 21년(1797) 7월 8일

이병모는 담배를 금지할 수 있지만 세상의 운수가 그렇게 되어 퍼진 것이니 그대로 두는 것이 낫겠다는 것이다. 기수氣數란 길흉·화복과 관련된 운수를 의미하니 운명론적인 설명이다. 이리하여 조선에서는 상하 귀천을 막론하고 두루 퍼져나갔다.그림 4 같은 시기에 이덕무1741~1793는 다음과 같이 적었다.

그림 4 담배 썰기(김홍도)

우연히 여러 손님과 함께 각자 좋아하는 것을 말했다. 한 손님이 "내가 좋아하는 것은 담배, 술, 고기 세 가지요" 했다. 그래서 내가 "세 가지를 다 갖추지 못한다면 어느 것을 빼겠소?"라고 물으니 그 손님이 "먼저 술을 빼고 그다음엔 고기를 빼겠소"라고 했다. 내가 다시 그다음을 물으니, 그 손님이 눈을 휘둥그레 뜨고 "담배를 빼면 살아 있어도 무슨 즐거움이 있겠소"라고 하였다. _『청장관전서』 한죽당섭필寒竹堂涉筆

이옥1760~1815은 1810년경에 쓴 『연경烟經』에서 담배 피우기 좋을 때를 이렇게 적었다.

달빛 아래에서 좋고, 눈 속에서 좋고, 빗속에서 좋고, 꽃 아래에서 좋고, 물가에서 좋고, 누각 위에서 좋고, 길가는 도중에 좋고, 배 안에서 좋고, 베갯머리에서 좋고, 변소에서 좋고, 홀로 앉아 있을 때 좋고, 벗을 마주

대할 때 좋고, 책을 볼 때 좋고, 바둑을 둘 때 좋고, 붓을 잡았을 때 좋고, 차를 달일 때 좋다. _『연경』 연의烟宜

아울러 "밥을 배불리 먹은 뒤 입에 매운 맛과 비릿한 냄새가 남을 때, 담배를 한 대 피우면 위장이 편해지고 비장이 상쾌해진다"에서 시작하여 일곱 가지 효용에 대해서도 언급했다.

너도나도 담배를 피우게 되자 사회적으로 크게 문제가 된 것은 신분질서의 교란이었다. 주인과 종, 임금과 신하, 아버지와 아들이 서로 길다란 담뱃대를 물고 있으니 도저히 용납할 수 없게 된 것이다. 신분과 예법을 중시하는 유학자의 눈에는 거슬리지 않을 수 없었다. 술 마시는 데에 주법이 있고, 차 마시는 데에 다도가 있듯이 담배 피우는 데도 예의가 있어야 했다. 이리하여 흡연하는 데에 지켜야 할 규율이 새로 등장하였다.

조선 후기 실학자인 이덕무는 담배 예절에 대해서 이렇게 서술했다.

담배를 피울 때 등불에다 불을 붙이면서 재가 기름에 떨어지게 해서는 안 된다. 담배통에 담배를 많이 쟁여 화로에 떨어져 연기가 나게 해서는 안 된다. 반쯤 피우고 요강에 넣어서는 안 된다. 담배 피울 때 침을 벽이나 화로에 뱉어서는 안 된다. 이불 속에서나 책들 사이에서나 음식상 옆에서 담뱃대를 물어서는 안 된다. 환자의 방에서 문을 닫고 잔뜩 피워도 안 된다. _『청장관전서』 사소절士小節, 사물事物

이옥도 담배를 피워서는 안 될 때와 장소를 이렇게 적었다.

첫째, 높은 분 앞에서 안 된다.

둘째, 아들과 손자가 아버지와 할아버지 앞에서 안 된다.

셋째, 제자가 스승 앞에서 안 된다.

넷째, 천한 자가 귀한 사람 앞에서 안 된다.

다섯째, 젊은이가 연장자 앞에서 안 된다.

여섯째, 제사 지낼 때 안 된다.

일곱째, 여러 사람들이 모인 곳에서 홀로 피우면 안 된다.

여덟째, 급한 일이 있을 때 안 된다.

아홉째, 곽란을 앓아 신 것을 먹을 때 안 된다.

열째, 혹심한 더위나 가뭄이 들 때 안 된다.

열한째, 태풍이 불 때 안 된다.

열두째, 말 위에서 안 된다.

열셋째, 옷이나 이불 위에서 안 된다.

열넷째, 화약이나 화창火鎗, 화승총 옆에서 안 된다.

열다섯째, 매화 앞에서 안 된다.

열여섯째, 기침과 천식을 앓는 사람 앞에서 안 된다.

일체 엄중한 예의를 갖추어야 하는 곳에서는 안 되며, 불조심을 해야 하는 곳에서도 안 되며, 연기가 방해되는 곳에서도 안 되며, 넘어질까 조심해야 하는 곳에서도 안 된다. 일찍이 내가 절에서 불상을 마주하고 담배를 피웠는데, 그 절의 중이 크게 민망해하였다. _『연경』 연기烟忌

이러저러한 예법 가운데는 담뱃불 때문에 조심해야 하는 것도 있지만, 신분 질서를 어지럽히기 때문에 피우지 못하게 하는 것이 있다. [19]

세기 말 『한국연초조사서』에서는 후자와 관련된 예법에 대해서 이렇게 적었다.

1. 아버지와 형님은 물론 연장자 앞에서 담배를 피우는 것은 어른에 대한 결례이니 흡연하지 않는다.

2. 길거리에서 높은 사람이나 연장자를 만났을 때, 담뱃대를 눈앞에 보이는 것은 결례이니 담뱃대를 곧바로 뒤로 감춘다.

3. 여자가 남자 앞에서 담배를 피우는 것은 결례이니 몰래 담배를 피운다.

4. 연장자가 여자에게 "담배를 피우냐?"고 물으면 흡연하는 사람이라도 "네"라고 대답하는 것은 공손하지 못하니, 반드시 흡연하지 않는다고 대답하는 것이 예의이다.

5. 기생 및 주막의 여자는 젊은 나이에 긴 담뱃대를 사용해 흡연하기 때문에 여자로서 흡연하는 것을 천시하는 지방도 있다. _이영학 책, 333~334쪽

구체적인 사례를 『열하일기』의 중국인과의 대화에서 찾아볼 수 있다.

곡정은 "… 귀국에서도 사람마다 담배를 피우겠죠?" 하니, 나는 "네. 그러나 부형이나 어른 앞에서는 감히 피우지 못합니다"고 했다. 곡정은 "그렇겠지요. 독한 연기를 다른 사람에게 피우는 것이 공손하지 못한 일인데, 하물며 부형 앞에서이겠습니까?" 한다. 나는 "비단 그래서일 뿐 아니라, 긴 대를 입에 물고 어른을 대하는 것이 이미 거만스럽고 무례하기 때문입니다"고 했다. _『열하일기』 태학유관록太學留館錄, 8월 10일

지그프리트 겐테에 따르면, 승려들은 담배를 피우지 못했던 것 같다.

승려들이 담배를 피워서는 안 된다는 규율도 내게는 새롭다. 금연은 조선인들처럼 지독한 애연가에게는 아주 힘든 희생이다. 담배를 피우면 안 된다는 사실을 알기 전, 그들에게 몇 번 담배를 권해보았지만 담배를 받는 사람은 한 명도 없었으며 매우 어색해했다. _지그프리트 겐테 책, 184쪽

이러저러한 예법이 생기면서 어긴 자를 처벌하는 사례도 발생했다.

병조에서 아뢰기를, "과거 합격자의 방문을 내걸 때에 금군장 이수붕이 궁궐 뜰에서 횡죽橫竹했으니 먼저 파면한 뒤에 잡아 오소서" 하였다. 횡죽했다는 말은 담배를 피운 것인데, 엄히 곤을 쳐서 귀양 보냈다. _정조실록 10년(1786) 2월 21일

소학과 주자가례의 강독 시험을 맡은 감독관을 먼 곳으로 귀양 보냈다. 강침 등이 명령을 받들고 시험을 시행할 때에 학생들을 대하면서, 몸을 기대고 관은 삐뚤게 쓰고서 담뱃대를 가로물고는 밥상을 대했으며 또 잡스럽게 농담하였다. 임금이 그 소문을 듣고 모두 먼 지방으로 귀양 보내라고 명령하였다. _정조실록 16년(1792) 2월 17일

횡죽이란 말은 조선 후기 풍속도를 보면 금방 이해가 된다. 빨기도 어려울 정도로 길죽한 담뱃대를 가로물고 있는 모습을 쉽게 찾아볼 수 있다.그림 5 그런데 『양반전』에는 볼이 오목하게 빨면 안 된다고 하니 얼

그림 5 기생이 횡죽하는 모습(신윤복)

마나 어려운 일이겠는가? 담뱃대에는 길죽하여 가로로 무는 장죽이 있는가 하면 이보다 짧은 곰방대가 있다.그림 6 혹시 어렸을 때에 할아버지 곰방대를 몰래 빨아본 경험이 있는 사람은 얼마나 힘든 것인가를 이해할 수 있을 것이다.

담배가 처음 들어왔을 때는 담뱃대가 짧았다. 그러나 양반은 평민과 구별 짓기 위해서 긴 담뱃대를 사용하기 시작했다. 심지어 2~3미터나 되는 담뱃대를 사용하여 혼자 불을 붙일 수 없게 되니 하인이 반드시 따라붙게 되었다. 따라서 장죽으로 담배를 피우는 것은 여유 있는 양반층에 국한되었다. 이에 비해서 평민이나 하인은 짧은 담뱃대를 사용했다.

양반은 이런 긴 담뱃대를 재떨이에 딱딱 떠는 소리로 권위를 나타내기도 했다. 때로는 말을 듣지 않는 아이를 혼내는 매가 되기도 하고, 짐

그림 6 원산의 담뱃대 장수(1920년대)

승을 쫓아내는 도구가 되기도 했다. 김득신1754~1822의 그림에는 병아리를 서리하던 고양이를 담뱃대로 때리는 장면이 묘사되어 있다.그림 7

담뱃대 길이를 줄이려는 법령을 시행해보았지만 효과를 거두지는 못했다.

같은 이유로 담뱃대 길이를 줄이는 법령도 효과를 거두지 못했다. 조선 토착민들이 피우는 담뱃대는 적어도 50센티미터가 된다. 때로는 너무 길어서, 물부리를 입에 대고 있으면 팔이 긴 긴팔원숭이조차 대통에 손이 닿지 않을 정도다. 오랜 관습이 된 진정한 애연가의 대통은 절대 꺼지지 않는다. 이런 조선의 담뱃대는 사실 문화적 장애 요소다. _지그프리트 겐테 책, 210쪽

그림 7 담뱃대로 고양이 쫓아내기(김득신)

1890년대에 조선을 정탐한 일본인은 이런 목격담을 남겼다.

3, 4인의 관인이 들어와서 내가 묵은 객사의 주인을 묶어서 데려가려고 했다. … 나중에 내가 그 이유를 들으니 초계군수가 이곳을 지나갈 때 객사의 주인이 담뱃대를 입에 물고 있었던 것이 불손하다고 하여 이렇게 묶였던 것이라고 한다. _혼마 규스케 책, 229쪽

그는 또 "조선 사람은 담배를 매우 좋아하는 동물이다. 3척이나 되는 담뱃대를 걸어갈 때나 집에 있을 때나 앉아서나 누워서, 일을 쉬거나

그림 8 다듬이질하는 여인 옆의 담뱃대

침묵하는 사이에도 손에서 놓는 일이 없다"고 지적하면서, 목욕탕에서도 담배를 피우는 삽화를 그려넣었다. 근대 사진에는 다듬이질하는 여인 옆에 길다란 담뱃대가 놓여 있는 것이 있다.그림 8

담뱃대가 길다 보니 그 옆에서는 이렇게 조심해야 했다.

사람이 막 담배를 피우려 할 때는 반드시 자세히 살펴야 한다. 앞을 지날 때 빠른 발로 급히 달리다가 담뱃대를 건드리면, 남의 이를 부러뜨리거나 남의 목구멍을 뚫기도 한다. 요행히 이를 면하더라도 큰 노여움을 불러온다. _『증보산림경제』 가정家政 하

조선 후기 민화에는 호랑이가 담배 피우는 모습의 그림이 많다. 남양주 봉선사, 수원 팔달사 등 몇몇 사찰의 외벽에도 호랑이가 담배 피우

그림 9 봉선사 삼성각 벽화(2015. 5.)

는 장면이 그려져 있어 눈길을 끈다. 팔달사에는 토끼 두 마리가 장죽을 물고 있는 호랑이의 끽연을 도와주는 그림이 있고, 봉선사에는 토끼 한 마리가 불을 붙이고 있는 그림이 있다.그림 9

담배가 조선시대에 들어왔으니 맞지 않는 말이지만, 옛날 이야기를 시작할 때에 흔히 '옛날 옛날에, 호랑이 담배 피우던 시절에'라 한다. 상하 귀천을 엄격히 하기 위해 나중에 담배 예절이 생겨난 것을 염두에 둔다면, 이런 그림과 말 속에는 상하귀천을 막론하고 담배를 피웠던 이상적인 사회를 그리워하는 속내가 담겨 있다고 한다.

지금까지 살아 내려오는 담배 예절은 이처럼 신분 질서 유지를 위한 방편으로 만들어진 것이다. 그런 점에서는 사라져야 할 산물이라 할 수도 있을지 모르겠다. 그렇다고 아버지 앞에서 아들이, 선생 앞에서 학생이 담배를 물고 있는 모습은 아무래도 보기에 민망하다. 서양에서는 이런 모습을 흔히 볼 수 있다고 하더라도 말이다.

서얼 차별

허균이 지은 『홍길동전』에는 조선시대에 차별을 받아온 서얼들의 한을 토해내는 유명한 대목이 나온다.그림 1

그러나 근본이 천한 태생이라, 길동이 아버지를 아버지라고 부르거나 형을 형이라고 부르면 문득 꾸짖어 못하게 하니, 길동은 열 살이 넘도록 감히 아버지와 형을 부르지 못했다. 또 계집종이나 사내종들에게도 천대를 받아 뼛속 깊이 한이 맺힌 탓에 마음을 잡지 못했다. … 길동이

그림 1 홍길동과 아버지

두 번 절하고 아뢰었다. "소인에게 평생 서러운 일이 있습니다. 대감의 정기를 물려받고 당당한 남자로 태어났으니 아버지께서 낳아주시고 어머니께서 길러주신 은혜가 정말 깊습니다. 그런데도 아버지를 아버지라 못하고 형을 형이라 못하니, 소인 같은 인생을 어찌 사람이라고 하겠습니까?"

이 글만 봐도 원통한 심정이 가슴에 와 닿는다. 이들에게는 세 가지 소원이 있었다.

그 상소 가운데에 드러난 뜻을 본다면, 실로 천지간에 지극히 원통한 일이었습니다. 그들에게 간절한 것이 세 가지가 있으니, 하나는 아버지라 부르지 못하는 것이고, 하나는 대를 잇는 자식이 되지 못하는 것이고, 하나는 사대부들과 같이 벼슬길에 나가지 못하는 것입니다. 천지는 만물에게 큰 부모가 되므로 귀천을 막론하고 모두 하늘을 하늘로 부르는데, 유독 서얼만 그 아버지를 아버지라 부르지 못하니 그 원망은 당연한 것입니다. _순조실록 23년(1823) 8월 2일

서얼은 원래 서자庶子와 얼자孽子를 합친 말이다. 정처에서 낳은 자식을 적자, 양인 첩에서 낳은 자식을 서자, 천인 첩에서 낳은 자식을 얼자라 하였다. 다음은 사헌부에서 왕에게 아뢴 글에 나오는 대목이다.

신들이 서얼이라는 명칭을 널리 고찰해보니, 소위 '서'라고 하는 것은 양인 첩의 자식이고, '얼'이라 하는 것은 천인 첩의 자식입니다. 중국

사람들은 적첩의 구분만 엄하게 하였으니, 일찍이 서얼의 벼슬길을 막고 쓰지 않은 적이 없었으며, 고려조에서도 막지 않았습니다. _명종실록 8년(1553) 10월 15일

그러나 보통은 서자와 얼자를 합쳐서 서자 또는 서얼이라 불렀다. 서얼의 명칭은 숙종 때에 바꾼 적이 있었다.

이조판서 최석정이 업유業儒·업무業武를 문·무 서얼의 칭호로 삼기를 청하니, 임금이 그대로 따랐다. _숙종실록 22년(1696) 9월 27일

이렇게 서얼 자신만 업유, 업무라 부르고 그 후손은 사족과 같이 유학幼學으로 부르게 했다. 그렇다고 차별이 사라지지는 않았다.

서자라는 말은 원래 중국에서 맏아들의 대칭어로서 나머지 아들을 가리켰으나, 후대로 내려오면서 첩의 아들이란 뜻으로 바뀌었다. 단군신화에 '환인의 서자 환웅이 있어'라고 되어 있어 하필 서자냐 하는 말이 있지만, 여기서는 맏아들이 아니라는 뜻이다. 맏아들은 하늘 세계를 계승해야 하니 그 아래 아들이 지상의 지배자가 되었다고 생각한 것이다.

서얼 출신은 조선시대에 차별을 많이 받았다. 『홍길동전』에서처럼 가족 내에서도 차별을 받았다. 서자의 자손들은 적자의 자손들을 윗사람으로 섬겨야 했다. 유형원1622~1673의 글에서 이를 확인할 수 있다.

서얼은 지극히 공경스럽게 적자를 섬겨야 하고, 모든 일에서 감히 대등하게 맞서거나 나란히 앉아서는 안 된다.【적자 형제의 다음에 앉되 같

은 줄에서도 조금 물러나 앉는다. 기타 첩의 자식들은 더 말할 것도 없다. 양인 첩과 천인 첩에게서 난 자식들은 모두 연령에 따라 순서를 정한다.】 길에서 만났을 때에는 감히 나란히 말을 타지 못한다.【서얼이 말에서 내리면 적장자가 말을 타라고 하되, 연령이 서로 같으면 말에서 내리게 하지 않는다. 어린이는 꼭 말에서 내릴 필요는 없다. 대개 서얼이 적자를 섬기는 것은 어린이가 어른을 섬기는 예와 같다.】 적자가 나이가 적고 아랫사람에 속하더라도 감히 '너'라 하지 못한다.【서얼로서 연장자이고 윗사람에 속하면 적자들도 서로 존경하여 무례하게 해서는 안 된다.】 서얼이 부귀하게 되어도 이를 빙자하여 감히 적자들을 멸시하지 못한다. 만일 무례하게 능멸하는 자가 있으면 마을 사람들이 모두 지적하며, 그래도 고치지 않으면 경중을 따져 벌을 논한다. _『반계수록』 교선지제敎選之制 상

제대로 대접을 받지 못하는 것을 '서자 취급한다'고 하는데, 실제로 서자가 어떻게 취급되었는지를 짐작할 수 있을 것이다.

서얼은 사회에서도 차별을 받았음은 물론이다. 조선시대 법전인 『경국대전』에서 '서얼 자손'은 문과에 응시하지 못하게 하였고, 관직에 등용하더라도 상한을 두어 높은 직책에 오르지 못하게 하였다. 명종 때인 1555년에는 '서얼 자손'을 '서얼 자자손손'으로 주석을 달게 됨으로써 서얼 출신은 자식과 손자에 그치지 않고 자손 대대로 차별을 받게 되었다.

이렇게 조선에서 서얼을 차별하게 된 것은 태종 때에 서선의 건의에서 비롯되었다고 한다.

비변사가 또 아뢰기를, "일찍이 태종 때에 급사중 서선의 논의로 높은 벼슬에 서얼을 임명하지 못하게 하는 법을 처음 마련했으나 전적으로 금지한 것은 아니었습니다. 성종 때에 이르러 『경국대전』을 반포하면서 서얼의 자손은 문·무과, 생원·진사과 등의 과거시험을 허락하지 않는 법을 두었으나, 증손은 금지하지 않았습니다. 지금 민간에서 '대수가 다한 서얼'이라는 말이 있는 것도 대개 이 때문입니다. 그런데 그 뒤 『경국대전』에 주석을 달 때에 '자자손손'이란 말이 첨가되어 이로부터 영원히 금고禁錮를 당하게 되었습니다. _인조실록 3년(1625) 11월 13일

태종 15년1415 6월에 서선 등 6명이 "서얼 자손은 현관직사顯官職事, 높은 실직 벼슬에 임명하지 말아서 처·첩을 분별하소서"라고 건의하여 왕의 허락을 받았다. 이것이 차별 역사의 발단이 되었다. 박지원은 서선이 이렇게 건의하게 된 배경을 다음과 같이 설명하였다.

건국 초기에 죄를 지은 재상 정도전은 서얼 자손인데, 그가 총애하던 종에게 우대언 서선이 욕을 본 일이 있었습니다. 그가 원수 갚을 길을 생각하다가 정도전이 패망하게 되자 서선이 마침내 명분론을 끌어들여 죽은 뒤에나마 설욕하고자 한 것이었습니다. 그러나 제 말이 반드시 이루어지고 그 법이 반드시 행해지리라 생각한 것은 아니었습니다. 그런데 바야흐로 정도전이 죄를 지어 막 처형당한 때이고 보니, 그 말이 쉽게 먹혀들었고 그 법이 용이하게 이루어진 것이었습니다. _『연암집』 의청소통소擬請疏通疏

정도전은 외할머니가 미천하였다고 전해진다. 한 개인의 원한이 국가 제도로까지 발전하여 『경국대전』에도 반영된 것이다. 이렇게 서얼의 벼슬길을 막는 법을 '서얼금고법'이라 부른다. 이에 따라 서얼은 통역, 의학, 천문지리, 법률 등에 능한 사람을 뽑는 시험인 잡과를 통해서 중인 관료로 나아가거나, 음서 제도를 통해서 말단 관직에 임용되는 것이 고작이었다.

이처럼 자신에게뿐 아니라 그 자손까지 대대로 벼슬길을 막은 것은 조선시대에서만 찾아볼 수 있는 특징이다. 중국에서나 고려에서도 서자를 차별하는 관행은 있었지만, 이렇게 자손들까지 차별한 적은 없었다.

정진교의 상소에 대략 이르기를, "… 우리나라에서 서얼을 높은 벼슬에 임명하지 말자는 논의는 서선이 처음 시작하였는데, 그 뒤 가면 갈수록 한 마디 한 마디가 더욱 심해져 마침내 자손까지 영원히 금고하기에 이르렀습니다. …"고 하였다. 또 이르기를, "중국의 이른바 서얼은 단지 그 자신에게만 해당될 뿐이고, 그 자손까지 아울러서 서얼이라 이름한다는 것을 들어보지 못하였습니다. 그러나 우리나라의 경우 한번 서얼 자손에 속하면 수십 대에 이르도록 벗어날 수 없습니다. …"고 하였다.
_영조실록 즉위년(1724) 12월 17일

성종 때에 서자인 황효산이 적자 동생인 황이경을 죽인 일이 발생했는데, 마땅히 적용할 법 조항이 없어 문제가 된 일이 있었다. 당시에는 명나라 법률인 『대명률』을 참고하였는데, 중국에서는 적자와 서자가 차별 없이 벼슬길에 나아갈 수 있었기에 양자 사이의 살인에 관한 법률

조문이 없었던 것이다.

서얼은 본인에게만 문제가 되는 것이 아니라 결혼한 상대방에게도 누를 끼쳤다.

병조에서 아뢰기를, "경기도 영종포 만호 박숭인은 운성부원군 박종우의 얼자 사위이고, 내금위 변오천도 박종우의 얼손 사위로서 처들이 모두 서얼이니, 당사자들에게도 허물이 됩니다. 만호와 내금위는 서얼 출신이나 허물이 있는 자에게 제수할 수 없으니 교체하기 바랍니다" 하니 그대로 따랐다. _성종실록 5년(1474) 1월 2일

서얼 출신을 부인으로 맞이했다고 해서 벼슬이 갈리게 된 것이다. 이런 사례는 고려 후기에도 보인다.

손변?~1251은 처가가 왕실의 서파이기 때문에 대성臺省, 정조政曹, 학사學士, 전고典誥 등의 관직에 임용될 수 없었다. 처가 손변에게 "내 계보가 천하여 당신이 유학자들의 청요직에 오르지 못하니 나를 버리고 세족 가문에 재취하기를 바랍니다"고 하였다. 손변이 웃으면서 "내 벼슬길을 위해서 30년 조강지처를 버리는 것은 내가 차마 할 수 없다. 하물며 자식까지 있지 않는가?" 하며 끝내 들어주지 않았다. _『고려사』 손변 전기

대성어사대 대간과 중서문하성 성랑, 정조이조와 병조, 학사, 전고와 같이 권력의 핵심 요직인 청요직은 서얼이 접근할 수가 없었다. 이는 조선시대에도 마찬가지였다.

서얼이란 낙인을 대대로 물려받는 신세가 되니 이들의 불만이 고조되지 않을 리 없었다. 광해군 때에 일어난 7서지옥七庶之獄 사건이 이를 대변한다.

좌변 포도대장 한희길이 아뢰기를, "지난달에 조령 고갯길에서 도적이 행상을 죽이고 은돈 수백 냥을 빼앗았습니다. 그 두목인 서얼 박응서는 도망갔고 도적 허홍인의 종 덕남 등을 이미 체포했는데, 장 한 대 때리기도 전에 일일이 자백하였습니다. …"고 하였다. … 이에 앞서 서인 서양갑·심우영·허홍인·박응서·박치의 등이 생사를 같이할 친구를 맺고 때도 없이 어울려 다녔다. 양갑은 고인이 된 목사 서익의 첩 자식이고, 우영은 고 감사 심전의 첩 자식이고, 응서는 고 정승 박순의 첩 자식인데, 모두 명문가 출신으로 글을 잘하기로 유명하였다. 그러나 과거시험을 일로 삼지 않고 장사에 힘을 기울였다. 기유년1609부터는 여주 강변으로 옮겨 가 집안 재물을 공동으로 사용하면서 입고 먹는 것이 매우 사치스러워 고을 사람들이 이상하게 여겼다. 이제 양갑과 치의 등이 벌인 강도 행위가 드러나자 이들이 도둑이라는 사실을 사람들이 비로소 깨닫게 되었다. _광해군일기 5년(1613) 4월 25일

7명의 서자들이 사회에 불만을 품고 작당하여 도둑질을 하다가 발각된 사건으로, 『홍길동전』의 모델이 된 것으로 알려져 있다. 이들은 허균그림 2 등과 사귀면서 스스로 죽림칠현, 강변칠우江邊七友라고 불렀다고 한다. 이 사건은 정치적으로도 이용되었다. 이들이 선조의 적자인 영창대군을 옹립하려 했다고 누명을 씌웠고, 이를 기화로 광해군과 함께 집

그림 2 강릉 외가 터에 세운 허균 기념비(2009. 7.)

권한 세력이 영창대군 측에 섰던 반대파 세력을 제거하는 피바람을 일으켰으니, 이를 계축옥사라고 한다.

그러나 예외는 있게 마련이다. 세조 때의 유자광1439~1512이 그러하다.

사헌부 대사헌 김영유 등이 차자를 올려 아뢰기를, "유자광은 유규의 첩 자식인데, 용맹스러우면서 학문 지식도 있어서 처음에 갑사甲士가 되었습니다. 지난 정해년1467에 반역자 이시애가 군사를 일으키자 유자광이 글을 올려 참전을 청해서 마침내 작은 공로를 세웠습니다. 이리하여 세조대왕께서 순서를 거치지 않고 뽑아 올렸고 과거시험을 허락하기에 이르셨습니다. 그러나 이것은 적을 토벌하는 데에 급해서 다만 그 재주를 쓰신 것입니다. …"고 하였다. _성종실록 8년(1477) 윤2월 24일

그는 갑사로서 궁궐 문을 지키다가 이시애의 난 토벌에 자원한 것을 계기로 세조의 총애를 받기 시작하였다. 이에 대신들의 반발이 없을 리 없었다.

지평 정효항이 사헌부의 의논을 가지고 아뢰기를, "… 지금 유자광은 그 출신이 첩의 아들로서 재주와 행동이 경박하고 용렬하며, 비록 벼슬길을 열어준다 하더라도 과거 급제자도 아닙니다. 지금 귀천을 따지지 않고 현명한지 여부도 살피지 않고 관례도 돌아보지 않고, 어제 벼슬길을 열어주고 오늘 정랑으로 삼는 것은 적절하지 않다고 신은 생각합니다. 이미 다른 관직도 유자광의 작은 공로에 합당할 만한 것은 없습니다" 하니, 왕이 지시하기를 "너희들 가운데 유자광 같은 자가 몇이나 되는가? 나는 절세의 재주를 얻었다고 생각하니 다시 말하지 말라. 또 벼슬길을 연 지 오래되지 않았다고 너희들이 핑계하지만, 어느 세월이 지나야만 오래되는 것인가?" 하였다. … 서얼이 육조의 낭관에 임명된 것은 유자광에서 시작되었다. _세조실록 13년(1467) 9월 22일

낭관은 각 관청에 소속된 정3품 이하의 당하관 벼슬을 가리킨다. 정랑은 병조 정랑으로 정5품 벼슬이었다. 이처럼 왕의 총애를 받으면 예외가 인정되었다. 그 뒤 승승장구하여 연산군 때에는 김종직을 처형하는 무오사화를 일으켰고, 연산군을 쫓아내는 중종반정에도 참여하여 공신이 되었으나 결국은 유배지에서 죽음을 맞이하였다. 무오사화가 일어나자 그 주모자인 유자광은 사림파의 눈 밖에 나게 되었고, 그 분풀이를 하기 위해서 서얼의 벼슬길을 막아야 한다는 논의가 더욱 강경

해졌으니, 최고 법전의 문구를 '자자손손'으로 해석한 것도 그 때문이었다고 한다.

중종반정에 직접 참여하여 출세한 서얼이 있는가 하면 이때의 혼란을 틈타서 출세한 서얼도 있었다. 노영손은 중종반정의 논공행상에 불만을 품은 사람들을 역모로 무고하여 그 덕택으로 공신에 봉해지고 정2품 벼슬까지 오른 인물이었다.

또 아뢰기를, "우리나라는 귀천의 분별이 있어 상하가 문란하지 않은데, 지금 서얼의 좌석 차례가 육조 판서보다 위에 있는 것은 조정의 수치입니다. 청컨대 그 차례를 끝에 두도록 하소서" 하였다. 【서얼은 곧 노영손이다.】 _중종실록 9년(1514) 2월 10일

그의 무고를 계기로 역모를 일러바치는 풍조가 만연하게 되었다고 실록에 적었다.

서얼에 대한 차별을 철폐하자는 논의는 진작부터 있어 왔다. 일찍이 조광조는 우리나라가 땅이 좁아 인물이 적은데 여기에 중국과 달리 서얼과 노비까지 제외하면 인재 얻기가 어렵다고 간언하였다. 이때가 1518년 3월이다. 이 뒤로도 다음과 같은 일들이 있었다.

선조 초년에 신분 등 1,600여 명이 상소하여 억울함을 호소하였더니, 왕이 '해바라기가 해를 따라 움직이는 것은 곁가지도 다르지 않다'는 말로 답했다. 또 율곡이 변경의 방비에 충당하기 위해 곡식을 바친 뒤 과거시험에 응시할 수 있도록 하는 규정을 시행하였으나, 과거에 급제

한 뒤에는 으레 봉상시나 교서관에 서너 자리를 줄 뿐이었다. _『성호사설』 서얼방한3庶孼防限

그림 3 서얼의 상징인 해바라기(2008. 7.)

해바라기는 해를 따라 움직이기에 충성의 상징물이다. 서얼이 바로 해바라기와 같은 존재라는 것이다.그림 3 그렇지만 서얼에게 벼슬길을 열어준 사례는 아주 미미하였다. 선조 30년1597에서 영조 11년1735까지 138년간 문과에 급제한 서얼 출신은 42명에 불과하였다고 한다. 그렇지만 첩을 여러 명 두는 풍조가 점차 확산되면서 자연히 전국의 서얼 수가 크게 증가하여 18, 19세기에는 서얼 출신이 적자 출신을 능가하였다고 한다.

더구나 미천한 출신의 어머니를 두어 우여곡절 끝에 왕위에 오른 영조, 그의 손자이면서 아버지 사도세자가 비참하게 죽은 슬픔을 경험했던 정조는 서얼의 처지를 동정하는 입장이었다. 특히 정조는 서얼 허통에 적극적이어서 즉위한 지 1년이 지난 해1777에 그 구체적 방도를 마련하라는 지시를 내렸다.

양전兩銓, 이조와 병조에 명령하여 서얼들에게 벼슬길을 터주는 방법을 강구하여 절목을 마련하라고 하였다. 아울러 "… 아, 저 서류들도 나의 신하인데, 그들이 제자리를 얻지 못하고 포부도 제대로 펴지 못하게 한다면 이 역시 과인의 허물이다. 양전의 신하들로 하여금 대신들과 함께 의논

그림 4 검서관들이 근무했던 창덕궁 규장각(2007. 8.)

하여 벼슬길을 터주는 방법과 장려하고 발탁할 수 있는 방법을 따로 강구하게 하라. 그리하여 문관은 어느 관직에 이를 수 있고, 음관은 어느 관직에 이를 수 있고, 무관은 어느 관직에 이를 수 있는지 그 순서를 마련하여 … 벼슬길을 넓히도록 하라"고 지시하였는데, 이조에서 그 절목을 올렸다. _정조실록 1년(1777) 3월 21일

아울러 정조는 직접 규장각에 서얼을 위한 자리를 마련했으니 도서를 관리하는 검서관이 그것이다.

처음으로 내각에 검서관을 두었는데, 서류 가운데 학문에 조예가 있는 사람 4명을 뽑았다. _정조실록 3년(1779) 3월 27일

그림 5 서얼의 역사 『규사』(2008. 8.)

내각은 규장각을 이른다. 이때 처음 임명된 네 사람이 이덕무, 유득공, 박제가, 서이수로 당시에 명망 있던 서얼 출신 북학파 실학자들이었다. 규장각에서 서적을 많이 열람할 수 있었기에 이덕무는 『청장관전서』, 유득공은 『발해고』, 박제가는 『북학의』를 저술할 수 있었으니, 이들은 당시 '4검서'로 불릴 정도로 유명하였다.그림 4

그러나 지시를 내리고 제도를 마련했다고 해서 곧바로 서얼 문제가 해결될 리는 없었다. 1823년에는 9,996명, 1848년에는 8천 명 등 수천 명이 집단으로 상소하는 등 이런 일이 여러 번 벌어졌다. 그리고 19세기 말 갑오경장에 와서야 노비 혁파와 더불어 서얼 차별도 마침내 사라지게 되었다.

이런 과정을 거쳐서 서얼 차별의 벽은 점차 허물어져 갔다. 그런 의식을 보여주는 것이 서얼에 관한 역사서인 『규사葵史』1858의 편찬이다.그림 5 '규'란 해바라기로서 선조가 얘기한 말에서 따온 것이다. 사대부나 서얼 모두 임금에게 충성을 바치는 백성이기는 마찬가지라는 뜻이다. 우리도 당당히 백성이란 의식이 자신들만의 역사를 편찬하기에 이른 것이다. 이런 점에서 서얼 계층의 성장을 읽을 수 있다. 이 밖에도 중인이나 평민의 역사서도 속속 등장하였으니, 19세기는 바야흐로 밑으로부터 새로운 사회적 분위기가 조성되던 시대였다.

백성의 고통

지금은 경제적인 약자를 가리켜 서민이라 부르지만, 시간을 거슬러 올라가면 돈보다는 벼슬이나 특권에서 벗어나 있는 사람들을 백성, 평민이라 하였다. '백성'은 말 그대로 성씨를 가지고 있었으므로 원래는 지배층을 의미하였다. 중국에서는 전국시대부터 일반 평민을 가리키는 말로 바뀌었는데, 우리나라에서도 고려시대에 일정한 지배층을 의미하다가 점차 평민을 가리키는 말로 변했다.

전통시대에는 모든 사람을 사·농·공·상의 네 범주로 나누었다. 노비나 백정과 같은 천민은 아예 이 대상에서 제외되었다. "사민은 각각 생업이 있으니, 학문으로서 지위에 오른 사람을 '사'라 하고, 땅을 개간하여 곡식을 심는 사람을 '농'이라 하고, 기술로서 기구를 만드는 사람을 '공'이라 하고, 재물을 통해 돈을 버는 사람을 '상'이라 한다"고 하였다.『한서』 식화지 이를 보면 단순히 직업에 따른 분류처럼 보이지만, 사실은 이들이 서로 동등한 지위를 가졌던 것이 아니므로 신분 구분의 성격을 띠고 있었다. 정신노동자인 '사'는 지배층이었고, 육체노동자인 농·공·상은 피지배층이었다. 지금도 블루칼라보다는 화이트칼라를 선호하는 것은 이런 전통과 무관하지 않다.

그림 1
불교 회화에 비친 유생들 모습
(직지사 감로탱)

양반은 노동을 하지 않았다. 아니 이를 경멸했다. 글이나 쓰고 누워서 경서나 읽었다.그림 1 그런 특권을 보여주는 상징물이 손톱이었다. 다음은 근대 서양인의 눈에 비친 훈장의 모습이다.

우리 마을의 훈장은 긴 담뱃대로 담배를 피운다. 그는 모든 육체노동을 절대적으로 경멸한다는 사실을 세상 사람들에게 보여주기 위해, 그 작은 손가락의 손톱들을 놀랄 만한 길이로 기른다. 이 긴 손톱은 그가 손으로 일하는 것을 경멸하는 선비라는 것을 한눈에 알게 해준다. _제이콥 로버트 무스 책, 168쪽 그렇지만 손톱을 길게 기르는 것이 보편적이지는 않았던 듯하다. 1891년 조선을 여행한 영국군 장교는 오히려 중국의 지식인과 귀족들이 맹금류의 발톱처럼 길렀고, 조선 관료는 그러지 않았다고 지적했다. 그 대신에 그는 고위 관료들의 깨끗하고 부드러운 흰 손을 보았다.

피지배층 가운데에는 먹을 것을 제공하는 농이 가장 기본이었고, 공과 상은 그 아래로 평가되었다. 그래서 사·농은 상위에 속했고, 공·상은 하위에 속했다. 다음은 박시형이 왕에게 아뢴 말 가운데 나온다.

옛날에 사민 가운데 사·농은 조정에서 벼슬을 하였으나 공·상은 참여하지 못한 것은 직업이 천하기 때문이었습니다. _성종실록 3년(1472) 6월 4일

농민이 핵심을 이루는 백성은 국가의 기본이었다.그림 2

조현명이 말하기를, "임금에게 백성이 있는 것은 산에 흙이 있는 것과 같습니다. 흙이 쌓여 산이 되는데 그 밑을 파면 산은 저절로 무너지고, 백성이 모여 나라가 되는데 그 백성을 학대하면 나라는 곧 망합니다. 그러니 사랑할 자가 어찌 백성이 아니며, 두려워할 자가 역시 백성이 아니겠습니까?" 하니, 왕세자가 "그렇다"고 하였다. _영조실록 25년(1749) 4월 5일

국가는 백성에게 의존하고 백성은 농사에 의지하니, 농사가 없으면 백성이 없고 백성이 없으면 국가가 없다고 생각하였다. 다음은 윤광찬의 상소문에 나오는 말이다.

그림 2
농사 짓는 백성(김홍도 그림)

아. 국가는 백성에 의존하고 백성은 농사에 의존하는 것이니, 농사가 없으면 백성이 없게 되고 백성이 없으면 국가도 없게 되는 것은 필연의 이치입니다. 그런데 근년 이래 전염병으로 죽은 것이 농우가 몇십만 마리가 되고, 농민은 몇백만 명이나 됩니다. _영조실록 28년(1752) 1월 3일

그러나 이것은 어디까지나 명분론이었다. 민심은 천심이라 하여 두려워하기는 하였지만, 실상 피지배층인 백성은 기본적으로 수탈의 대상이었다. 성리학의 이념에 충실했던 조선시대마저 농지에 부과하는 전세는 10퍼센트 정도에 불과한 대신에 부역과 공물의 부담은 상대적으로 훨씬 컸다. 이것은 토지를 많이 가진 사대부에게는 유리하고 공물

진상과 부역에 동원되던 평민에게는 불리한 구조였다. 일본과 중국은 이미 세금을 한 가지로 통일했던 데에 비해서, 우리나라에서는 조선시대까지도 여전히 토지세인 조租, 노력 동원인 용庸, 특산물 진상인 조調의 세 체제를 유지하며 이렇게 부담의 불균형을 초래하였다. 이런 점에서 사대부는 노블레스 오블리주와 거리가 있었다. 그러기에 역사 기록에서 평민은 언제나 가혹한 수탈에 허덕이는 모습으로 나타난다.

고대 역사에서 유명한 것으로 고구려의 미천왕300~331과 신라의 효녀 지은에 관한 얘기가 있다.

미천왕의 이름은 을불이다. … 처음에 봉상왕이 동생 돌고가 딴 맘을 품은 것으로 의심하여 죽이니, 그 아들인 을불이 해를 입을까 두려워 도망쳐서 수실촌 사람 음모 집에서 고용살이를 하였다. 음모는 그가 어떤 사람인지 알지 못하고 혹독하게 부려먹었다. 그 집 옆에 있는 연못에서 개구리가 시끄럽게 울자 을불을 시켜 밤에 기왓장과 돌을 던져 소리가 나지 않게 하였고, 낮에는 나무를 해 오도록 하여 잠시도 쉬지 못하게 하였다. … 이때에 얼굴이 파리하고 옷이 남루하여, 사람들이 보아도 왕손인 줄 알지 못했다. _『삼국사기』 고구려 미천왕 즉위년(300)

을불은 왕손이었지만 정치적 박해를 피해서 민간에 떠돌 때의 한 구절이므로, 3세기경에 고용살이하던 백성의 괴로움을 이해할 수 있는 좋은 자료다. 그는 봉상왕이 쫓겨난 뒤에 왕위에 올라, 낙랑군을 멸망시켜 중국 세력을 한반도에서 몰아내는 업적을 이루었다.

효녀 지은은 … 성품이 몹시 효성스러웠다. 어려서 아버지를 여의고 홀로 어머니를 모셨는데, 32세가 되도록 시집을 가지 않고 아침저녁으로 돌보며 곁을 떠나지 않았다. 그러나 살길이 막연하여 품팔이하거나 구걸을 하여 먹을 것을 구해 봉양했다. 이런 일이 계속되어 고달픔을 이기지 못하자, 마침내 부잣집에 몸을 팔아 종이 되기로 하고 쌀 10여 섬을 얻었다.

온종일 그 집에서 일을 하고 저녁에는 밥을 지어와서 어머니께 드렸다. 이렇게 3, 4일이 지나자 어머니가 딸에게 "전에는 먹을 것이 거칠어도 맛이 달았는데, 지금 먹을 것이 좋아졌으나 맛은 예전 같지 못하다. 또 간과 심장을 칼날로 에이는 것 같으니 무슨 일이냐?"라고 물었다. 딸이 사실대로 아뢰자 어머니는 "내가 너를 종으로 만들었으니 빨리 죽는 것만 못하다" 하고 목 놓아 크게 우니 딸도 울고 행인들도 그 슬픔에 감화되었다.

그때 효종랑이 놀러 나왔다가 이를 보고 부모에게 청하여 곡식 100섬과 옷가지를 실어다 주고, 종 주인에게 몸값을 갚고 양민으로 만들어 주었다. 그가 인솔하는 무리 수천 명도 각각 곡식 한 섬씩을 내어 부조하였다. 임금도 이 소식을 듣고 벼 500섬과 집 한 채를 주고 부역을 면제해주었다. 집에 곡식이 많아서 빼앗거나 훔쳐가는 자가 있을 것을 염려하여 담당 관청에서 병사를 보내 교대로 지키게 하고, 그 마을을 '효양방孝養坊'이라 표시하였다. _『삼국사기』 효녀 지은 전기

소녀 가장으로서 부모를 부양하는 것은 지금도 쉬운 일이 아니다. 그러기에 지은처럼 자신을 종으로 파는 일이 허다하였다. 차라리 종이 되

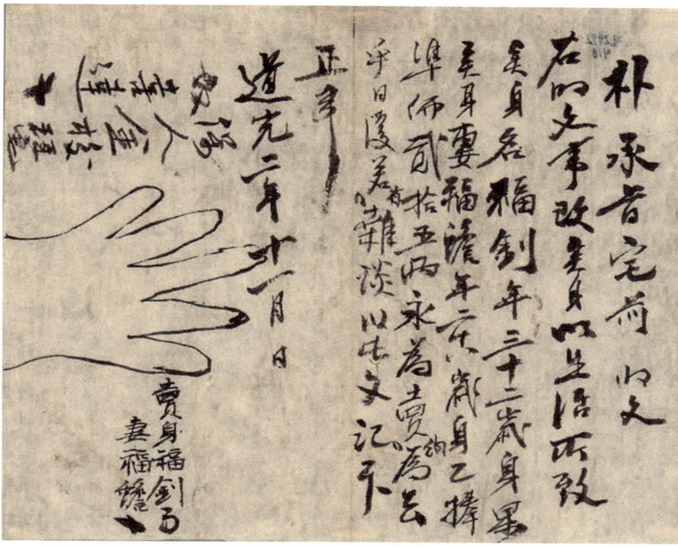

그림 3 스스로 몸을 판 계약 문서

는 것이 먹고 사는 데에 더 편할 수 있었기 때문이다. 조선시대까지도 스스로 몸을 팔아 종이 되는 사례가 많았고, 그런 매매 문서도 전해진다.

여기에 소개한 문서그림 3는 1822년 11월에 생활이 어려워진 복쇠가 자신과 첩 복섬을 박승지 댁에 25냥을 받고 노비로 파는 계약서다. 왼쪽에 손바닥을 그려놓은 것은 지금의 사인과 마찬가지고, 그 아래에 복쇠와 복섬 이름이 쓰여 있다. 손 위에는 계약 보증인의 이름이 보인다.

고려시대의 모습도 이 처지와 다르지 않다.

신유일에 왕이 … 중미정 남지에 배를 띄우고 취하도록 술을 마시며 아주 즐겁게 놀았다. 이에 앞서 청녕재 남쪽 산기슭에 정자각을 지어 중미정이라는 현판을 붙였다. 정자 남쪽 계곡물은 흙과 돌로 막아 저수지를 만든 다음 못가에 모정茅亭, 띠로 엮은 정자을 세우니, 오리와 기러기가 놀고 갈대가 자란 것이 강호江湖의 경치와 흡사하였다. 여기에 배를 띄우고 어린아이에게 노를 저으며 뱃노래를 부르게 하여 유흥의 즐거움을 돋우었다.

처음 이 정자각을 지을 때에 역졸들이 각자 식량을 가지고 왔는데, 그중 한 사람은 몹시 가난하여 가져오지 못하자 동료들이 밥 한술씩 모아서 먹였다. 하루는 그의 처가 식사를 갖추어 와서 남편에게 권하며 "친한 사람과 함께 드세요" 하였다. 그 역졸이 이르기를 "집이 가난한데 어떻게 마련했는가? 다른 남자와 사통해서 얻었는가? 아니면 남의 것을 훔쳤는가?" 하였다. 그 처가 말하기를 "내 모습이 추하니 누가 나와 사통하겠는가? 내 성격이 졸렬하니 어찌 도둑질을 할 수 있겠는가? 다만 내 머리를 잘라서 사 왔을 뿐이오" 하면서 자기 머리를 보였다. 역졸은 슬피 울며 먹지 못하였고, 이를 들은 사람들도 슬퍼하였다. _『고려사』 의종 21년(1167) 3월

정자각이란 평면이 '정丁' 자 모양, 요샛말로 'T' 자 모양으로 된 건물을 가리킨다. 왕릉 앞에 제사 지내기 위해서 세워진 건물이 바로 이렇게 생겼다.그림 4 그런데 이 얘기를 읽으면 꼭 오 헨리의 소설 「크리스마스 선물」이 연상된다. 부인이 머리를 잘라 팔아서 남편의 시곗줄을 사고 남편은 시계를 팔아서 부인의 머리빗을 샀다는 얘기다. 청소년기에 누구나 한 번쯤 가슴 찡한 감동을 받았던 소설이다. 그런 이야기의 원조가 여기에 있는 듯하다.

이보다 앞서서 의종은 용연사 부근에 있는 범바위에 역시 정자를 세

그림 4 융릉 정자각(2009. 5.)

우게 하고, 그 아래에 흐르는 개천에 제방을 쌓아 배를 띄울 수 있는 호수도 만들게 했다. 그런데 비가 내릴 때마다 제방이 허물어져 매번 백성들이 수리하느라 큰 고통을 겪었다.

조선시대에 들어와서도 사정은 나아지지 않았다. 다음은 노한이 왕에게 보고한 것이다.

충청·경상·전라도는 물난리, 가뭄, 이른 서리로 백성들이 심하게 굶주리고 있습니다. 경상도 안렴사 안노생이 중국의 창고 제도를 모방하여 주·부·군·현에 모두 창고를 짓도록 독려하고 있는데, 그런 창고는 반드시 굴곡 장단이 동일한 나무를 골라서 지어야 하기 때문에 노력 동원이 괴로울 정도로 심합니다. 이리하여 가을이 되었는데도 보리를 파종하지 못하고 상수리 열매도 줍지 못하여 민생의 어려움이 또한 심합니다.

또 국가에서 세금으로 전날에 베를 바치던 백성에게 모두 쌀로 바치게 했습니다. 그런데 백성들이 10결의 땅을 경작하면 결손이 8결에 이르는 것이 많아서 비록 결손된 땅에서 조세를 걷지는 않는다지만, 남아 있는 2결의 소출로 겨우 세금 납부에 충당할 뿐이니 어찌 먹을 곡식이 있겠습니까?

국가에서 삼남지방의 쌀을 육지로 옮기기 어려워 바다로 운반하고자 임정을 도체찰사로 삼아 배 만드는 것을 감독하게 했습니다. 그런데 주린 백성들이 호랑이 보듯이 두려워하여 상수리 열매로 끼니를 때우기까지 하며 10월에 부역에 나가 물속에서 나무를 운반하니 살가죽이 제대로 붙어 있는 사람이 없습니다. 어떤 군인이 물속에 오랫동안 서 있어서 허리 아래가 모두 얼었으므로, 강변에 잠시 누워 있었으나 거의 죽게 되었습니다. 한 승려가 이를 보고 불쌍히 여겨 쌀미음을 주었더니, 그 사람이 "내가 이 미음을 마시고 연명하여 다시 이 부역을 하란 말이냐?" 하고, 땅바닥에 버리고 먹지 않은 채 곧 물에 빠져 죽었다고 합니다. 신이 그 죽음을 듣고 이름을 알아보려 했으나 이루지 못했습니다. 백성들의 고난이 이 지경에 이르렀으니, 신은 예전 법을 삼가 지켜서 민생을 편히 하는 것만 같지 못하다고 생각합니다. _태종실록 1년(1401) 12월 20일

세 가지 보고 사항 중에 하나는 세금 문제고, 둘은 부역 문제다. 이처럼 백성들은 세금도 힘들어했지만 부역에 동원되는 것을 더욱 괴로워했다. 얼마나 괴로웠으면 스스로 목숨을 끊었겠는가?

연산군은 말년에 공물을 유별나게 진상하도록 하여 백성들을 괴롭혔다. 채소나 화초가 마르지 않게 뿌리째 바치라고 하는가 하면, 허구한 날 쇠고기를 바치게 하여 소가 남아나지 않았다.

경기감사에게 명령하여 순나물·파·마늘·상추를 바치게 하였고, 모든 채소는 각 도에서 흙이 붙은 뿌리째 바쳐서 마르지 않게 하였다. 각 도에서는 마침내 상자를 짜서 흙을 넣어 심었다가 번갈아 들어서 날랐으나, 서울에 이르러서는 말라서 바칠 수 없게 되었다. 결국 저자에서 사서 바치니 그 값이 뛰어올라 재력을 다 기울여도 당해낼 수 없었다. _연산군일기 11년(1505) 3월 25일

왕이 "장원서와 8도에 명령하여 왜철쭉영산홍을 많이 찾아내서 흙째 바치되 상하지 않게 하라"고 지시하였다. 이로부터 치자·유자·석류·동백·장미에서 여느 화초에 이르기까지 모두 흙째 바치게 하였다. 당시 감사들이 추궁을 두려워하여 종류마다 수십 그루씩 계속 날라서 바치니, 백성들이 지쳐서 길에서 죽기까지 하였다. _연산군일기 11년(1505) 4월 9일

왕이 황소 고기를 먹기 좋아하여 궁궐에서 잔치할 때마다 불시에 바치라고 하였다. 사축서에서 미처 준비하지 못했을 때에는 길 가는 소를 빼앗아 때려잡아서 바치니 원망하는 사람들이 길에 가득하였다. _연산군일기 12년(1506) 3월 14일

또 백성을 혹사하여 '서총대 무명'이란 말이 생기기도 했다.

왕이 지시하기를 "서총대 앞에 못을 파는데 열 길 깊이가 되게 하여 큰 배가 다닐 수 있게 하라. …"고 하였다. 이때에 감독관이 부역 나온 백성들을 독려하는데, 일에 빠졌거나 일정 기준에 도달하지 못하면 징벌

이 심히 가혹하였다. 이에 백성들이 견디지 못하여 재산을 거덜 내고는 해진 바지에서 헌솜까지 빼내어 무명을 짜서 변상하였다. 그러나 무명이 너무 조악하여 쓸 수 없었으므로 민간에 이리저리 흘러다니면서 오래도록 없어지지 않았다. 뒷사람이 그 무명을 '서총대'라 불렀으니, 시장에서 팔려고 해도 팔리지 않았다. _연산군일기 12년(1506) 2월 3일

성종 때 후원에 한 줄기에 아홉 가지나 되는 파가 났는데, 이것을 '상서로운 파', 즉 서총瑞葱이라 불렀다. 연산군이 이곳에 서총대를 만들어 음란한 놀이를 하는 장소로 만들었다. 이 대를 쌓을 적에 충청도, 전라도, 경상도의 군사와 백성을 강제로 동원하였다고 한다. 서총대는 창덕궁 부용지와 창경궁 춘당지 사이에 있었던 것으로 보이는데,그림 5 명종 15년1560 이곳에서 왕이 신하들과 연회를 벌였던 기록화가 전한다.

연산군 때의 일은 다소 극단적인 사례라 할 수 있다. 그렇지만 좋은 시절에도 백성 동원은 항상 있어 왔다. 백성들은 송충이 잡이에도 동원되었다.

한성판윤 윤양래가 "백성들에게 송충이를 잡아서 날마다 세 되씩 바치도록 했는데, 때로 간사한 주민이 파묻은 것을 파내서 다시 바치는 폐단이 있으니, 태워 죽이는 것만 같지 못합니다"고 아뢰니, 임금이 "묻는 것도 오히려 부족하여 태워 죽이려까지 하는가? 맹자도 '맹수를 단지 몰아낼 뿐이다'고 하였다. 이것도 생명이 있는 것이니 태워버리는 것은 너무 심하지 않는가? 쓸데없이 여러 날 잡게 하면 백성들에게 폐단이 많을 것이니, 모두 잡게 하는 것은 즉시 중지하도록 하라"고 일렀

그림 5 서총대가 있던 지역

다. _영조실록 17년(1741) 4월 11일

초등학교 시절 젓가락 두 짝과 깡통을 들고 송충이 잡으러 다니던 기억이 새롭다. 그런 경험이 있는 사람은 매일 세 되씩 잡는 것이 얼마나 고된 일인지 감이 올 것이다. 임금이 사냥할 때에는 몰이꾼으로도 차출되었다.

두 임금태종과 세종이 화동에서 점심을 들고 북산에서 사냥하였다. 충주도와 원주도에서 차출된 몰이꾼 9천여 명이 어가를 따라온 군졸과 함께 산에 올라 몰이하였다. 북과 피리 소리가 하늘을 진동하여 짐승이 활 쏘는 곳으로 내려오니, 두 임금이 친히 짐승을 추격하여 각각 사슴 한 마리씩을 맞혔다. 이어 화동에 도착해서 잤는데, 이때 날이 무척 추웠다. _세종실록 1년(1419) 11월 6일

그림 6 사냥꾼과 몰이꾼, 고구려 약수리 벽화 모사도

엄동설한에 충주와 원주 백성 9천여 명을 동원하여 몰이사냥을 하였다. 군졸과 몰이꾼이 멀리서부터 짐승을 몰아 오면 왕은 말을 타고 나가 쉽게 짐승을 잡았다. 이런 장면은 고구려 벽화에서도 찾아볼 수 있다.그림 6 차출된 몰이꾼은 식량마저 자기가 싸가지고 다녀야 했다.

충청도·경상도·전라도에 몰이꾼을 뽑아서 보내도록 명령하였다. 임금이 임실현 지방에 짐승이 많다는 말을 듣고 순행하고자 하여, 경상도와 충청도에서 각각 1천 명씩, 전라도에서 2천 명을 이달 24일에 금주錦州, 현 고창 남제원에 모이도록 했는데, 각각 10일 양식을 가져오게 했다. _태종실록 13년(1413) 9월 16일

전라도에서 사냥을 하는데, 멀리 충청도와 경상도 백성까지 차출되었다. 백성들은 이처럼 부역에 시달리고 각종 명목의 세금에도 시달리니, 먹을 것을 땅속에 감추는 버릇이 있었다. 다음은 임진왜란 때의 상황이다.

진우충이 처음 전주에 이르니 한 말의 양식도 없었다. 그런데 10리 밖에 있는 산채 속을 뒤져보니 쌀과 콩, 활과 화살이 많이 저장되어 있었다. 이는 우리나라의 군사에게 시달리는 것이 왜적보다 심하여 백성들

그림 7 초라한 몰골의 백성(김득신)

그림 8 고단한 삶이 배어 있는 농촌의 일가족(19세기 말)

이 고을 안에 물건을 두려고 하지 않기 때문이고, 멀리 산골에 저장한 것은 왜적이 왔을 때 도리어 적에게 도움이 될까 두려워했기 때문이었다. _『재조번방지』 권4

그런데 이와 비슷한 모습이 조선 말기 서양인의 기록에서도 보인다.

겨울이 아주 추운 한국의 북부에서 농부들은 수확으로 얼마간의 현금을 가지게 될 때, 그것을 땅속의 구멍에다 넣고 거기에다 물을 뿌리는데, 관리와 도적들로부터 안전해질 때까지 돈꾸러미는 그렇게 얼려진 땅속에 묻힌다. _이사벨라 버드 비숍 책, 390쪽

이처럼 어느 시대를 막론하고 백성들은 부역 및 세금과 공물 수탈의 대상이었다. 그러나 백성들은 여기에 대항할 만한 힘이 없었다.그림 7, 8

그러기에 고작 땅속에 숨겨서 목숨을 부지하는 수밖에 없었다.

정약용이 1794년에 암행어사로 적성현에 이르러 그곳 시골 마을을 보고 읊은 시는 백성의 삶을 적나라하게 묘사하고 있으니 한번 읽어봄 직하다.

시냇가 찌그러진 집 뚝배기 엎어놓은 듯
북풍에 이엉 날려 서까래만 앙상하네
묵은 재에 눈 덮여 부엌은 차디차고
체 구멍처럼 뚫린 벽에 별빛이 비쳐드네
집안 물건 쓸쓸하기 짝이 없어
팔아보아도 칠팔 푼이 안 되네
삽살개 꼬리 같은 조 이삭 세 줄기
대추雞心처럼 쭈글거리는 마른 고추 한 꿰미
깨진 항아리 새는 곳 베 조각으로 발랐고
허름한 시렁 떨어질 듯 새끼줄로 얽어맸네
놋수저는 지난날 이정에게 빼앗기고
쇠냄비는 이제 옆집 부자가 앗아갔네
해진 푸른 무명 이불 한 채뿐이니
부부유별 이 집엔 통하지 않네
어린것들 입힌 적삼 어깨 팔꿈치 나왔거니
태어나서 바지 버선 한 번 걸쳐보았겠나
큰아이 다섯 살에 기병으로 등록되고
작은애도 세 살에 군적에 올라 있어

두 아들 세공歲貢으로 오백 푼을 물고 나니
어서 죽길 원할 판에 옷이 다 무엇이랴
갓난 강아지 세 마리 애들과 잠자는데
호랑이는 밤마다 울 밖에서 으르렁거리네
남편은 산에 가 나무하고 아내는 방아품 팔러 가
대낮에도 사립문 닫혀 그 모습 참담하다
낮에 두 끼 굶고 밤에 돌아와 밥을 짓고
여름에는 겨울옷 겨울에는 삼베 적삼
들냉이 싹은 묻혀 있어 땅이 녹길 기다리고
이웃집 술 익어야만 지게미나 얻어먹지
지난봄에 꾸어 먹은 쌀이 닷 말이니
이 일로 금년은 정말 살길 막막하네
문밖에 나졸 닥칠까 겁날 뿐
관가 볼기 맞을 일은 겁나지 않네
아, 이런 집 온 천하에 가득한데
구중 궁궐 멀고 머니 어찌 모두 살피랴

… _『목민심서』 병전, 첨정簽丁

다시 고대로 올라가서 발해 정효공주 무덤으로 가보겠다.그림 9 이 무덤에서는 글자가 새겨진 벽돌이 석 장 발견되었다. 두 개는 좋은 의미를 지니고 있는 것 같지만, 다른 하나는 '시뇨산효屎尿產孝'라고 해서 '똥오줌이 효를 낳는다'는 뜻처럼 보인다. 아무튼 신성한 공주 무덤에 똥이니 오줌이니 하는 글자를 써넣은 것을 보면, 무덤을 만드는 데 동원

그림 9 정효공주 묘(2001. 10.)

된 사람이 불만을 몰래 표출한 것으로 생각된다. 필체도 격이 떨어진다고 한다. 백성들은 이런 식으로도 저항했던 것이다.

말하는 꽃 기생

조선시대 기생 이름에 '해어화解語花'가 보인다. 공교롭게도 쫓겨난 왕들인 연산군과 광해군 때에 한 번씩 등장한다.

왕이 지시하기를, "오늘 뽑은 해어화·곡강춘·비천호·장중경·소표매 중에서 해어화가 비교적 괜찮다. 그러나 이들은 모두 기개가 없어서 취할 만하지 못하다. 고운 얼굴은 분칠을 해서 만든 것이니, 어찌 분칠한 것을 진정한 미모라 할 수 있겠는가. …" 하고, 글을 내려서 "해어화는 취춘방으로 개명하라"고 했다. _연산군일기 11년(1505) 1월 11일

해어화란 '말을 알아듣는 꽃'이란 뜻으로 흔히 기생을 상징하는 말로 쓰인다. 지금은 기생이라 하지만 조선시대에는 창기娼妓, 기녀妓女란 말을 더 많이 사용하였다. 기생은 천한 신분에 속하는 여자로서 노래와 춤을 익혀 잔치나 술자리에서 흥을 돋우던 일을 담당하였다.그림 1 이와 같은 역할은 중국과 일본에도 있었다. 중국에서도 창기나 기녀 등으로 불렸으나 기생이란 단어는 보이지 않는다. 일본에서는 게이샤藝者, 게이기藝妓라 불렀으니, 영화 '게이샤의 추억'이 우선 떠오를 것이다.

그림 1(위) 어린 기생들(1920년대)
그림 2(아래) 김유신 묘(2002. 9.)

기생의 유래는 알려져 있지 않다. 경주 천관사의 전설에 김유신그림 2과 기생 천관에 얽힌 이야기가 전해진다. 어렸을 적에 술집 여자인 천관과 사귀다가 어머니의 꾸지람을 듣고 발길을 끊었는데, 취한 채 말을 탔다가 말이 그 집 문 앞에 서 있는 것을 발견하고 이를 목 베고 돌아왔다는 얘기다. 또 경주 남쪽 30리에는 전화앵이란 기생의 무덤이 있다고 전해지는데, 근래에 울산에서 추모제를 매년 열고 있다. 이들은 모두 경주에 관한 『동국여지승람』의 기록에 나타나는데, 후대의 것이라서 신빙성에 문제가 있기는 하다. 그렇지만 고대에도 기생들이 존재하였을 것이니, 멀리까지 시간을 거슬러 올라가다 보면 그 기원을 찾기는 쉽지 않은 일이다.

이익1681~1763은 기생의 유래에 대해서, 집시처럼 떠돌아다니며 버들고리짝을 만들어 팔던 사람들을 정착시키는 과정에서 남녀를 노비로 삼았고, 그중에서 용모가 괜찮은 여자를 골라서 만들게 되었다고 설명했다. 전쟁 포로에서 뽑아서 만들기 시작하였다거나 무당에서 유래했다는 주장도 있다.

조선 초기에는 기생이 군사접대부로 시작되었다는 얘기가 자주 등장한다. 다음은 세종 때에 김종서가 여악女樂을 폐지하자고 건의한 데 대해서 윤수가 왕에게 개진한 내용이다.

> 이것뿐 아닙니다. 옛날에 이르기를 "기생이란 아내가 없는 군사를 접대하기 위한 것이다"고 했으니, 우리나라가 동남으로 바다에 이르고 북쪽으로 야인野人, 여진족과 이어져 있어 방어하는 문제가 없는 해가 없으니, 여악을 어찌 갑자기 혁파하겠습니까. _세종실록 12년(1430) 7월 28일

이 설명은 중국 송나라 때에 편찬된 『고금사문유취』에서 창기 유래에 대해서 언급한 것과 동일하다. 중국 고사에는 위안기慰安妓, 즉 중국 제나라 환공이 과부를 모아서 군사들의 흥을 돋우는 창기로 삼았다고 하여 이를 근거로 주장한 것이다. 그런데 갑자기 왜 기생을 얘기하면서 여악, 즉 여성 악공 문제가 등장하는지 의아할 것이다.

여악은 궁궐이나 관청에 소속된 관기로서 음악 연주를 담당하였다. 혜경궁 홍씨의 회갑을 기념하여 화성에서 베푼 잔치 그림에도 선유락, 즉 뱃놀이를 공연하는 여악이 나온다.그림 3 무용총 벽화고분에도 춤추

그림 3
화성능행도의 여악 부분

는 여자들이 그려져 있는 것으로 보아 고구려 때에도 이런 제도가 있었을 것이지만, 구체적인 기록은 고려시대부터 나온다. 교방을 설치하여 기생들에게 가무를 가르쳤는데, 이들은 정통 궁중음악이 아니라 전통적인 민속음악을 담당하였다.

그러나 조선시대에 와서 성리학 이념에 따라 이것이 문제가 되기 시작하였다. 궁궐의 잔치나 종묘의 제사 때에 여성의 공연이 엄숙하고 신성한 분위기를 해친다는 것이었다.

김종서가 아뢰기를, "대체로 음악이란 사악하고 더러운 것을 깨끗이 씻어내고 찌꺼기를 녹여 없애는 것인데, 우리나라의 여악과 같은 것은 어찌 사악하고 더러운 것을 깨끗이 씻을 수가 있겠습니까? 세종께서 그

그릇된 점을 깊이 아시어 이웃 나라 손님을 위한 잔치와 조정의 회례연에서는 처음부터 여악을 사용하지 않고 남악으로 대신하였는데, 오직 중국 조정의 사신에 대한 잔치에서만 개혁하지 못하고 답습하고 있으니 실로 불편합니다"고 하였다. _문종실록 2년(1452) 3월 12일

회례연이란 새해 첫날과 동짓날에 임금과 신하가 모두 모여 여는 궁중 잔치를 말한다. 이 논의는 마땅히 대체할 음악이 없으니 좀 더 강구해보자는 선에서 마무리되었다. 그러나 연산군 때에 큰 폐해를 끼쳤기에 그다음 중종 때에 이 문제가 다시 불거졌다. 중국 사신을 접대해야 한다는 명분, 그리고 홀로 부임하는 변방의 군사를 뒷바라지해야 한다는 명분을 강하게 내세워 폐지를 반대하곤 했다. 이리하여 여악은 끝까지 살아남게 되었다.

조선시대 기생은 천민이었다. 기생은 노류장화路柳牆花로 상징되니, 즉 길가의 버들이나 담 아래 꽃과 같아서 누구나 꺾을 수 있는 존재였다. 또 정처 없이 사는 존재이기에 동가식東家食 서가숙西家宿, 즉 동쪽 집에서 먹고 서쪽 집에서 자는 존재로 비유하였다. 이처럼 절개 없는 기생이기에 꺾어서 아무 데나 꽂아도 살아나는 개나리와 같은 존재이기도 했다. 그러나 이런 처지로 만든 것은 다름 아닌 양반들이었다. 다음 글은 홍직필1776~1852이 지은 기생 경춘의 전기에 나오는 말이다.

세상 사람들은 모두 창기를 메추라기나 까치처럼 바라보면서 다시는 사람의 도리로 대해주지 않는데, 이것은 직위에 있는 사람들의 책임일 따름이니 어찌 창기의 본성이라 할 수 있겠는가? 음란함을 가르치고서 정

숙하지 않다고 나무라는 것은 술을 강권하면서 취했다고 꾸짖는 것과 같으니, 어찌 사람을 사람으로 대하는 도리겠는가? _『매산집』 기경춘전妓瓊春傳

다음 글은 그런 양반을 공박한 기생의 얘기다.

개국한 뒤에 의정부에서 재상들에게 잔치를 베풀어주었는데, 이들은 모두 고려의 재상이었다가 새로운 왕조에서 벼슬 사는 사람들이었다. 기생 설매는 재주와 용모가 남달리 뛰어나고 음행을 매우 즐겼다. 정승이 취하여 희롱하면서 "네가 아침은 동쪽 집에서 먹고, 저녁에 서쪽 집에서 잔다고 들었는데, 이제 이 늙은이 잠자리를 모셔라"고 했다. 설매가 "동가식서가숙하는 이 천한 몸으로 왕씨를 섬기다가 이씨를 섬기는 정승을 모시는 것이 어찌 합당하지 않겠습니까?" 하니, 정승은 낯이 붉어져 머리를 숙이고, 좌중에 있던 사람들은 탄식하며 혹 눈물을 흘리는 자도 있었다. _『한거만록』; 『연려실기술』 권1, 태조조고사본말, 논여말제신論麗末諸臣 재인용

기생은 또한 원칙적으로 관기였다. 지방에서는 관청마다 관기를 두었다. 관비官婢에는 두 가지가 있으니 하나는 주탕酒湯이라 부르는 기생이고, 또 하나는 물 긷는 여종인 무자이水汲였다. 기생이 해장국술국도 끓여 바쳤기에 이런 명칭을 붙였으리라. 『쇄미록』을 보면, 주인공이 옛날에 머물렀던 전라도 영암에 들렀을 때에 그곳 소식을 들려준 사람이 주탕 춘화였다.

이제 20여 년 만에 왔기에 주탕 춘화에게 옛날 일을 물었더니 자세히

대답해준다. _『쇄미록』 1592년 3월

평양, 개성, 강계 등의 기생이 특히 빼어났다고 한다. 평양 기생은 서양인에게도 매력적이었던 모양이다. 평양 기생과 사랑에 빠졌다가 비참한 최후를 맞은 한 서양인의 얘기는 마음을 아프게 한다.

우리 젊은 외교관들 중에는 이들에게 홀딱 반해 어리석은 짓을 저지를 뻔한 사람이 한둘이 아닙니다. 지금까지 불상사가 꼭 한 번 일어났는데, 데스보르데스란 젊은이가 평양에서 온 기생과 결혼을 한 것으로부터 일이 비롯되었지요. 그 젊은이가 기생에게 푹 빠져버려 저희들이 간곡히 만류해 보았으나 구제할 도리가 없었습니다. 그 여자는 개종하여 가톨릭 교회에서 세례를 받았고, 결혼식 뒤에 그 부부는 사이공으로 신혼여행을 떠났습니다. 거기에서 젊은 부인은 마카오에서 온 포르투갈 출신의 다이아몬드 상인과 눈이 맞아 도망을 해버렸고, 젊은 데스보르데스는 이마에 총을 쏘아 자살했습니다. 불행한 사건이었으나 두 번 다시 일어나지 않아 다행스럽습니다. _아손 그렙스트 책, 231쪽

서울 기생은 세종 29년1447에 정원이 125명이었는데 세월에 따라 그 수가 오르락내리락하였다. 연산군 때에는 궁궐로 뽑아 들인 기생만 만 명이나 되었다. 실록에서 기생이란 말이 가장 많이 등장하는 것도 바로 이때다.

갑자년1504 이후에 얼굴이 예쁜 창기를 대궐 안으로 뽑아 들이니, 처음

에는 백을 헤아리던 것이 나중에는 만 명이나 되었다. 기생 칭호를 고쳐 '운평'이라 하고, 대궐 안에 들인 자는 '흥청'·'계평'·'속홍'이라 하고, 가까이 모시는 자는 '지과흥청'이라 하고, 왕의 굄을 받은 자는 '천과흥청天科興淸'이라 하였다. _『해동야언』; 『연려실기술』 연산조고사본말 재인용

연산군이 이렇게 명명하면서 운평運平이란 태평한 운수를 만났다는 뜻이고, 흥청興淸이란 더러운 것을 깨끗이 씻으라는 뜻이라고 설명했다. 그는 기생들을 불러들여 온종일 가무를 즐겼고, 심지어는 신하들에게 기생 이름을 글제로 해서 시를 짓도록 명령했다.

기생 내한매와 광한선을 글제로 해서 각각 시를 지어 바치게 하였다. 이자건 등이 "대개 시를 읊는 것은 제왕이 숭상할 일이 아닌데, 더구나 창기의 이름으로 글제를 삼겠습니까? 만일 역사책에 기록되면 후세가 뭐라 하겠습니까?"라고 아뢰고, 끝내 지어 바치지 않았다. 그러나 승지 이하 모든 관원이 지어 바쳤다. _연산군일기 9년(1503) 11월 20일

왕의 명령에 따를 수밖에 없는 신하들의 모욕감과 당혹스러움, 두려움이 교차되어 느껴진다. 그는 기생을 데리고 야외에 나가 사냥에 빠지기도 했다.

왕이 기생 속에 빠져 날이 부족하다 여기며, 흥청 등을 거느리고 금표 안으로 달려가 사냥하거나 술 마시며 노래하고 춤추는 데에 탐닉했다. _연산군일기 12년(1506) 9월 2일

그는 사방에 사냥터를 만들어 그곳 백성들을 쫓아내고 출입을 금지하는 금표를 세웠으니, 여기에 들어가는 자는 참수하였다. 이런 금표가 마침 경기도 고양시 대자동에 전해지고 있으니, "금표 안으로 들어온 자는 왕명을 어긴 죄로 참수한다"고 적혀 있다.그림 4

그림 4 연산군 금표비(2008. 8.)

이에 편승하여 기생을 바쳐서 출세를 꾀하기도 하였다. 또 연산군이 흥청 기생과 놀아나다 망했다고 해서 '흥청망청'이란 말이 생겨났다.

기생은 자연히 양반과 어울릴 기회가 많았고, 그러다 보니 때로는 문학에 뛰어난 재주를 발휘하는 경우도 있었다. 조선시대 명기인 황진이16세기나 이매창1573~1610이 그러하다. '청산리 벽계수야'라는 시조를 지은 황진이에 대해서는 당시의 대학자 서경덕을 유혹하려다 실패하고 사제 관계를 맺었던 유명한 일화가 전해진다. 이 두 사람과 박연폭포를 합쳐서 '송도삼절', 즉 '개성에서 가장 뛰어난 세 가지'로도 불렀다. 이매창은 시와 거문고에 뛰어나 허균, 이귀 등 당시 명사들과 교유하였고, 그의 작품이 실린 문집이 전해진다. 전북 부안에 있는 그의 무덤 앞에는 사망 후에 선비들이 세워준 묘비가 있다.

기생은 사신이나 손님을 접대하는 역할도 담당하였다. 다음은 중국 사신을 위한 연회에서 벌어진 한 사건이다.

6월 정유일에 도당에서 임밀과 채빈을 위해 연회를 베풀었다. 기생이 채빈의 모자에 꽃을 똑바로 꽂지 못하자 채빈이 크게 노하였다. 왕이 이를 듣고 시중 염제신을 광주로 유배 보냈다. 임인일에 기생이 그 뜻을 받아주지 않는다고 하여 채빈이 노해서 말을 달려 돌아가려 하였다.

_『고려사』 공민왕 23년(1374)

도당은 고려 후기의 최고 행정 기관을 말한다. 여기서 연 잔치에서 기생이 잘못하여 최고위 재상이 유배를 가고, 명나라 사신은 화가 나서 귀국하려 하였다.

기생은 잠자리의 접대에도 동원되었으니 이를 흔히 '수청 든다'고 한다. 따라서 관기는 원래 지아비, 즉 기생 서방을 두지 못하게 했다. 그러나 시간이 흐르면서 그 금령은 깨지게 되었고, 서방은 기생의 뒷바라지를 담당하게 되었다. 연산군은 그런 지아비의 명부를 작성해서 올리게 했다.

왕이 기생 적선아의 이름 아래 그 지아비가 이세걸이라 쓰여 있는 것을 보고 다음과 같이 지시했다. "이 기생은 일찍이 내전 잔치 때 거문고를 타라고 했는데 좋아하지 않는 기색이 있었다. 장 100대를 때리고, 본고장이 아닌 먼 도의 쇠잔한 고을에 관비로 배속하도록 하라. 또 전날에 이세걸을 관노에 소속시키고 이수원·이수형·이수정·이수의를 교수형에 처하라고 했는데, 지금 따로 단죄하여 모두 참형에 처하라."

왕이 이씨 종친이 강성한 것을 근심하여 모두 없애 종자도 남기지 않으려 하였다. 이때 왕이 여러 기생을 마음대로 부리려 하여 기생 지아비들은 일체 죄주었는데, 기부안妓夫案을 보다가 이세걸이 사사로이 적선아를 데리고 산 것을 알고 분노가 치밀어 죽인 것이다. _연산군일기 10년(1504) 5월 6일

연산군은 오히려 지아비들을 이용하기도 했으니, 잔치에 참여하는 기생에 소요되는 물품을 이들에게 부담시켜 소동을 일으켰다.

다음과 같이 지시했다. "오는 3월 3일에 후원에서 잔치를 열 때에는 가홍청과 신·구운평 1천 명을 대령하라. 수가 모자라면 관비로 충당하라. 그중에서 아상복迓祥服, 오색 청사로 만든 홍청악 복장을 장만하지 못한 자는 평상복에 꽃을 꽂되, 그 지아비가 장만해주도록 독촉하라."

이로부터 지방의 기생과 관비가 앞을 다투어 서로 무고했으니, 송곳 꽂을 만한 땅만 가지고 있어도 내 남편이라 하고 한 줌의 곡식만 있어도 내 남편이라 하였다. 수령도 옷감을 독촉하여 징수해서 가재를 모두 털어 바치게 하니, 도망해 흩어지는 백성이 이루 말할 수 없었다. _연산군일기 11년(1505) 2월 23일

기생을 사사로이 데리고 사는 것도 금지했다. 또 지방의 기생은 상급기관에서 내려오는 관리를 모셔야 했다.

왕명을 받든 관리가 지방에 나가면 기생을 거느리고 있는 각 관청에서 기생을 천침시키는 것이 예로 되어 있었다. 다만 감사는 풍속과 기강을 맡은 관료이기 때문에 비록 본읍에서 기생을 천침시켜도 데리고 다니

지 못하는 것이 또한 전례였다. _이능화, 『조선해어화사』 동문선, 252쪽

'천침薦枕'이란 윗사람을 모시고 잠자리를 같이하는 것을 이른다. 기생의 딸인 춘향이가 변사또의 수청을 들지 않은 것을 들어 절개를 칭찬하지만, 그의 신분으로 본다면 수청을 들었어야 했다.그림 5 기생의 딸은 다시 기생이 되는 것이 일반적이었기 때문이다.

어린 기생은 나이가 차면 처음으로 잠자리 시중을 들게 되는데, 이때 '머리 얹기'라는 것을 하였다.

나이 13, 14세가 되면 맨 처음으로 서방이 된 자가 댕기를 풀어 쪽을 만들고 비녀를 꽂아서 신부처럼 꾸미는데, 세속에서는 '머리 얹는다'고 한다. 도내 각 고을 수령이 일이 있어 감영에 가서 감사를 뵈면, 감사는 어린 기생을 보내 동침하게 하고 또 머리를 얹어주게 하니, 수령된 자가 감히 받들지 않을 수 없었다. 머리를 얹어주고 돈이나 비단으로 상을 내리면 그 기생집에서는 머리 얹은 잔치를 베풀어서 기생들을 먹였다. _이능화 책, 141쪽

이 '머리 얹기' 전통은 지금 골프장에서 살아남아 전해지고 있다. 필드에 처음 나가서 하는 신고식을 머리 올린다고 한다.

그런데 춘향이처럼 수청을 거절하여 큰 사건으로 번진 경우도 있다.

전라도 관찰사 허주가 나주판관 최직지를 파면했다. 만경현령 윤강이 일을 보기 위해 나주에 갔는데, 관기 명화가 수청을 들지 않는다고 화

그림 5 남원의 춘향 사당(2001. 3.)

를 내자 최직지가 매질하여 3일 만에 죽었다. 이리하여 그 집에서 원통함을 호소하였기 때문이다. _태종실록 10년(1410) 6월 25일

사내들은 기생의 치마폭에 빠져들 위험성이 항상 있었다.그림 6 어무적이 연산군에게 "대체로 창기는 아양을 떨면서 여우처럼 사람을 홀리기 때문에 비록 행실이 높고 지조가 있다고 자처하는 선비일지라도 그 음란한 곳에 빠지지 않는 사람이 적습니다"고 상소하였듯이 기생의 홀림에서 벗어나기는 쉽지 않은 것이다.

숙직하는 육조六曹의 낭관郎官이 궁궐문 밖 큰길에서 기생을 끼고 다니면서 이것을 태평의 기상이라 자랑하고, 향교에서 학문을 닦는 유생이 공자 사당의 신성한 건물에서 기생을 데리고 놀면서 풍류남아의 운치 있는 일로 여겼다. 육조와 사간원 관리들의 행태에 대해서 이렇게 전한다.

그림 6 기생을 껴안고(신윤복)

이전 임금 때에는 육조에서 숙직하는 낭관들이 달밤에 각종 기생들과 광화문 밖에 모여서 시를 짓고 술을 마시고 노래도 부르며 밤새도록 마시고 얘기했으니, 이것은 태평시대의 일이다. 육조만 그랬던 것이 아니라, 미원薇垣, 사간원의 관원도 이리저리 모임을 만들기를 일삼았고, 숙직하는 밤에는 반드시 기생을 끼고 잤다. 날이 밝으면 담당 아전이 창 밖에 서서 뵙기를 청하는데, 이것은 계집을 일찍 내보내려는 것이었다.

그 후에는 세상 인심이 점차 어지러워지고 금지법이 점점 엄밀해져서 육조에 숙직하는 풍습이 크게 바뀌고 미원에서 밤에 술마시던 것도 없어졌다. 유독 숙직하는 날 밤에 담당 아전이 뵙기를 청하는 옛 일은 아직도 남아 있다. _『송와잡설』

기생과 가까이하다 보면 정이 들게 되고 자기만 독차지하고자 다툼을 벌이는 일이 자주 발생하였다.

김흥경이 창기 소근장을 사랑하고 남이 훔칠까 두려워하여 날마다 같은 패거리인 최인길을 시켜 엿보았다. 마침 이성림이 그 집에서 자는 것을 보고 보고하니 이튿날 김흥경이 희롱하여 "재상이 창기의 집에서 자는 것이 옳겠소?"라고 하였다. 그러자 이성림이 낯빛이 변하면서 "그런 일 없다"고 하였다. 이로 말미암아 서로 미워하였다. _『고려사』 김흥경 전기

김흥경?~1374은 결국 이성림을 지방으로 좌천시켰다. 아예 기생을 첩으로 데려와 사는 일도 자주 발생했다.

사헌부에서 아뢰기를 "『대명률』에 '관리로서 창기와 잔 자는 장 60대를 치고, 관리의 자손으로서 창기와 잔 자도 같은 죄로 다스린다'고 하였는데, 우리나라의 위아래 관리가 모두 기생을 첩으로 삼아서 음란하고 더럽고 무절제할 뿐 아니라, 이 때문에 부부가 서로 미워하고 부자나 형제 사이가 갈라지게 됩니다. … 그 밖에 의리를 저버리고 도덕을 상하게 하는 것은 일일이 들기가 어렵습니다. 빌건대 이제부터 기생을 첩으로 삼는 것을 일체 금지하게 하소서"라고 하였으나, 왕이 윤허하지 않았다.

이때에 위로는 대신으로부터 아래로는 선비와 서민에 이르기까지, 기생첩으로 집안일을 관장하게 하여 아내와 다름없게 된 사례가 상당히 많았다. 이 때문에 때로는 장물죄를 범하기도 하고 때로는 구타하여

상해를 입히기도 하여 서로 원수가 됨으로써 선비의 풍속이 아름답지 못하게 되었다. 이리하여 이러한 요청이 있었다. _세종실록 20년(1438) 11월 23일

관기는 국가의 재산이었는데도 이처럼 사사로이 자신의 첩으로 삼는 일이 많이 생겼다.

손순효가 또 아뢰기를, "대개 여러 고을의 기녀를 사대부가 첩으로 데리고 살면서 그와 나이가 비슷한 자기 여종을 몸값으로 물어냅니다. 그리고는 고을 아전에 청탁하여 그 여종이 죽었다고 불법으로 확인 증명을 받은 다음에 남몰래 도로 데려와 부려먹고 있습니다. …"고 하였다. _성종실록 19년(1488) 7월 24일

이렇게 편법으로 관청의 기생을 빼돌렸던 것이다. 또 백성을 죄인으로 뒤집어씌워 줄어드는 관비에 충당하였다.

옛날에는 음탕한 여자가 음행을 저지를 경우에 그 남편이 잡아서 진정으로 관청에 예속시키기를 원하면 그리했다. 근래에는 수령이 법을 무시하니, 촌백성이 아내를 잃었다고 와서 호소하여 잡힌 뒤에 진정으로 다시 결합하길 원해도 모두 관청에 예속시키고, 심지어 마을에서 몰래 간통하는 여자를 관비와 기생으로 하여금 밀고하게 해서 강제로 관비로 삼으니, 허실이 뒤섞여 억울한 자가 또한 많다. 이는 대개 관기로서 예쁘장한 자는 수령이 하나씩 데리고 가버려 등록된 기생이 날로 줄어들기에 이들로 채우려 하기 때문이다. _『목민심서』 이전, 어중馭衆

정약용은 음탕한 여자를 관기로 예속시키는 것은 법전에 없다고 지적하고, 차라리 사문화되어 있는 강도의 아내와 딸을 관기로 채우는 법률 조항을 활용하라고 충고했다. 왕이 기생을 하사하는 경우도 있었다.

하동군 정인지에게 관청 여종 1명을 하사하였다. 이보다 앞서 왕비의 생일잔치에 기생 소천금이 무당놀이를 해보였다. 정인지가 이를 보고 즐거워하므로 임금이 "장차 이 기생을 하사하여 경을 즐겁게 해주리라" 하니 정인지가 사양했었다. 이때에 이르러 이 명령이 있게 되었다. _세조실록 12년(1466) 11월 13일

집안에 데려온 기생첩을 너무나 사랑한 나머지 본처를 구박하는 일도 발생하였다.

사헌부에서 아뢰기를, "예장도감판관 신자형이 본처를 소박하고 기생 초요갱을 몹시 사랑하여, 오직 그녀 말만 듣고서 여종 두 사람을 때려서 죽이기에 이르렀습니다. … 이렇게 말을 꾸며 버티면서 자인하지 않습니다. 이 사건이 근본적인 윤리에 관계되는 것이니, 모름지기 끝까지 규명해야겠습니다. 청컨대 임명장을 거두고 그를 구속하여 국문하게 하소서" 하니 그대로 따랐다. _세조실록 3년(1457) 6월 26일

기생 가운데에는 절개를 지켜 열녀가 된 경우도 있었다.

강계 기생 소상매의 마을에 정문을 세웠다. 평안감사 김이소가 도내의

그림 7 촉석루, 의암사적비, 의암(2008. 12.)

효자·열녀를 아뢰니, 왕이 지시하기를 "소상매는 천한 기생으로서 한 지아비를 섬기다가 지아비가 죽자 뒤따라 죽었다 하니, 이처럼 뛰어난 절개는 이전에도 흔하게 듣지 못했다. 하물며 멀리 변방에 살면서 이렇게 특별한 행동이 있었으니, 더욱 특례로 표창하는 것이 마땅하다" 하고, 마을에 정문을 세우라고 하였던 것이다. _정조실록 13년(1789) 1월 10일

소설 속에서 춘향이도 절개를 지켰지만, 실제로 계월향?~1592은 임진왜란 때 적장에게 몸을 더럽히자 지아비로 하여금 복수하게 하고 자결하였다. 진주병사의 애첩으로서 적장을 끌어안고 남강에 뛰어든 논개는 의기義妓의 상징이기도 하다. 진주 촉석루 아래에는 그 의암과 함께 사적비가 있다.그림 7

너도나도 기생첩을 데리고 살기 때문에 문제가 되지 않을 리 없었다.

기생을 데리고 사는 사람을 조사해서 벌을 주는 경우도 있었다.

> 한성부에 명령하여 사대부 가운데 기생을 데리고 사는 자를 수색하여 아뢰게 하였다. … 밤 삼경11~1시 사이에 임금이 건명문에 나아가 기생을 데리고 살던 조정 관리와 유생들을 잡아들여 벼슬을 빼앗거나 시골로 쫓아버렸으며, 무인이나 중인·서얼의 경우에는 곤형에 처하거나 형벌을 가하였다. _영조실록 45년(1769) 4월 16일

그러나 7개월 뒤에는 영조가 이 처분이 너무 지나쳤다고 후회하여 죄를 거두었다.

이상은 관기에 관한 기록들이지만 이 밖에 사사로운 기생도 있었다. 조선 후기에는 기생의 역할에 따라 3패牌로 갈라지게 되었다고 한다. 1패 기생은 지금까지 언급한 본래 의미의 기생이다. 2패 기생은 은근짜 또는 은군자라 하였는데 양갓집 규수처럼 보이면서 몰래 몸을 파는 기생이었고, 3패 기생은 공공연히 몸을 파는 최하층의 매춘부였다.

이탈리아 나폴리 부근에 서기 79년 베수비오 화산 폭발로 갑자기 묻혀버린 폼페이 유적이 있다. 인구의 10퍼센트인 2천 명 정도가 재가 되어버렸다. 근대에 발굴할 때에 빈 공간이 자꾸 나와서 이곳에 석고를 부어보았더니 사람이나 동물이 고통스러운 몸짓을 한 모습이 비로소 드러났다고 한다. 2천 년간 시간이 멈춘 이 유적에서 가장 인기 있는 곳은 침대가 들어 있는 골방들이 들어찬 사창가 골목이다. 건물 복도 위에는 각종 성행위 그림이 그려져 있다.그림 8 이렇게 동양과 서양을 막론하고 어디서나 사창가가 발달했는데, 지금 암스테르담에서는 합법화

그림 8 폼페이 사창가 춘화(2013. 11.)

된 사창가에 관광객의 발길이 끊이지 않는다.

동양 사회에서는 고대부터 매춘부를 유녀遊女, 노는 계집, 창녀 등으로 불렀고, 우리말에는 갈보란 말도 있는데, 이런 몸 파는 부류가 기생으로 합쳐진 것이다. 드라마 주제로 자주 삼는 연산군의 애첩 장녹수는 원래 집이 가난하여 몸을 팔아서 먹고 살다가 노비의 아내가 되었고, 다시 노래와 춤을 배워 기생이 되었다가 연산군의 눈에 들어 후궁이 된 인물이다. 그녀는 연산군이 쫓겨난 뒤에 주살당했는데, 도성 사람들이 기와와 돌을 시신 음부에 던지면서 "한 나라의 고혈이 여기서 탕진되었다"고 했다 한다.

양인과 천인 여자들이 돌아다니며 직산의 홍경원 등지의 원우院宇에 임시로 거처하면서 여행객에게 공공연히 음란 행위를 하며 생활하는데,

그림 9 봉선홍경사 비석(2015. 4.)

세속에서 이를 유녀라고 부릅니다. _성종실록 18년(1487) 1월 5일

홍경원은 지금 천안시 성환읍 국도 1호변에 있었다. 남쪽으로 내려가는 갈래길인 이곳에 고려 현종이 아버지의 뜻을 따라 1021년에 봉선홍경사奉先弘慶寺란 절을 짓고, 아울러 여행자들을 위한 숙소로 절 서쪽에 광연통화원廣緣通化院을 지었다. 훗날 절은 없어지고 원과 비석만 남게 되자 홍경원이라 부르게 되었다. 지금 이곳에는 국보 7호인 홍경사 비석만 남아 있다.그림 9 이곳에서 멀지 않은 곳에 대동법을 처음 실시한 기념비가 서 있는데, 지금은 한적한 시골길이 되었지만 이 역시 조선시대에 교통 요지에 세운 것이다.

사람 왕래가 잦은 이런 곳을 돌아다니면서 매춘을 하는 유녀들이 있었던 것을 알 수 있다. 그런데 조선시대에는 유녀란 뜻으로 '화랑'이란

말도 사용되었다. 신라시대 화랑의 전통은 사라지고 퇴행적으로 변해 버린 것이다.

요즈음 들으니 음란한 여자가 전에는 양성현 가천에만 있었는데, 이제는 사방의 원院·관館·영營·진鎭 사이에도 많이 있어, 봄과 여름에는 어량세魚梁稅를 거두는 곳으로 달려가고 가을과 겨울에는 산간의 승려 거처에 놀러 가 음란한 짓을 자행하여 교화를 오염시킨다고 합니다. … 지금 유녀라 부르거나 화랑이라 부르면서 음란한 짓을 제멋대로 하니, 이를 금지하는 항목을 다음과 같이 자세히 기록합니다. _성종실록 3년(1472) 7월 10일

서방질을 하는 여자를 가리키는 화냥년은 병자호란 때에 잡혀갔다가 고향으로 돌아온 여자인 환향녀還鄕女에서 나왔다는 속설이 있으나, 실은 '화랑花娘년'에서 변한 말이다. 어량은 통발을 놓아서 고기를 잡는 것을 말한다. 이 밖에 '갈보'란 말은 밤에 나와서 사람 피를 빨아먹는 벌레에 비유한 것으로 19세기부터 쓰였다고 한다. 지금은 '창녀'란 말을 쓰는데, 이것은 기생을 이르는 창기에서 유래한 것이다.

영조 때의 기록에서도 성곽 밖에 매음굴이 있었던 것을 볼 수 있다.

사헌부에서 … 또 아뢰었다. "성곽 밖의 비구니 거처는 이미 이단을 배척하는 뜻에 어긋나는 것인데, 여기에 이중으로 된 방과 어두컴컴한 실내는 여염집 과부들이 음탕한 일을 하는 소굴이 되고 있으니, 동대문 밖의 두 비구니 거처는 한성부로 하여금 즉시 없애버리도록 하소서."
_영조실록 14년(1738) 12월 21일

이 글에서 비구니가 사는 곳이 비밀스런 매음굴처럼 된 것을 느낄 수 있다. 왜인이 거주하던 부산포에는 매음을 직업적으로 하던 '유녀'들이 있었다.

부산포에 와서 거주하는 왜인에 장사치라 부르거나 유녀라 부르는 자들이 있는데, 일본 손님과 장사하는 왜선이 정박하면 서로 모여 뒷바라지하면서 남녀가 섞여 즐깁니다. _태종실록 18년(1418) 3월 2일

일본에서 공적으로 매춘을 하던 '유조遊女'들이 한반도의 왜인 거주지에까지 침투해온 것을 볼 수 있다. 마르코 폴로에 따르면 원나라 수도에는 매춘부가 무려 2만 명이나 있었다고 한다. 또 남쪽 도시인 항주의 경우에 매춘부는 시내 어디에서나 살고 있었는데, 문 입구의 조명 위에 대나무로 만든 삿갓이 걸려 있는 것이 매음굴의 표시였다고 한다.

기생은 30세 정도가 되면 은퇴하여 퇴기가 되었다. '퇴기'란 말만 들어도 흘러간 노랫가락처럼 처연한 생각이 든다. 시골의 시장 바닥 한구석에서 젓가락 두들기며 노래 부르는 늙은 작부가 떠오른다. 고려시대 이규보1168~1241는 '늙은 기생'이란 제목으로 다음과 같은 시를 지었다.

붉은 얼굴 어느새 꽃 떨어진 가지가 되었으니 紅顏換作落花枝
그 누가 아리땁던 15세 모습을 알아보랴 誰見嬌饒十五時
가무는 아직도 예전처럼 아름다우니 歌舞餘姸猶似舊
재주가 아주 쇠하지 않음을 어여삐 여길 만하네 可憐才技未全衰

_『동국이상국집』 후집, 노기老妓

기생에게 꽃과 같은 모습만 기대하니 그 말년은 쓸쓸할 수밖에 없었다.

속담에 이런 말이 있다. “창기가 늙은 후에는 세 가지 빈 것과 한 가지 남는 것이 있다. 세 가지 빈 것이란 무엇인가? 집 재산이 텅 비고, 몸이 텅 비고, 명성이 텅 빈다. 한 가지 남는 것은 무엇인가? 달콤한 말이 남는다.” _『어우야담』 창기

백정과 광대

심한 욕설 가운데 '백정의 자식'이나 "평생 백정질이나 해 먹어라"란 말이 있다. 잔인하게 살인한 범죄자를 '인간백정'이라고도 부른다. 동물을 잡은 것이 아니라 사람을 잡았기 때문이다. 이처럼 백정은 가장 천하면서 저주받아야 할 대상이었다.

백정은 노비와 함께 천민을 대표한다. 백정이란 말은 원래 고려시대에 일반 농민을 의미하다가 조선시대에 와서 천민을 가리키게 되었다.

우리나라에는 특별한 종류의 사람이 있는데, 사냥과 버들고리짝 제작으로 생업을 삼았으니 일반 백성과는 다르다. 이를 백정이라 부르는데 곧 고려시대의 양수척이다. _중종실록 5년(1510) 8월 4일

조선시대에 이들은 노비보다도 더 천한 대우를 받았다.

병조에서 아뢰기를, "재인과 화척은 본래 양인이지만, 하는 일이 천하고 이름이 특이하여 백성들이 모두 다른 종류의 사람으로 보아서 혼인하기를 부끄러워하니 진실로 불쌍하고 딱합니다. 바라건대 이름을 백

정으로 고쳐서 평민과 서로 혼인하고 섞여서 살게 하며, …" 하니 왕이 그대로 따랐다. _세종실록 5년(1423) 10월 8일

이를 계기로 종래에 재인이나 화척으로 불리던 사람들이 백정이 되었다. 고려시대의 백정과 구별하여 이들을 '신백정新白丁'이라 부르기도 한다. 고려 백정은 이때에 이미 백성, 양민 등으로 호칭이 바뀌어 있었다. 이에 따라 백정의 호칭 대상이 변했다. 이렇게 재인, 화척을 양민으로 만들기 위해서 사용한 '백정'이란 말이 시간이 흐르면서 오히려 천민의 대명사처럼 변해버린 것은 흥미로운 일이다.

위 기록에 나오는 재인은 재주를 부려서 먹고 사는 광대를 가리킨다. 화척은 원래 무자리, 즉 양수척楊水尺, 揚水尺이었던 것이 고려 후기에 바뀐 명칭이다. 양수척의 유래에 대해서는 다음 기록이 유명하다.

이지영이 양수척들에게 말하기를 "너희들은 본래 부역이 없으니 나의 기생 자운선에게 소속시키겠다"고 하였다. 드디어 그 명부를 작성하고 끝없이 공물을 징수하였다. 이지영이 죽고 최충헌이 자운선을 첩으로 삼은 뒤부터는 사람 수를 조사해서 공물 징수를 더욱 심하게 하여 이들이 크게 원망하였다. 거란군이 침입하자 이들을 맞이하여 항복하고 향도가 되어 산천의 요충지와 도로의 원근을 모조리 알려주었다.

양수척은 태조가 후백제를 공격할 때에도 통제하기 어려웠던 자들의 후손으로서 본래부터 명부도 부역도 없었다. 물가 수초를 따라 유랑하길 좋아하면서 사냥하거나 고리짝을 엮어 팔아서 생업을 삼았다. 대체로 기생 무리는 고리장이 집에서 나왔다. _『고려사』 최충헌 전기

이렇게 집시처럼 떠돌아다니던 사람들이었다. 이들은 유목민 계통의 이민족이 우리나라에 들어와 살면서 형성된 집단이었다. 다음은 세조 때에 양성지가 상소한 내용이다.

대체로 백정을 '화척'이나 '재인', '달단韃靼'으로 불러서 그 종류가 하나가 아니었는데, 국가에서 백성을 가지런히 다스리지 못하는 것을 민망히 여겨서 옛 이름을 바꾸어 백정이라 부르고 군대에 소속시켜 벼슬길을 열어주었습니다. 그러나 지금에 이르도록 멀리는 500여 년, 가까이는 수백 년 동안 본시 우리 족속이 아니면서, 전해오는 습속을 변치 않고 서로 모여 자기들끼리 혼인하면서 소를 잡거나 구걸을 하거나 도둑질을 해왔습니다. _세조실록 2년(1456) 3월 28일

백정은 본래 우리나라 사람이 아니라고 하였다. 달단이란 타타르Tatar, 즉 몽골족을 가리킨다. 이 용어로 보아서 국내에 들어와서도 정착하지 않고 자신의 생활 방식대로 떠돌아다니면서 생활하던 이민족이 백정의 기원이 된 것을 짐작할 수 있다. 이들은 한국 사회의 이방인이었다. 성종 때에 김영유가 상소한 내용에서도 이들이 오랑캐의 후손임을 확인할 수 있다.

우리나라의 재인과 백정은 그 선조가 오랑캐 종족이어서 말을 잘 타거나 활을 잘 쏠 뿐 아니라 천성이 모두 사납고 용감합니다. 걸어 다니면서 짐승을 잡는 데에 익숙하여 이를 예사로 여기고, 험한 곳에 넘나드는 것을 마치 평지를 밟는 것처럼 합니다. 주리고 추위에 떨어도 괴롭

게 여기지 않고, 바삐 다녀도 고달프게 여기지 않습니다. 만약 이들을 내보내어 선봉으로 삼는다면 한 사람이 백 사람을 당해낼 수 있을 것입니다. 매번 군사를 징발하면서도 이들을 내버려두고 논하지 않으니, 신이 적이 흠이 있는 일이라 생각해왔습니다. _성종실록 22년(1491) 4월 23일

백정은 주로 짐승 잡고 고리짝 만드는 일에 종사하였다. 소를 잡는 쇠백정, 말을 잡는 말백정, 고리 만드는 고리백정이 있었고, 가죽신 만드는 갖바치도 있었다. 속설에 '천방지축마골피'는 천민의 성씨로서 축丑씨는 쇠백정, 마馬씨는 말백정, 피皮씨는 갖바치에서 유래된 것이라 설명하지만 낭설인 것 같다. 이들은 주로 동대문 근처에 거주하였는데, 이곳은 도둑의 소굴로 종종 지목되었다.

백정의 생업 가운데 제일 문제가 되는 것이 마소 도살이었다. 조선은 농업국가였으므로 농사에 꼭 필요한 소를 도살하지 못하게 엄격히 금지하였다. 또 말은 교통수단으로 없어서는 안 되었다.

소와 말을 도살하는 자는 오로지 신백정들이므로 영락 9년1411에 신백정을 색출하여 도성 120리 밖으로 옮겨 두었습니다. 근래에 금지법이 해이해지자 성 안과 성 밑으로 모두 돌아와 살면서 일이 없는 한가한 잡인과 함께 소와 말을 훔쳐서 도살을 자행하니 그 간악함이 막심합니다. _세종실록 7년(1425) 2월 4일

이해 12월에 병조판서의 건의를 받고 도성 서쪽의 무악산 아래에 살고 있는 신백정들을 서울 밖으로 쫓아내는 조치를 취하였다. 그러나 백

정의 가축 도살은 계속해서 문제가 되었다. 가축 도살에 종사하는 양민도 등장하였으니, 이는 세조 때 양성지의 상소문에 처음 나타난다.

옛날에는 백정과 화척이 소를 잡았으나 지금은 서울과 지방의 양민들도 잡고 있습니다. 옛날에는 주로 잔치 준비를 위해서 잡았으나 지금은 시장 안에서 판매하기 위하여 잡습니다. 옛날에는 남의 소를 훔쳐서 잡았으나 지금은 시장에서 사서 잡습니다. 백정은 유한하나 양민은 무수하며, 잔치는 유한하나 판매는 무궁하며, 훔쳐서 잡는 것은 유한하나 사서 잡는 것은 무궁하니, 한정된 소를 아무 때나 끝없이 잡는다면 남산의 소나무처럼 다 벤 다음에야 그치게 될 것입니다. 지난날에는 '소를 잡는 도적宰牛賊'이라 불렀으나 지금은 '거골장去骨匠'이라 부릅니다. 이들이 여염집 곳곳에 섞여 살면서 소를 잡아도 이웃에서 전혀 이상하게 여기지 않습니다. _세조실록 13년(1467) 1월 4일

중종 때에 이르러서도 이런 사정은 나아지지 않았다. 다음은 정광필이 왕에게 아뢴 말이다.

요즘 보면 온갖 물건이 다 고갈되자 시장의 이익을 노리는 무리들이 함경도와 평안도에 많이 들어가 소를 끌어다가 비어 있는 양반집에 매어 놓습니다. 하루에 도살하는 소가 많은 경우는 3, 4마리에 이르는데, 곳곳마다 다 그러하여 남대문과 서소문의 성 위에는 산더미처럼 뼈가 쌓여 있습니다. 비록 금수라 하지만 이런 일이 어찌 천심에 부합되겠습니까? 또 농사에는 소를 근본으로 삼는데, 도살이 성행하여 소 한 마리

값이 베 8, 90필에 이르기까지 합니다. 성종 때에는 거골장들을 잡아 가족 모두 변방으로 강제 추방했습니다. _중종실록 28년(1533) 7월 14일

마소를 도살하는 자는 먹물로 얼굴에 글자를 써넣는 묵형에 처하였다.

형조에서 아뢰기를 "『형전속록』에 마소를 잡은 자는 이를 세 번 범하면 장 100대를 치고 얼굴에 묵형을 가하는 것으로만 기재되어 있고, 어떤 글자를 써넣는지는 언급되어 있지 않습니다. 청컨대 지금부터 소를 잡은 자는 '재우宰牛'라는 두 글자를 써넣고, 말을 잡은 자는 '재마宰馬'라는 두 글자를 써넣게 하소서" 하니 그대로 따랐다. _성종실록 5년(1474) 4월 25일

이렇게 도살을 엄하게 금지하였기에 때로는 세력가와 비밀리에 결탁하는 사태도 벌어졌다. 든든한 후원자를 잡은 것이었으나, 결국은 조정의 신하들이 이 문제를 제기했다.

신 등이 적이 생각하건대, 이서는 왕족으로서 거골장 김산과 결탁하여 그 집의 노비 난동을 시켜서 자기 집에서 소를 잡도록 허락했다가 사헌부의 관리에게 잡히게 되었습니다. 그런데도 스스로 두려워하며 움츠리지 않고, 그 아우와 더불어 구사丘史, 종친에게 준 관청 노비를 거느리고 떼를 지어 강제로 빼앗고 망령되게 무도한 짓을 하였으니, 죄를 지은 것이 아주 중합니다. 이런데도 다스리지 않으면 어떻게 악을 징계하겠습니까? 대체로 거골장이란 자는 모두 대갓집의 담장이나 문단속이 엄한 곳을 빌려서 도살을 하는 부류이니, 이는 단속하는 관리에게 적발되지

않고자 하는 것입니다. 왕족의 집은 출입문이 깊숙이 있어 단속하는 관리들이 미칠 수가 없으므로 무뢰배와 결탁하여 도살을 자행합니다. _성종실록 5년(1474) 12월 7일

이렇게 불법으로 마소를 잡는 데다가 때로는 훔쳐서 잡기까지 하였으니 사회문제가 되지 않을 리 없다. 더구나 떠돌아다니는 무리는 통제하기도 어려웠고 이들이 구걸하거나 도둑질까지 하니 더욱 문제가 되지 않을 수 없다. 이리하여 조선 초기부터 이들을 정착시키는 정책을 실시하였다.

세종도 후일의 폐해를 염려해서 재인과 백정이 평민과 섞여 살면서 서로 혼인하게 하도록 법령에 정해놓았습니다. 이들의 습성은 보통 사람과 달라서 자기들끼리만 혼인하면서 따로 한 종족이 된 데다가, 수령도 게을리하여 금지하지 않아서 지금에 와서 그 무리가 크게 번성해졌습니다. 오직 사냥만을 일삼는데 사람들이 도적으로 지목하니 이들도 스스로 놀라 어찌할 바를 몰라서, 한번 도적을 잡는다는 소리가 들리면 즉시 도망하여 숨었다가 굶주림과 추위에 못 이겨 도적이 되는 자가 많습니다. _성종실록 3년(1472) 10월 8일

떠돌아다니는 무리를 정착시키는 것이 결코 쉬운 일은 아니었던 것 같다. 이에 따라 함부로 다니지 못하도록 통행증 제도를 실시하기도 하였다.

형조에서 아뢰기를 "앞서 지시를 받기를 '재인과 백정으로 도망갔다가 잡힌 자는 이주시킨 백성이 도망한 사례에 의거하여 참형에 처하고, 부득이 출입할 자는 날짜를 제한하여 통행증을 발급하며, 통행증이 없이 제멋대로 다니는 자와 기한이 지났는데도 돌아오지 않는 자는 모두 임금 명령을 위반한 죄로 다스리라'고 하였으니, 법을 세운 것이 지극히 엄하고 명백합니다. 다만 부모나 처자가 타지에 있어 장례와 병구완으로 출입하지 않을 수 없을 때에 통행증을 발급하고자 관청에 신고하더라도, 수령이 이를 기화로 도망가면 그 죄가 자기에게 미칠까 두려워하여 즉시 통행증을 발급하지 않기도 하고, 때로는 수령이 관아에 있지 않을 경우에는 기한에 맞춰 통행증을 발급받지 못합니다. …"고 하니 그대로 따랐다. 이어서 지시하기를 "인근 고을의 왕래에 모두 통행증을 발급받게 한다면 자유를 얻지 못하여 마침내 살아가는 즐거움을 누릴 도리가 없게 된다. 3일 이상 걸리는 곳이나 15일 이상 왕래하는 이에게 통행증을 발급하고, 그 나머지는 이정里正, 마을 책임자에게 신고하여 출입을 허락받게 하되 어긴 자는 법대로 처리하라" 하였다. _성종실록 4년(1473) 8월 21일

이들을 정착시켜 군인으로 삼거나 농경에 종사하도록 조치하고 재인이나 백정이란 말을 쓰지 못하게도 하였다. 다음은 병조에서 아뢴 내용이다.

재인과 백정은 농업과 양잠에 종사하지 않고 사냥과 장사를 생업으로 삼으면서 사방으로 돌아다니며 그 호구책을 얻고 있습니다. 하루아침에 이들을 모두 군졸로 삼아서 호적에 등재된 일반민처럼 역을 지게 한

다면 그 고통을 이기지 못하고 도적 무리가 되어 오히려 양민을 해치지 않을까 우려됩니다. 청컨대 재산이 넉넉하고 군졸에 충당되길 원하는 자는 허락해주고, 생업이 없는 자는 역을 지게 하지 말고 놀리는 땅을 지급하여 농사와 양잠을 권장하면서 수십 년을 기다려 부유하고 충실하게 된 다음에 역을 정해주도록 하소서. 또 앞으로는 재인·백정이라 부르지 말게 하고 백성과 섞여 살면서 서로 혼인하게 하고, 관찰사로 하여금 이들에게 지급한 토지 수량을 기록하여 보고하게 하소서. _성종실록 6년(1475) 4월 12일

지금까지 보아온 것처럼 재인, 백정을 정착시켜 양민으로 만드는 문제는 성종 때에 집중적으로 등장한다. 성종실록을 읽다 보면 불교 배척과 함께 백정의 양민화가 제일 많이 등장하는 것을 확인할 수 있다. 이 사실은 여기에 제시한 그래프에서도 확인된다. 조선 전기에 백정에 관

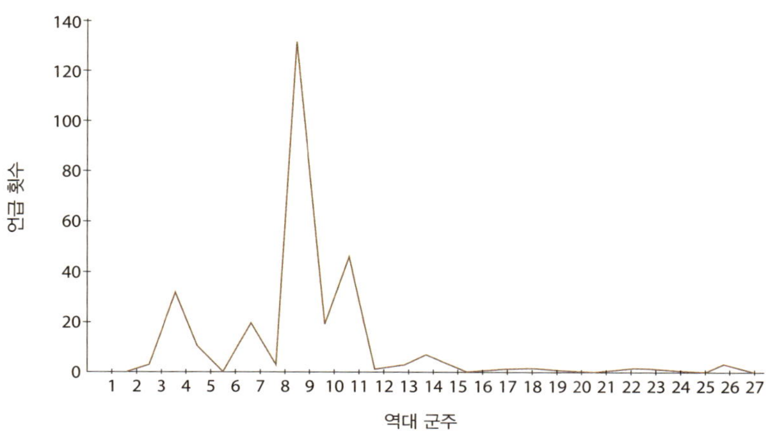

백정 기록의 추이(박종성 책 174쪽)

한 기록이 다수 등장하다가 성종 때에 피크를 이루고 중종을 지나면서부터는 거의 사라진다. 그렇다고 해서 이들의 존재마저 사라진 것은 아니다. 이들은 엄연히 살아남아 있었고, 1894년 갑오경장 때에 신분 해방이 된 뒤에도 차별 대우를 받으며 살아왔다. 일제강점기의 조사에 따르면 전국에 백정이 7,538호, 3만 3,712명이 있었다고 한다. 1923년에는 진주에서 백정의 차별 철폐를 부르짖는 형평사 조직이 만들어지기도 하였다.

백정 중에는 재주를 팔아먹고 사는 부류도 있었다. 이들을 '재인'이라 하기도 하고 '재백정才白丁'이라고도 한다.그림 1 재인은 백정에 속하면서도 다소 이질적인 존재였다. 두 번째로 인용한 세종 5년의 기록에는 화척과 재인을 합쳐서 백정이라 부른 것으로 되어 있지만, 그 뒤에는 흔히 재인과 백정이 나란히 등장한다. 재인은 원래 곡예, 가무, 음악 등에 종사하던 천민으로서 우리말로 '광대'라고도 불렀다. 광대란 말은 고려시대에 이미 보인다.

충숙왕이 박인평을 보내 재상들에게 이르기를 "옛날에 작은 광대가 큰 광대를 따라서 강을 건너는데 배가 없었다. 이에 큰 광대들에게 '나는 작아서 물의 깊이를 알기 어렵고, 그대들은 키가 크니 먼저 깊이를 재어보라' 하니 모두 '그러자' 하고 물에 들어가서 빠져 죽고 작은 광대만 살아남았다. 지금 우리나라에 작은 광대 두 사람이 있으니 전영보와 박허중이다. 나를 재앙의 그물에 빠뜨리고 태연히 앉아서 보고 있으니 이것과 무엇이 다른가?" 하였다. 우리나라 말로 가면을 쓰고 놀이하는 자를 광대라 한다. _『고려사』 전영보 전기

그림 1 연희패 모습(직지사 감로탱)

고려 충숙왕이 원나라에 있을 때에 왕위 찬탈 음모를 알고나서 광대 우화로 이들을 깨우친 이야기다. 조선시대에도 왕을 깨우친 사례가 보인다.

세상에 전하는 말이다. 관청에서 무당에게 베를 세금으로 너무 많이 걷어 들여서, 매번 관원이 문에 이르러 외치며 들이닥치면 온 집안이 정신없이 도망가거나 술과 음식을 갖추어 위로하면서 기한을 늦추어달라고 애걸하였다. 이런 일이 하루걸러 있거나 연일 계속되어 그 괴로움과 폐해가 헤아릴 수 없었다. 마침 설날이 되어 광대들이 이 놀이를 대궐 뜰에서 공연했더니, 임금이 명을 내려 그 세금을 면제해주었다. 그러니 광대도 백성에게 유익하다 하겠다. 지금도 광대들이 그 놀이를 전하는 것이 관례가 되었다.

중종 때에 정평부사 구세장이 토색질에 끝이 없었는데, 안장을 팔려는 사람을 관청 뜰로 불러들여 직접 흥정을 하여 며칠 동안 그 값을 따지다가 끝내 관청 돈으로 샀다. 광대가 설날에 그 모습을 놀이로 공연했더니, 임금이 물어서 "정평부사가 안장을 사는 일입니다"고 대답했다. 드디어 명을 내려 그를 잡아다가 심문을 하고 마침내 장물죄로 처벌하였다. 광대 같은 자도 능히 탐관오리를 규탄하고 공박할 수 있는 것이다. _『패관잡기』

광대 기록은 이처럼 고려시대에 보이지만, 수산리, 팔청리, 약수리 등의 고구려 벽화에 각종 재주를 부리는 장면이 그려진 것으로 보아서 그 기원은 고구려까지 올라갈 수 있을 것이다. 수산리 고분의 경우에 공과 작은 막대기 던지기, 바퀴 던져 굴리기, 죽마 타기 등이 그려져 있다.그림 2 이런 재주꾼들이 우리나라에만 있었던 것은 아니다. 중국에서도 「무악백희도舞樂百戲圖」라고 해서 각종 재주를 부리는 장면이 많이 등장한다.

재인들은 떠돌아다니면서 남의 잔치에서 재주를 부려 흥을 돋우어주었다. 오희문의 일기에는 아들 윤겸의 과거 급제로 잔치를 벌이고 재인에게 놀이를 시킨 장면이 나온다.

재주꾼 이름은 서순학인데 임파에 살고, 광대 이름은 유복인데 은진에 산다. 마당에서 재주를 부리게 하고 구경한 뒤에 정포 두 필, 흰모시 중치막 하나, 흰 무명 반 필, 삼베 반 필을 주었다. 처음 홍패가 오면 이를 맞이하면서 으레 이렇게 주기 때문이다. _『쇄미록』 1597. 4. 16.

그림 2
수산리 벽화

오후에 재인을 불러 놀이를 하게 했더니 구경하는 사람들이 담장처럼 둘러쌌다. _4. 17.

영화 '왕의 남자'에도 광대가 나온다.그림 3 실제로 연산군은 기생 파티와 함께 광대 놀이도 즐겼다. 영화에는 광대 장생과 공길이 주인공으로 나오고, 이들은 연산군 앞에서 탐관오리의 비리를 풍자하는 공연을 한다. 실제로 실록에는 공길의 모델이 된 인물이 두 번 등장하는데, 한 번은 공결孔潔로 나오고 한 번은 공길孔吉로 나온다.

그림 3 영화 '왕의 남자'의 줄타기

왕이 나례儺禮, 세밑 의식를 인양전에서 구경하고, 지시하기를 "오늘 나례를 구경할 때에 배우 공결이란 자가 이신이 지은 민농시憫農詩, 농사짓는 고달픔을 읊은 시를 외우기를

벼를 김매는데 한낮이 되니
벼 포기 아래로 땀이 떨어지누나
그 누가 알아주랴 소반 위의 저녁밥이
알알이 모두 고통의 결과인 것을

이라 하고, 또 삼강령과 팔조목 등의 말을 논하였다. 그래서 승전색承傳色, 내시을 시켜 묻기를 '네가 문자를 아느냐? 글은 몇 책이나 읽었으냐?' 하니, 공결이 서서 대답하기를 '글은 알지 못하고, 전해 들었을 뿐입니다' 하고, 물러가 놀이를 하라 해도 따르지 않았으니 자못 무례하다. 의금부에 내려보내서 장 60대를 때리고 역졸에 소속시키라" 하니, 승지 등이 아뢰기를 "공결은 배우로서 놀이하는 것을 알 뿐입니다. 어찌 예절로 책망하겠습니까?"라고 하였다. _연산군일기 5년(1499) 12월 30일

여기서는 화를 면했지만 결국 연산군 말년에 곤장을 맞고 유배당했다.

왕이 지시하기를 "… 또 배우들이 서울에 떼를 지어 모이면 몰래 물건을 훔쳐서 도둑이 되니 앞으로는 나례를 베풀지 말아 옛날 폐단을 고

치도록 하라"고 하였다. 이보다 앞서 배우 공길이 늙은 선비 놀음을 하며 아뢰기를, "전하는 요·순 같은 임금이요, 나는 고요 같은 신하입니다. 요·순은 어느 때나 있지 않지만 고요는 항상 있습니다" 하고, 또 『논어』를 외어 말하기를 "임금은 임금다워야 하고 신하는 신하다워야 하고, 아비는 아비다워야 하고 아들은 아들다워야 한다. 임금이 임금답지 않고 신하가 신하답지 않으면 아무리 곡식이 있더라도 내가 먹을 수 있으랴" 하니, 왕은 그 말이 불경하다고 하여 장형에 처하고 먼 곳으로 유배 보냈다. _연산군일기 11년(1505) 12월 29일

이 광대는 『대학』의 삼강령과 팔조목을 논하고 『논어』를 외웠으니 제법 지식과 의식이 있었다. 그러기에 왕 앞에서 비판적인 언사를 해댔던 것이다.

광대는 전국의 장터와 잔칫집을 돌아다니며 판소리, 꼭두각시놀음, 가면극, 줄타기, 땅재주, 풍물 등을 공연하였고, 나례 등의 행사를 할 때에는 공길처럼 궁궐에 불려갔다. 이들의 놀이는 아이러니하게도 지금은 한국을 대표하는 전통문화가 되어 관광산업에 이바지하고 있다. 이렇게 떠돌아다니는 무리를 사당패라고도 하는데, 남자와 여자가 함께 어울려 재주를 부렸다.

묘기가 절정에 이르면 청중이 박수갈채를 보내며 돈을 던져서 상을 준다. 혹 동전을 입에 물고 '돈, 돈' 소리를 내면 여사당이 가서 입으로 돈을 받으며 입 맞추는데 또한 기묘하다. 이를 매개로 하여 밤에 함께 자고 받는 것을 화채花債 또는 해의채解衣債라고 일컬었다. _이능화 책, 445쪽

그림 4 사당판 놀음(기산풍속도)

여기에 소개한 기산풍속도에서도 여자가 치마를 올려 돈을 받는 장면이 보인다.그림 4 여사당이 스스로 한탄하는 다음 시는 이들의 심정을 대변하고 있다.

한산 세모시로 옷 지어 입고
안성 청룡사로 사당질 가세.
이내 손은 문고리인가
이놈도 잡고 저놈도 잡네.
이내 입은 술잔인가
이놈도 빨고 저놈도 빠네.

그림 5 안성 청룡사(2015. 6.)

그림 6 바우덕이 묘(2015. 6.)

이내 배는 나룻배인가
이놈도 타고 저놈도 타네. _이능화 책, 449쪽

안성 남쪽의 서운산 자락에 남사당패의 근거지였던 청룡사가 있다. 자그마한 사찰이지만 제멋대로 생긴 나무를 가공하지 않고 기둥으로 삼은 대웅전이 볼 만하다.그림 5 부근에는 여성이면서도 젊은 나이에 남사당패를 이끌다가 요절한 바우덕이1848~1870 무덤그림 6이 개울 건너 언덕 위에 전한다. 경복궁 중건 때에 흥선대원군이 이들을 불러 위문 공연을 열게 하고 높은 벼슬을 내린 일화가 유명하다. 안성에서는 그녀를 기려서 바우덕이 사당을 짓고, 바우덕이 축제를 열고 있다.

일기 속의 노비 1

영국의 농민 봉기를 이끌었던 존 볼John Ball, ?~1381은 군중에게 "아담이 밭을 갈고 이브가 길쌈할 때 누가 귀족이었나?" 하면서 선동했다. 이 말은 이보다 200년 전에 고려시대 최충헌의 종이었던 만적?~1198 등이 "우리나라는 경인년1170 · 계사년1173 이래로 고관대작이 천민과 종에서 많이 나왔으니, 장군이나 정승이 어찌 종자가 있겠는가?" 하면서 반란을 선동한 것을 떠올리게 한다.

종은 상전을 하늘처럼 떠받들어야 하는 천한 백성, 즉 천민이었다. 종은 노비라 불렀으니 '노'는 남자 종, '비'는 여자 종을 의미한다. 노비란 말은 중국 한나라 때부터 사용되기 시작하여 가장 보편적인 용어가 되었다. 그러나 근대에 와서 서양어 slave의 번역어로 '노예'란 단어가 채택되어 동서양의 천민을 아우르는 계급 용어가 되었고, 이에 따라 노비는 상대적으로 중국과 한국 등의 천민을 가리키는 특수 용어처럼 되어버렸다. 남종은 푸른 두건을 써서 창두蒼頭, 여종은 짧은 치마를 입어 맨다리가 드러나서 적각赤脚이라고도 불렀으니, 흔히 비천한 무리를 일러 '창적'이라 한다.

400년 전 일기 속에는 종에 관한 언급이 자주 보인다.

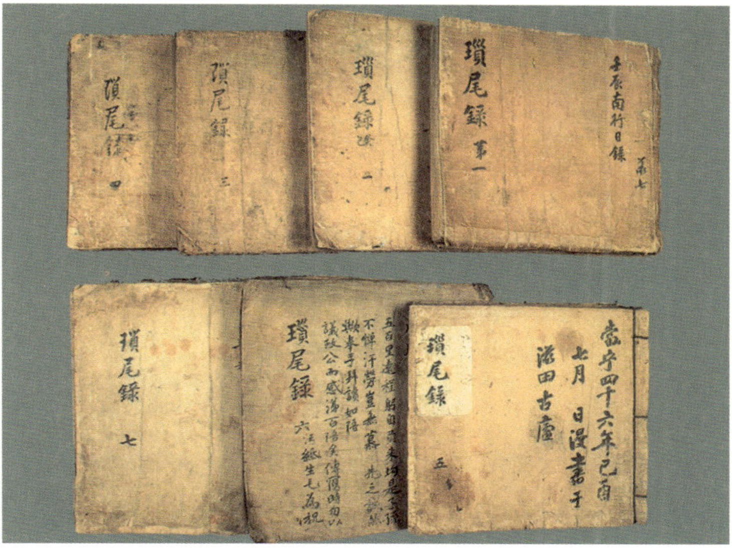

그림 1 보물로 지정된 『쇄미록』

다만 어린 종 하나뿐이고 말이 없어서 내가 비록 걸어가더라도 노자를 지고 갈 수가 없으니, 이것이 고민스런 일이다. _『쇄미록』 1592. 9. 11.

사포 아저씨께 가 뵈려 했으나 종 하나가 나무하느라 겨를이 없어서 가지 못했다. _『쇄미록』 1592. 11. 24.

요새 종이 없어서 오랫동안 나무하지 못하여 날씨가 이처럼 추운데 온돌에 불을 때지 못하고 잤다. _『쇄미록』 1593. 10. 21.

이것은 오희문1539~1613이 쓴 『쇄미록』그림 1이란 일기에 나오는 내용이다. 그는 서울에서 출발하여 전라도로 여행을 왔다가 임진왜란을 만

그림 2 나그네의 종과 말(김홍도)

나 전라도 장수, 충청도 홍주지금의 홍성와 임천지금의 부여, 강원도 평강으로 피란하면서 1591년부터 1601년까지 9년 3개월간 일기를 썼다. 날마다 쓴 그의 일기에는 당시의 생활상이 그림처럼 묘사되어 있다. 읽어가다 보니 내가 당시 주인공이 되어서 함께 굶주리고 함께 여행할 정도로 푹 빠졌다. 때로는 어릴 적 추억을 떠올릴 수 있는 장면도 나오지만, 때로는 400년의 시간적 단절을 느끼는 경우도 있다. 종 얘기가 바로 후자에 속한다. 양반은 종과 말이 없으면 행차할 수 없었다.그림 2

행부사용 황생이 승정원에 소분장掃墳狀을 올릴 때에 울면서 말했다. "허리에 금띠를 착용했지만, 너무 가난하여 살아가기가 거의 불가능합니다. 지금 소분하러 가는데 종과 말이 없으니 어찌합니까?" 좌승지 이극기가 이 뜻을 아뢰니, 말미와 말을 주도록 지시하고, 다음 인사 때에 승진시키게 하였다. _성종실록 7년(1476) 10월 3일

소분이란 경사가 있을 때에 조상의 묘에 가서 이를 알리면서 성묘하는 것으로 소분장은 이를 위한 말미 허가 신청서를 말한다. 또 요금腰金, 즉 허리에 금띠를 착용했다고 했는데, 행부사용 관직은 하급 무관직인데 비해 금띠 착용은 고관직에 해당하므로, 여기서는 조정 관리가 되었

다는 의미로 쓴 것이다.

종과 말이 없으면 남에게 빌려오기라도 해야 했다. 조선 후기 이덕무 1741~1793는 남에게 아쉬운 소리를 하지 못하는 성격이라서 이를 빌리는 것조차 힘겨워했다.

내가 비 오는 날 누워서 일생 동안 남에게 물건 빌린 것을 생각해보니 손에 꼽을 수 있을 정도였다. 내 성품이 옹졸하여 먼저 상대방이 난색을 표할 것 같으면 차마 말을 꺼내지 못하고, 내게 조금도 인색하지 않을 것을 명확히 안 뒤에야 비로소 말했다. 남의 말이나 나귀를 빌린 것은 단지 6, 7회뿐이고, 그 외는 모두 걸어다녔다. 혹시 남의 하인이나 말을 빌리면, 그들이 굶주리거나 피곤할 것을 염려하여 마음이 매우 불안하게 되니, 차라리 천천히 걸어 다니는 것이 편했다. _『청장관전서』 이목구심서耳目口心書 6

말이 없으면 소라도 타고 아니면 걸어서 갔지만, 노자를 지고 가는 종은 꼭 앞세워야 길을 떠날 수 있었다. 종은 벼슬아치의 품위를 유지시켜주는 도구였다.

우리나라는 중국의 경우와 달라서 높고 낮은 벼슬아치가 모두 나무하고 물 긷는 수고를 노비에게 대신하게 함으로써 염치를 기를 수 있게 되니, 그들에게 의지하는 바가 매우 큽니다. _성종실록 12년(1481) 10월 9일

관청에 이르면 종을 보내서 먼저 기별을 한 뒤에야 상대방을 만났다.

심지어 주인공은 땔나무를 할 종이 없어서 언 방에서 그냥 잠을 잤다. 남에게 곡식을 꾸러 보낼 종이 없어서 그냥 굶주리는 일도 있었다.

이처럼 종은 양반의 수족이었으니 종이 없으면 행세를 할 수 없었다. 다음은 세조 때 양성지 등이 상소한 내용이다.

우리나라의 노비에 관한 법은 그 유래가 오래되었으니 사대부는 이들에 의존하여 살아왔습니다. … 대개 농토는 사람의 목숨이고 노비는 선비의 수족이니, 그 중요성이 서로 같아서 어느 한쪽을 버릴 수가 없습니다. _세조실록 14년(1468) 6월 18일

양반이 서민과 다른 점은 바로 종을 부리는 데에 있을 정도로 종 소유는 신분의 상징이었다. 다음은 이극증이 왕에게 아뢴 내용이다.

대개 사족士族이 서인庶人과 다른 점은 종의 소유에 있습니다. 지금 조정의 신하로서 종이 많은 사람이 얼마 없는데, 그나마 하루아침에 도망해 흩어져서 사라져버리면 사족이 그 집안을 보전하지 못할 것이니 작은 문제가 아닙니다. _성종실록 14년(1483) 12월 18일

전쟁이 많았던 고대에는 이런 노비를 주로 포로에서 충당하였다. 광개토왕비만 보더라도 영토를 빼앗는 것보다는 사람을 잡아 오는 것이 주된 관심사였다. 그러나 전쟁이 점차 사라지면서 후대에는 채무 관계나 범죄 때문에 노비가 되는 경우가 많았다. 세력 있는 집에서는 불법으로 양민을 천민으로 떨어뜨리는 압량위천壓良爲賤을 통하여 노비를 확

대해 나갔다. 다음은 성종 때에 송익손이 압량위천한 문제를 논의한 부분이다.

이형원이 말하기를 "대저 양민이 부역을 괴로워하여 천민으로 몸을 내던지는 자가 많습니다. 모름지기 송익손을 귀양 보내어 천민으로 내던지는 것이 불가하다는 것을 어리석은 백성들이 알게 하소서" 하였다.

이에 임금이 좌우를 돌아보고 물었다. 영사 신숙주가 대답하기를 "송익손이 압량위천한 수효가 심히 많다고 신이 들었는데, 발각된 자가 몇이나 되는지 아직 모르겠습니다" 하니, 이형원이 말하기를 "5, 6인입니다"고 하였다. 신숙주가 말하기를 "그 죄는 많고 적은 것에 있지 않으니, 귀양 보내어 크게 징계함이 옳겠습니다" 하니, 임금이 말하기를 "이미 관직을 삭탈했으니, 또 무엇을 더하겠느냐?" 하였다. _성종실록 6년(1475) 1월 16일

그런가 하면 이 일기에서 볼 수 있는 것처럼 떠도는 아이를 거두어 노비로 만들기도 하였다.

나이 11, 12세쯤 되는 여자 아이가 문 밖에서 구걸하기에 집과 부모를 물어보니 죽산에 살았는데 그 부모는 난리 초기에 적의 손에 죽었다고 한다. … 만일 구제하지 않으면 반드시 굶어 죽을 것 같아서 가련함을 이기지 못하겠다. 집안사람에게 거두어 기르게 해서 그의 행동거지를 보아가며 심부름하는 종으로 삼고자 하여 임시로 머물게 하였더니 저도 그러기를 바랐다. _『쇄미록』 1594. 5. 21.

그림 3
서울 거리와 아이(1901년)

주인공은 버려진 아이를 수습하여 집안 허드렛일을 맡기려 하였으나 이 아이는 8일 만에 도망치고 말았다. 버려진 아이를 노비로 삼는 것이 희귀한 일은 아니었다.

서울은 인구가 조밀하여 어린아이가 집을 나와 몇 집만 지나쳐도 제 집을 찾을 수 없어 마침내 미아가 됩니다. 이를 발견한 사람도 아이가 사는 곳을 찾아주지 못하고, 때로는 간사한 무리가 몰래 숨기고 먹여 길러서 노비로 삼기도 합니다. 지금부터는 미아를 발견하면 모두 제생원에 보내서 호조에서 양식을 지급하여 기르게 하고, 아이를 잃은 부모도 제생원에 가서 찾도록 하십시오. _세종실록 즉위년(1418) 8월 19일

제생원은 조선 초기에 설치한 의료 기관이다. 서울 거리가 복잡하여 미아가 발생하고,그림 3 그중에 일부는 몰래 키워서 노비로 삼았던 모양이다. 이에 따라 지금의 서울시청에 해당하는 한성부에서 왕에게 이를

금지하도록 건의하였다. 그러나 조선 후기로 넘어가면서 흉년이나 재해가 연이어 나타남에 따라 버려진 아이를 키웠을 경우에 그 아이에 한하여 노비로 삼을 수 있는 조치를 내리게 된다.

민정중이 아뢰기를, "지난번에 버려진 아이를 거두어 기르는 사람에게는 그 아이를 노비로 삼도록 허락했었는데, 다만 그 당사자에 한하여 부리도록 하고 그의 자손은 원래의 구실을 지게 하는 것이 타당할 듯합니다"고 하니 임금이 따랐다. _현종실록 4년(1663) 12월 3일

이런 조치는 결과적으로 유아사망률을 낮추어 조선 후기에 인구가 증가하는 한 요인이 되었다고 한다.

동양이건 서양이건 노비는 주인의 재물이었다. 가축과 동일하게 취급되어 소유, 매매, 상속의 대상물이 되었다. 다음은 조선시대에 노비들이 어떤 취급을 받았는지 잘 보여준다.

우리나라 풍속에서 노비를 대할 때에 은혜와 의리는 전혀 없다. 기아와 추위에 고생하더라도 그들의 운명으로 여기면서 불쌍히 여기지도 않는다. 다만 형벌로 다스리고 매와 몽둥이로 내몰면서 살리고 죽이기를 소나 말처럼 한다. _『반계수록』 속편 하, 노예

서양에서 도망노예는 절도죄에 해당되었다고 한다. 주인의 물건인 자신의 몸을 훔쳤기 때문이다. 다음은 전라도 관찰사가 왕에게 건의한 내용의 일부다.

노비는 재물과 같습니다. 재물을 빼앗는 자는 비록 하찮은 것이라도 모두 강도죄로 논하니 남의 노비를 협박하여 빼앗는 자를 가벼운 죄로 논하는 것은 불가합니다. _세조실록 2년(1456) 9월 10일

이 일기에도 여종 두 명을 구매한 얘기가 나온다.

또 구례현감을 지낸 조사겸의 첩이 여종 둘을 샀다가 돌려보내려 하므로 내가 포목 13필로 사기로 약속하였다. 본래 큰 짐을 싣는 말 한 마리를 주었으므로 11필로 줄였는데, 다시 두 필이 부족하므로 벼 한 섬을 주기로 했다. 그 집의 종 김동과 그 아저씨 말질산이 양쪽을 연결하여 말을 전했으므로 벼 13말을 주어서 나누어 먹게 했다. 이광춘을 불러 문서를 쓰게 하고 그 외숙인 사노私奴 말질산과 소즐이 함께 증인을 섰다. _『쇄미록』 1594. 10. 17.

삼작질개는 이름을 덕개로 고치고, 아작개는 눌은개로 고쳤다. _『쇄미록』 1594. 10. 23.

여종 한 명의 값은 포목 6.5필로 벼로는 3섬 조금 넘는다는 계산이 나온다. 그리고 말 한 마리는 포목 두 필 정도였다. 조선시대의 법전인 『경국대전』에는 쓸모 있는 노비의 값을 대체로 상등급 말 한 필과 비슷하게 매겨놓았다. 그러나 종의 가격이 폭락했던 고려 말기에서 조선 초기 사이에는 이보다 훨씬 밑돌았던 적이 있다. 다음은 이와 관련하여 왕에게 아뢴 내용이다.

무릇 노비 값은 많아도 5승포 150필을 넘지 않는 데 비하여 말 값은 4, 500필에 이르니, 이것은 가축을 중히 여기고 사람을 가볍게 여기는 것이므로 도리에 맞지 않는 일입니다. 지금부터 노비 값은 남녀 구별 없이 15세 이상에서 40세 이하인 자는 400필로 하고, 14세 이하와 41세 이상인 자는 300필로 하여 매매하게 하는 것을 항구적인 법으로 삼게 하소서. _태조실록 7년(1398) 6월 18일

말 한 필이면 노비 2, 3명을 구할 수 있었으니 인간으로서의 도리가 아니라고 생각했음직하다. 이에 따라 노비의 가격을 올리는 정책을 건의하여 왕의 허락을 받았다. 5승포란 고려시대와 조선시대에 현물 화폐의 기준으로 사용된 삼베였다. 1승은 80올로 짠 것으로서 품질이 중간 정도인 5승, 즉 다섯 새의 삼베가 되어야 옷을 지어 입을 수 있었기 때문에 그 기준이 되었다고 한다. 정확히 비교하기는 어렵지만 이 당시의 가격에 비하면 일기 속의 노비 값은 상당히 올라 있는 것을 알 수 있다.

주인공은 외가에서 유산으로 노비를 분배받기도 하였다.

이리하여 외가의 누락된 노비들을 나누었는데 … 이튿날 일찍 종 인수의 집으로 돌아와서 유산으로 나누어 받은 경위를 말해주었다. 인수와 그의 5촌 질녀는 우리에게 할당된 유산이다. _『쇄미록』 1592. 2.

그런가 하면 동생이 노비가 없어서 고생하는 것을 보고 어머니의 뜻에 따라 서류를 작성하여 양도하기도 하였다.

아우가 눈앞에 부리는 노비가 없다고 어머님께서 걱정하시므로 그 뜻을 받들어서 광주 선영 아래에 사는 남종 성금, 직산에 사는 여종 단춘, 서울에 사는 여종 복지가 낳은 복일 셋을 증여하였다. 평강평강군수인 맏아들에게 문서를 작성하게 하여 내가 서명하였다. 또 남고성매제에게 서명하게 하여 아우에게 주도록 하고, 어제 평강이 상경할 때 가져가게 하였다. _『쇄미록』 1597. 3. 그믐.

여기서 볼 수 있는 것처럼 주인공은 자기 집 안에서 부리는 노비뿐 아니라 전국 여기저기에 노비를 소유하고 있었다. 선영이 있는 광주의 토막, 경상도 성주, 전라도 장흥, 황해도 안악 등지에 노비가 있었으니, 이들로부터는 매년 신공身貢을 받았다. 멀리 떨어져 사는 종은 상전에게 직접 노동력을 제공하지 못하는 대신에 그 대가로 조선 초기에 남종은 면포 두 필, 여종은 면포 한 필 반 정도를 매년 바치게 되어 있었으니 이를 신공이라 한다. 이처럼 집 밖에 떨어져 사는 노비를 외거노비, 납공노비라 하였고, 반면에 집 안에서 부리는 노비는 솔거노비, 솔노비그림 4라 하였다.

다음은 외거노비가 신공을 바친 사례다.

안악에 사는 여종 복시의 남편 은광이 지난 초하루에 올이 가는 고운 무명 한 필과 목화 네 개를 신공으로 가져와서 어머님께 드렸다. _『쇄미록』 1597. 11. 8.

안악에 사는 여종 복시의 신공인 아홉 새 무명 한 필을 여동생 집 종이

그림 4 무용총 접견도의 상전과 솔거노비

마침 그곳에 갔다가 받아왔으니 기쁘고 기쁘다. _『쇄미록』 1598. 6. 16.

난리통에 모두 흩어져 생사를 모를 정도인데 안악에 사는 종은 그래도 상전에 충성을 바치고 있다. 반면에 꾀를 내는 종이 없을 수 없다. 주인공이 처음에 남쪽으로 여행을 간 목적에는 노비 신공을 받는 것도 있었다. 그런데 성주 노비로부터는 받았지만 장흥 노비는 제대로 바치지 않아서 징계를 하였다. 무주에 사는 종은 난리에 도망쳐버렸다.

새벽에 두 종을 무주에 사는 종 인수에게 보내서 신공을 받아 오게 했다. … 어두워서 종윤이 흥양에서 돌아와서 그편에 들으니, 그곳 노비들이 모두 도망해 흩어져서 신공을 바치지 못할 뿐 아니라 심지어 길에서 먹을 식량까지도 얻을 곳이 없어서 죽을 쑤어 먹고 간신히 돌아온다고 한다. _『쇄미록』 1593. 12. 13.

그런데 때로는 사달이 나기도 했다. 신공을 받으러 온 주인을 외거노비가 구타한 사건이다.

또 함양 사람에게 장흥부에 살고 있는 노비가 있어서 그를 부린 지가 오래되었다. 그가 신공을 받으려고 아들을 데리고 갔는데, 노비가 나와 보고 거짓으로 "너는 내가 알지 못하는데, 어찌 내 주인이라고 하느냐?"라고 했고, 이웃 사람들도 모두 "그가 누구인데 함부로 네 주인이라고 일컫는가?"라고 했습니다. 종이 몰래 이웃 사람들에게 부탁하여 함께 구타하여 팔을 부러뜨리니, 아들이 몰래 관가에 신고하여 즉시 이졸을 보내 체포했으나, 겨우 2, 3인에 그쳤습니다. _성종실록 8년(1477) 10월 28일

노비는 재물이었지만 스스로 재산을 소유할 수 있다는 점에서 사람으로 인정되는 측면도 있다. 그런데 노비의 재산은 상전의 재산이기도 하였다. 집 안에서 부리던 종 막정은 그 아내가 바람이 나서 도망가고 그 자신은 울분과 병으로 사망하였다. 그의 재산이 평양에 있었는데 마침 그곳에 갔던 주인공의 사위가 이를 팔아서 처분하였다.

또 들으니 자방사위이 연말에 평양에 갔다가 죽은 종 막정의 전답을 그 일가에 팔아서 소 한 마리와 무명 20필을 받았다고 한다. 소는 체구가 작지만 쓸 만한 데 비해서 무명은 거칠고 나빠서 퇴짜를 놓고 다른 것으로 가져오게 했다 한다. 마땅히 사람을 보내서 받아와야 하지만 집에 믿을 만한 심부름꾼이 없으니 고민스럽다. _『쇄미록』 1599. 2. 5.

결국 4월에 가서 무명 등을 전해 받고 주인공은 무척 기뻐하였다. 그러면서 사위가 직접 가서 일을 처리했기에 망정이지 그렇지 않았으면 다른 사람에게 속임수를 당했을 것이라고 적었다. 죽은 종 막정은 솔거 노비였다. 집 안에 거주하면서 주인의 지시에 따라 농사짓고 나무해 오고 심부름하는 일을 하였다.

주인공 가족이 이곳저곳 옮겨 다님에 따라 종들도 함께 떠돌아다녔다. 주인도 굶는 마당에 종은 더욱 배를 곯았다.

저녁을 먹을 길이 없어서 콩 한 되쯤으로 죽을 쑤었는데 안에 넣을 쌀이 없어서 마침 종자로 쓰려고 오래 두었던 차조 한 되를 찾아서 쌀 다섯 홉과 이웃집에서 바꾸어 왔다. 쌀을 넣어 끓여서 아이들과 반 그릇씩 마셨는데 내용물은 적고 물이 많으니 가소롭다. 그러나 이것도 종들에게는 돌아가지 않아서 모두 굶은 채 잤으니 한탄한들 무엇하랴. _『쇄미록』 1594. 3. 3.

심지어 양식이 없어서 종을 버리고 피난을 나오기도 하였다.

지난해 10월에 아우가 서울에 들어가 신주를 모시고 나올 때에 복지 모녀도 나오려고 하는 것을 양식이 없어서 버리고 왔다고 했는데, 만일 그때 데리고 나왔더라면 네 모자가 모두 죽는 데에 이르지는 않았을 것이니, 더욱 가련한 일이다. _『쇄미록』 1593. 5. 8.

결국 복지와 세 아이들은 떠돌다가 굶주려 얼어 죽고 말았다. 이렇게 급할 때에는 버림을 받기도 하였다. 충청도 임천의 피난처에서 서울로 올라갈 때에는 묵을 곳이 마땅치 않아서 종들은 어쩔 수 없이 12월의 추운 날씨를 이기며 노숙을 해야 했다.

지난밤에는 종들이 모두 노숙을 했는데 날이 춥기가 갑절이나 심한데 가련하고 가련하다. _『쇄미록』 1596. 12. 22.

전란 속에 하루하루 생계를 유지하는 것마저 버거우니 종들에 대한 상전의 영은 제대로 서지 않았다. 종이 말을 듣지 않아 매질을 한 적도 있지만 밉다는 말로 한탄에 그치는 경우가 더 많았다.

또 둔답屯畓을 고르는 일을 마치지 못했다. 마침 날이 춥고 바람도 차서 종들도 힘을 쓰지 않았다. 닷 마지기 논을 네 사람이 사흘에도 끝내지 못하니 밉고도 밉다. _『쇄미록』 1594. 3. 17.

주인공은 관청 논인 둔답을 빌려서 농사를 지었는데 종들이 제대로 힘을 쓰지 않았다. 그런가 하면 심부름하는 길에 주인 물건을 훔치는 일도 자주 있었다.

명복이 함열에서 왔는데 함열태수가 정미 세 말, 살아 있는 준치 두 마리, 맑은 꿀 다섯 홉, 녹두 한 되를 보냈다. 다시 되어보니 쌀은 다섯 되가 적고 준치와 꿀은 길에서 빼앗겼다고 한다. 어둑한 무렵에 돌아온 것을 보면 필시 생선을 굽고 밥을 지어 먹었을 것이고, 꿀은 병을 앓는 집에서 많이 찾는 것이니 역시 중간에 팔아먹었을 것이다. 그러면서 빼앗겼다고 핑계를 대니 밉고도 밉다. _『쇄미록』 1594. 5. 8.

아무리 자기 집 종이라고 해도 이처럼 사람을 부리는 것은 결코 쉬운 일이 아니었다. 이것은 다음 일기에서 잘 드러난다.

덕노가 어제 저녁에 왔으나 바꾸라고 보낸 물건을 그대로 가지고 와서 팔지 못했다고 하니 밉살스런 생각을 이길 수 없다. 자기 물건은 모두 목화로 바꾸고 상전이 부탁한 것은 도로 가져왔으니 더욱 분하다. 더구나 날짜까지 넘겨와서 내 집안 일이 모두 낭패되어 이루어진 것이 없다. 이에 중한 매를 때려 경계하려 했으나 만일 성난 김에 때리면 반드시 중상을 입힐 것이고 그런 다음에야 그 게으름을 다소 징계하게 될 것이다. 그렇지만 앞으로 심부름 시킬 곳이 많기 때문에 잠시 참고 용서해주었다. _『쇄미록』 1600. 10. 9.

덕노가 자기 물건을 목화로 바꾸기 위해서 서울에 간다고 하기에 휴가까지 주면서 주인도 다시마 일곱 묶음을 목화로 교환하게 하였다. 이때가 9월 4일이었다. 제 기일에 오지 않아서 걱정만 하다가 무려 한 달 이상이나 지나서 자기 것만 바꾸어 왔으니 화가 치밀지 않을 리 없다.

이 글만 보더라도 무척 화가 난 것을 느낄 수 있다. 그럼에도 일을 시킬 다른 종이 없으니 어쩔 수 없이 참아야만 하였다. 물론 종살이가 어려운 일이겠지만, 이를 부리는 상전 노릇도 결코 쉬운 일이 아니었다.

일기 속의 노비 2

종이 말을 듣지 않으면 상전은 형벌을 내렸다.그림 1 다음은 유희춘 1513~1577이 벌을 내린 뒤에 종들에게 훈계한 말이다.

한수가 말을 듣지 않고 오랫동안 오지 않기에 그 처를 가두었더니 그제서야 왔다. 완고하고 사나운 죄를 다스리기 위해 내가 사랑으로 나가 앉아 매 30대를 때렸다.

또 종 자식과 여종 남편들에게 두루 일러 "세간에 유향소의 종들이 방자하다는 소문이 나도는데, 하물며 재상집 노복들은 더욱 삼가야 한다. 너희들은 논일을 하면서 남과 물을 고루 대지 않거나 시장에 가서 남과 이익을 다투는 등 일체 권세를 믿고 남을 침해하는 일을 해서는 안 된다. 감히 내 지시를 어기는 자가 있으면 내가 볼기 치거나 종아리 때리는 것뿐 아니라 발바닥까지도 때릴 것이니, 너희들은 조심하고 삼가도록 하라"고 했더니, 종들이 모두 "예, 예" 하면서 물러갔다. _『미암일기』 1576. 1. 16.

『미암일기』에서도 보이듯이 주된 형벌은 매질이었다.

그림 1 주인이 종을 살해하는 장면(18세기 중엽 감로탱)

또 송노에게 논을 매게 했다. 눌은비는 병을 핑계 대고 누워서 일어나지 않으니 몹시 밉다. 잡아 와서 종아리를 때리고 미련함을 꾸짖었어도 고치지 못하니 더욱 가슴이 아프다. _『쇄미록』 1595. 5. 26.

송노는 남종이고 눌은비는 전 해에 샀던 여종이다. 다른 사람의 부탁을 받아서 대신 징벌한 사례도 보인다.

저녁에 허찬이 한산에서 자기 여종을 잡아가지고 와서 날더러 때리라고 하였다. 즉시 결박해서 거꾸로 매달고 발바닥을 5, 60여 번 때린 다음 입고 있는 장옷과 속옷을 벗기게 하였다. _『쇄미록』 1596. 12. 15.

이와 같이 상전은 종에게 형벌을 가할 수 있었지만, 종은 반역죄가 아니면 상전을 관청에 고발할 수 없었다. 주인을 고발하는 것은 신하가 임금을 배반하는 것처럼 여겨서 참형까지 처하였다. 그것은 하극상이 벌어질까 두려워했기 때문이다.

만일 아무 집 종 아무개가 와서 우리 주인이 죽였다고 고발하면, 국가에서 반드시 그 공에 상을 주어 천인을 면하게 할 것입니다. 이렇게 되면 듣는 자들이 "아무개는 주인을 고발하여 양민이 되었다"고 하여, 남의 종이 된 자가 모두 딴마음을 품을 것이니, 이를 조장할 수는 없습니다. _성종실록 9년(1478) 1월 22일

살인 사건이 일어나 죄인을 잡으려 했으나 모두 숨기는 바람에 상전 고발을 허용하자는 논의가 있자 왕에게 이런 명분을 내세워 반대했다.

형벌은 자칫 학대와 살해로 이어졌다. 세종 때에 일어난 한 사례다.

형조에서 아뢰기를 "종 백동이 주인을 어기고 자기 일을 하지 않았다고 하여, 행사직 임가가 무수히 구타한 다음에 두 귀를 자르고 근육을 끊고 머리털을 자르면서 잔혹한 형벌을 가하여 죽게 했습니다. 법에 따라 장 100대를 때리게 하소서" 하니, 왕이 그대로 따랐다. _세종실록 8년(1426) 2월 2일

아무리 형벌을 가할 수 있다고 하더라도 지나친 것은 금지하였다. 하늘에서 내린 백성은 본래 귀천이 없으니 노비를 잔혹하게 다스리는 것은 하늘의 백성을 해치는 것으로 생각하였다. 세종은 노비를 혹독하게

그림 2
로마시대 노예 목에 채운 목걸이
(2013. 11.)

다스려 죽인 상전의 죄를 다스리면서 일찍이 "노비도 사람이다"고 지적하였다. 종이 주인을 죽인 것과 마찬가지로 주인이 종을 죽인 것도 죄악이 되니, 감로탱 그림에 둘 다 등장하는 것만 봐도 알 수 있다. 이처럼 전통시대의 신분관은 엄격한 구분을 추구하면서 그 반대의 모습도 보이는 이중적 성격을 띠고 있었다.

종은 견디기 어려우면 결국 도망하는 길을 택하게 된다. 도망친 노비를 쫓아서 찾아오기도 하였다. 『성호사설』에 따르면 조선시대에 도망노비의 이름을 종이에 써서 대들보 위에다 붙여놓으면 돌아올 거라고 믿는 흥미로운 풍속도 있었다. 로마시대에 노예에게 채운 목걸이에는 "누구든지 이 노예가 도망한 것을 보거든 주인인 조니누스Zoninus에게 돌려 보내주시오. 그러면 금화를 상금으로 주겠소"라는 문구가 새겨져 있었으니,그림 2 요즘 강아지 분실에 대비해서 다는 목걸이나 마찬가지였다.

오희문의 일기에서도 노비들이 종종 도망을 쳤다. 1593년에 말질손, 안손, 명복이 도망하였고, 1595년에는 송노가 동료 종인 막정의 아내 분개를 데리고 도망했으며, 1597년에는 아들이 데려온 돌종이 도망하였는가 하면 한복이 강비를 데리고 도망하였고, 이듬해에는 개비가 도망했다가 잡혀 왔다.

다음은 이보다 100년 전의 상황이다.

추쇄도감에서 "잡아서 돌려보낸 서울과 지방의 노비는 모두 26만 1,984명이고, 여러 고을과 여러 역驛의 노비는 모두 9만 581명입니다"고 아뢰었다. _성종실록 15년(1484) 8월 3일

추쇄推刷란 도망한 노비를 찾아내서 본고장으로 돌려보내는 것을 가리키고, 추쇄도감은 이를 담당한 관청이다. 2010년에 인기리에 방영된 '추노'는 바로 이를 주제로 한 것이다. 같은 해에 한명회는 공사 노비들로서 도망한 노비가 100만 명이나 되어 고대 삼한 때의 한나라 인구수만큼 된다고 아뢰기도 했다.

그러나 노비의 추쇄는 쉬운 일이 아니었을 것이다. 주인이 도망간 노비를 찾아나섰다가 오히려 봉변을 당한 사례도 눈에 띈다.그림 3 다음은 세조 때에 일어났던 일을 윤필상이 성종에게 아뢴 말이다.

전라도의 풍속은 본래 인정 없고 악하다고들 합니다. 세조 때에 어떤 조정 관리가 도망간 노비를 잡으러 강진에 갔었습니다. 그 종들이 잔치

그림 3
종이 주인을 범하는 장면
(수도사 감로탱)

를 베풀어 대접하다가 마침내 그 주인을 결박하여 몽둥이질을 하면서 노비 대장을 내놓으라고 독촉했습니다. 심지어는 그의 발가락까지 뽑았고, 함께 간 일행을 모두 결박했습니다. 마침 데리고 간 두 종이 도망해서 관가에 달려가 신고했기에 즉시 그들을 체포할 수 있었습니다. 그 일을 조정에 보고하여 능지처사시켰는데, 이렇게 악독한 풍습은 엄하게 다스리지 않을 수 없습니다. _성종실록 19년(1488) 1월 27일

이 일기에서도 난리 속에 수족과 같은 노비들이 하나둘씩 도망치면서 점차 주인공의 가세가 기울어져 가는 모습이 나온다.

새벽 머리에 송노宋奴가 달아났다. 요사이 힘써 김매지 않고 오랫동안

병을 핑계 대면서 일어나지 않아서 매번 통분하게 여겨왔다. 그래서 한 번 게으름을 다스리려 생각하면서도 오래 참아왔는데 이 같은 농사철에 풀매기를 끝내지 않고 도망갔으니 더욱 마음이 아프다. 언젠가 붙잡아 오면 그 악랄함을 징계할 것이다. _『쇄미록』 1595. 6. 9.

이렇게 도주한 송노는 충청도 임천에서 경상도 문경으로 숨어들었다. 함께 도망한 분개의 어미가 사는 곳인데 거기서 두 아들까지 두었다. 그러다가 마침 주인공의 맏아들이 경상도를 순찰할 때에 출두한 것을 잡아 보내서 6년 만에 주인에게 되돌아왔다. 이때 무명 한 필, 곶감 여덟 꼬치, 찹쌀 다섯 되를 신공 명목으로 가져왔다. 6년 동안의 신공 대가로는 너무나 적어서 화가 치밀면서도, 피난살이를 접고 서울로 돌아가는 마당에 손이 없어 고민하던 터라서 다른 한편으로는 기쁘게 생각하여 그를 용서하였다.

병란을 겪으면서 사회 기강이 흔들리게 되자 도망 사태는 더욱 많이 발생했다. 임진왜란 때에 왜적이 서울에 입성하기 전에 화재가 먼저 났는데,그림 4 이때 제일 먼저 불에 탄 곳이 노비 대장을 보관하고 있던 장례원과 형조였다고 한다. 다음은 효종 때의 관노비 관리 상황이다.

호조판서 이시방이 "각 관청의 노비 대장에 등록된 자는 19만 명인데, 신공을 거두는 수는 2만 7천 명뿐입니다"고 아뢰었다. _효종실록 6년(1655) 1월 27일

도주한 종 가운데에는 중이 된 자도 있었다.

그림 4
불 탄 뒤 터만 남은 경복궁
(정선)

주지승 현원에게 들으니 중 상현이 지금 천안 여왕사에 머문다고 한다. 상현은 곧 내 종으로서 본래 직산에 살다가 신역을 피해서 중이 되었다. 전에는 목천 승천사에 있다가 지금은 여기로 옮겼다. 속명은 강복이다. 다음에 그 절에 가서 물으면 찾을 수 있을 것이다. _『쇄미록』 1595. 4. 10.

이처럼 절은 도망 노비의 도피처였던 모양이다.

노비의 도망이 해마다 거듭됩니다. … 신 등은 그들이 머무는 곳을 알고 있으니, 도피한 어린 종들은 남산이나 백악산·삼각산·도봉산 등지의 여러 절에서 불공드릴 때에 음식을 구걸하며 삽니다. 중들은 이들에게 신을 삼게 하거나 땔나무를 해 오게 하면서 받아들여 보호해줍니다.

남의 종을 숨긴 죄는 용서할 수 없으니, 중 하나를 참형에 처하여 그 머리를 여러 절에 돌리고 그가 가진 물건을 고발자에게 주면, 노비를 받아들이는 곳이 저절로 없어질 것입니다. _예종실록 1년(1469) 2월 29일

종은 도망치더라도 또 다른 곳에 몸을 의지할 수밖에 없었다. 스스로 생계를 꾸려가는 방도를 마련하지 못하기 때문이다. 근대에 와서 노비제도가 폐지되었지만 그들은 독자적으로 생활할 형편이 되지 않아서 대부분 주인집에 머물렀으니, 이것이 불과 몇십 년 전까지만 해도 존재했던 '머슴'이었다. 머슴은 원래 조선시대에도 있었다. 이들은 주인집에 붙어서 일한 대가를 받던 사람들이었다. 그러나 노비 해방이 된 뒤에 이들도 머슴 대열에 합류했던 것이다.

도망하는 종이 있는가 하면 충직하게 자신의 직분을 다하여 훗날까지 미담으로 전해지는 경우도 있었다.

옛날 세종 때에 어떤 선비가 죄를 지어 형벌을 받게 되었는데, 그의 종이 옥졸에게 뇌물을 주면서 여주인이 밤중에 들어가 서로 만날 수 있게 해주기를 청하자 옥졸이 허락했습니다. 한밤중에 종이 부인 옷을 입고 얼굴을 가린 채 들어간 뒤에, 그 주인이 몰래 옷을 바꿔 입고 옥에서 나가게 하고 자신이 대신 옥에 갇혔습니다. 장차 형벌을 가하려 끌어내 보니 바로 그 종이었습니다. 옥의 관리가 이 사실을 아뢰자 세종께서 의롭게 여겨 "만약 이 종을 죽이면 사람들에게 충성을 권유할 수 없을 것이다"고 이르고, 즉시 모두 석방하게 했습니다. 그 후에 그 선비가 과거에 급제하여 높은 관직을 역임하였으니, 이것이 지금까지 미담이 되

고 있습니다. _현종개수실록 8년(1667) 11월 13일

이 일기에서도 아들이 데리고 있는 춘기가 그러하였다.

지난 초가을에 춘기가 삼척 땅의 노비 공물을 받기 위해서 나갔다가 지금까지 오지 않기에 도망가서 돌아오지 않는다고 생각했었다. 그런데 이제 다른 사람에게 부탁하여 먼저 바꾼 물건과 말 두 필을 보냈으니 상전에게 충성한다 하겠다. 경탄스러움을 그칠 수 없다. _『쇄미록』 1597. 12. 13.

춘기는 돌아오다가 병이 나서 원주에 머물러 있으면서도 인편으로 상전에게 편지와 공물을 보내어 소식을 알렸다.

종 가운데에는 재산을 모으고 출세를 하는 경우도 있었다. 안협에 사는 종 연수는 부근에서 제일 부유할 정도로 재산을 모았고, 곡식을 바쳐서 자기 아들을 양인으로 만들었다.

안협에 사는 개인 종 연수가 와서 아뢰고 쏘가리 한 마리를 바치는데 크기가 반 자가 넘는다. 윤겸을 만나려다가 이루지 못했다. 연수는 나이 80에 이르렀는데 집이 몹시 부유해서 근방에서는 제일인데 여기에서 5리 밖에 산다. _『쇄미록』 1597. 5. 29.

이진선은 곧 개인 종으로 부자인 연수의 아들인데, 일찍이 곡식을 바치고 양인이 되었다. _『쇄미록』 1597. 9. 14.

이와 비슷한 일이 이보다 100여 년 전 성종 때에도 보인다. 개인 종 임복은 1만 석의 곡식을 저축할 정도로 부자였는데, 백성을 구제하도록 곡식 2천 석을 바치고 아들 네 명을 양인으로 만들어줄 것을 요청하였다. 그러나 이때는 왕조 초창기라서 신하들의 강한 반발을 불러일으켰다. 그러자 1천 석을 더 바치고 왕의 허락을 받아 마침내 꿈을 이루었다. 그러나 며칠 뒤에 또 다른 개인 종 가동이 2천 석을 바쳤으나 이를 전례로 만들 수 없다는 명분론 때문에 뜻을 이루지 못했다. 석石은 우리말로 '섬'인데 근세에 일본에서 전래된 가마니보다 더 큰 용기였다. 한 가마니는 10말인 데 비해서, 한 섬은 일반에서는 20말, 관청에서는 15말로 계산하였다.

비록 신분이 엄격한 사회였지만 이처럼 종도 부자가 되었다. 심지어 종이 종을 소유하는 경우도 발생하였다. 중국 원나라 때에 종의 종을 중구重口 또는 중대重臺라 하였는데, 조선 연산군 1년1495에도 중대를 금지하는 문제를 논의한 적이 있다.

그런가 하면 종의 신분에서 벗어나 출세하기도 하였다. 신라 때에 개인 종 지통은 출가를 해서 고승이 되었고, 여종 욱면은 염불을 열심히 해서 산 채로 서방의 극락정토로 날아갔다는 얘기가 『삼국유사』에 전한다. 고려시대에 강윤소는 일등 공신이 되어 대장군의 벼슬까지 올랐다.

강윤소는 본래 신안공 집 노비였는데 몽골어를 할 줄 안 데다가 간사하고 교활하여 원종1259~1274의 총애를 받았다. 여러 번 원나라에 다녀온 공로로 벼슬길이 허락되어 거듭 승진하여 장군까지 이르렀다. 그 후 임연이 김준을 죽일 때에 그와 제일 먼저 모의하였으므로 일등 공신이라

하여 대장군 벼슬을 주었다. _『고려사』 강윤소 전기

조선시대에는 신분제도가 더욱 엄격했음에도 노비가 양민이 되는 경우가 종종 있었다. 공로를 세우거나 열녀·효자로 이름났을 경우에 종의 신분을 벗겨주었고, 전쟁시 군량이 부족한 경우에 부유한 노비에게서 곡식을 받고 양민으로 만들어주기도 하였다. 임진왜란 때에 군인이 부족할 때에도 임시방편을 사용하였다.

우리나라에서 양민과 천민은 엄격하게 구별되어 있습니다. 그런데 이전에 북도의 군사가 모자라자 특별히 어사를 보내 개인의 노비를 모아서 정군正軍에 편성하고 양인이 되는 것을 허락함으로써 과거와 벼슬길이 모두 트이게 되었습니다. _광해군일기 6년(1614) 7월 16일

세종 때에 유명한 과학자인 장영실은 원래 중국계 귀화인과 기생 사이에서 태어나 동래의 관청 노비로 있었다. 그는 왕으로부터 재주를 인정받아 중국에 가서 천문 기기를 연구하는 기회를 얻었고, 돌아와서 물시계인 자격루를 비롯하여 각종 천문 관측 기계를 만들었다. 이 공로로 마침내 종3품의 벼슬에까지 올랐다. 중종 13년1518에는 여형이란 사노가 학식이 있어서 조광조가 그의 천인 신분을 면할 수 있게 해달라고 요청한 적이 있다. 천인 유극량?~1592은 무과에 합격하여 벼슬이 부원수에 올랐다가 임진왜란 때에 임진강 전투에서 전사하여 충신이 되었다. 이 밖에도 노비였던 이상좌가 출세한 사례를 보겠다.

그림 5 송하보월도(이상좌)

이상좌李上佐, ?~?는 어느 선비의 종이었다. 어릴 적부터 그림을 잘 그렸는데, 특히 산수화와 인물화는 당시에 가장 뛰어났다. 중종이 특명으로 그의 신분을 올려서 도화서에서 근무하게 하였다. 중종이 승하하자 임금의 초상을 그렸다. 또 가정 병오년1546에는 공신의 초상을 그려서 드디어 원종공신의 칭호를 받았다. 이상좌 같은 사람은 역시 기이한 대우를 받았다고 할 만하다. 아들 이흥효1537~1593도 그림을 잘 그려 명종의 초상을 그려서 군사 직책을 받았는데, 필법은 김식金湜, 1482~1520을 본받았다고 한다. _『패관잡기』

이상좌의 그림으로 「송하보월도」가 전하고,그림 5 이흥효의 그림으로 「산수도」가 전한다.그림 6 여기에 나오는 김식은 사림파의 대표적인 인물인데, 그와 관련되어 이신李信이란 종이 주목된다. 흔치 않게도 공부를 열심히 한 노비 출신이었으면서, 또 자신을 가르친 스승을 고발했던 인물이기 때문이다.

이신은 본래 낙안 고을의 관노였다. 젊었을 때 도망해서 중이 되었다가, 김식이 제자를 모아 학문을 가르친다는 말을 듣고 문하에서 공부하기를 원했다. 머리를 기르고 김식의 집 담장 밑에 토굴을 파고 거처하며 『대학』을 공부했다. 뜻을 세워 부지런히 힘쓰므로 보는 사람들이 기이하게 여겼다. 김식이 죄를 입은 뒤에도 오히려 따라다니더니, 서울에 올라와 반역했다고 그를 고발했다. _『동각잡기』

그림 6 산수도(이흥효)

이신처럼 신분 세탁을 통해서 마침내 고관대작에 올라간 기이한 인물도 있다.

반석평?~1540은 어떤 재상의 집 종이었다. 재상이 그의 재주와 성품을 사랑하여 경서와 역사서를 가르치고 어떤 아들 없는 부잣집에 부탁하여 아들을 삼게 하였다. 이렇게 그의 자취를 숨기고 학문에 힘쓰게 하면서 서로 왕래하지 못하게 하였더니, 나중에 과거에 급제하여 직위가 재상 반열에 올랐다. 청백한 행실과 공손한 마음으로 국가의 충신이 되었으며 8도의 감사를 역임하고 정경正卿, 정2품에까지 이르렀다. _『성호사설』

인사문, 상구반삼성尙丘潘三姓

집 안의 일을 담당하는 솔거노비들은 자기의 시간을 따로 가지기 어려웠다. 그래서 종종 주인에게서 휴가를 얻었다.

송노도 말미를 얻어 역시 함열태수를 모시고 갔는데, 오는 정월 10일 전에는 돌아오도록 일러 보냈다. 전에 두 번이나 말미를 얻어서 모두 기한이 지나도록 돌아오지 않았었다. _『쇄미록』 1594. 12. 21.

휴가와 관련하여 세종 때에 관청에 속한 여종에게 출산휴가를 주도록 한 사실이 떠오른다.

상정소에서 아뢰기를 "관청 여종이 출산할 때에 그 달과 출산 후 100일간은 복무를 면제받게 하소서" 하니, 왕이 그대로 따랐다. _세종실록 12년(1430) 10월 25일

상정소란 법규나 제도 등을 마련하기 위해서 임시로 설치한 기관이다. 이로부터 4년 뒤에는 남편에게도 출산휴가를 주는 조치를 내렸다. 남편이 산모를 돕지 못하는 것은 부부의 도리에 어긋난다고 지적하면서 출산 후 30일간 남편에게도 휴가를 주라고 명령을 내렸다. 이처럼 세종은 노비의 보호에 신경을 많이 썼다.

노비도 일생을 마치고 죽음을 맞이하였다. 1592년에는 춘비가 죽었고, 1593년에는 동을비와 서대가 죽었고, 그 다음 해에는 열금이 죽었고, 1595년에는 막정이 죽었다. 다음은 열금과 막정의 죽음을 전하는 기록이다.

지난밤에 늙은 여종 열금이 죽었다. 병세가 몹시 중해서 구원할 수 없는 형세였다. 그러나 찬 곳에서 오래 거처하고 음식도 배불리 먹지 못했고, 먹고 싶은 것이 있어도 구할 길이 없어서 하나도 얻어먹지 못하고 죽었으니 가련하고 가련하다. _『쇄미록』 1594. 12. 15.

두 남종과 이웃집의 피난민 한복을 시켜서 열금의 시체를 져다가 여기에서 5리 떨어진 한산으로 가는 길가의 양지바른 곳에 묻었다. 가련하고 가련하다. _『쇄미록』 1594. 12. 16.

어젯밤 초경8시경에 막정이 죽었다 하니 애통함을 이길 수 없다. _『쇄미록』 1595. 12. 16.

허찬에게 말하여 한복과 함께 말 두 필을 빌려서 품질 좋은 무명 반 필, 거친 쌀 세 말을 가지고 서면에 가서 관을 사 오게 하고, 덕노를 시켜 벼 두 말을 가지고 대장장이에게 가서 관못을 사 오게 했다. _『쇄미록』 1595. 12. 17.

덕노와 한복을 시켜서 이웃 사람 세 명을 빌어서 집 앞에 있는 수산도의 남쪽 양지바른 곳에 막정을 묻게 하고 허찬에게 가보도록 했다.

막정은 본래 평양에 살았는데 14세 때에 잡아다가 심부름꾼으로 삼아 이제 37년이 되었다. 그동안 여러 곳에 있는 노비들에게서 신공을 받아 오고, 매해 목화를 바꾸어 오고, 자식들 혼인 때 비용을 구하는 일까지 도맡아 하면서 지체하거나 태만하여 기일에 대지 못하는 걱정이 조금도 없었고, 내 처자가 피난할 때에도 그에게 일을 맡겨 의지했었다. 그런데 지난해부터 말을 듣지 않는 일이 많아지고 조금만 마음이 맞지 않으면 도망칠 수작을 꾀했으니, 금년에는 더욱 심했다. … 근래에 제가 한 일을 생각하면 죽어도 아깝지 않지만, 전에 애쓴 일이 몹시 많았던 데다가 객사했으니 마음이 아파 눈물을 금할 수 없다. 관을 준비하여 매장하고 술과 과일을 갖추어 제사 지내주었다.

지난 계사년 가을에 여종 동을비가 여기서 죽었고, 갑오년 겨울에 여종 열금도 여기서 죽었고, 이번에 막정도 여기서 죽었다. 오래도록 집안에서 심부름하던 늙은 노비들이 3년 동안에 모두 이곳에서 죽어 묻혔으니 더욱 비탄스럽다. _『쇄미록』 1595. 12. 18.

오랫동안 함께 지내다 보니 피붙이의 죽음처럼 연민의 정이 솟아오르는 것을 느낄 수 있다. 그래서인지 막정은 관을 만들어 매장하고 제사까지 지내주었다. 피난 생활에 먹는 것마저 구하기 어려울 때에 옷감과 곡식을 내어 관을 마련하는 것은 여간한 성의가 아니었을 것이다.

여종 가운데에는 남편이 죽은 뒤에 수절하다가 왜군에게 죽임을 당한 경우도 있었다. 종갓집 종인 천복의 어미가 그러하였다.

천복의 어미는 친가親家 종의 처로 어머니와 동갑인데 천성이 온순하였다. 남편이 일찍 죽은 후로 수절하여 홀로 살면서 우리 어머니 섬기기를 제 상전 모시듯 했고, 혼례나 장례, 제사 때에는 꼭 와서 음식 만드는 책임을 맡아 뜻을 조금도 거스르지 않았다. _『쇄미록』 1593. 5. 8.

함경도 단천의 여종도 수절한 대표적인 경우이다.

내가 정해년1587에 임무를 받들어 관북 지방에 갔었다. 단천읍에 이르자 어떤 사람이 말했다. "관청의 늙은 여종 하나가 80세가 넘었는데, 일찍이 남명南溟, 曹植을 섬긴 일이 있다 하여 수절하고 있습니다." 내가 불러보니 그가 말했다. "남명은 아버님이 이 고을 군수로 있을 때 자제로 여기에 오셨지요. 남명과 동갑으로 17세 때에 잠자리를 모셔서 정이 들었다가 5년 만에 작별했지요. 새로 군수가 왔을 때 찰방이 가까이하려 하자 거짓으로 미친 체하며 발가벗고 달아났습니다. 그런 뒤로 다시는 남자를 가까이하지 않고 남명을 생각하다가 이내 미친 병이 생겼는데 지금은 조금 나아졌습니다." 내가 술 몇 잔을 주었더니, 그는 손뼉을 치고 노래를 부르며 "이것은 모두 조씨가 지은 것입니다"고 했다.

함흥에 기생 하나가 있었다. 관청의 어린애로 있을 적에 평사 황위가 오랫동안 데리고 살다가 딸을 낳았는데, 그 뒤로 수절하여 종신토록 변하지 않았다. 이 말이 조정에 알려지자 정려를 내렸다.

단천의 여종은 남명을 만나기 전에 이미 다른 사람을 거쳤다 하여 정표하지는 않았다고 한다. 변방에 사는 천한 기생이 절개를 지킨 것도 가상하거니와, 관청에 매인 계집은 시골 아낙과 같지 않아서 수절하기가 더욱 어려운 노릇이다. _『문소만록』

이러한 수절은 유교적인 규범이 천민에게까지 미친 사례로 볼 수 있을 것이다. 경주 양동마을 입구에는 정충비각旌忠碑閣이 있다. 병자호란 때에 종군하다가 전사한 손종로?~1636를 기리는 비각이다. 그런데 그 옆

그림 7 양동마을 정충비각(2012. 8.)

에는 그의 충복 억부를 기리는 곳이 따로 세워져 있다.그림 7 나라를 위해서 목숨을 바친 '충성스런 종 억부의 정려忠奴億夫之閭'란 글귀가 창방에 새겨져 있어 눈길을 끈다.

비록 노비는 재물과 같다고 규정은 되어 있지만 함께 부대끼며 살아왔기에 죽은 노비에 대한 인간적인 추념이 없을 수 없다. 주인공은 추석날에 후손이 없는 노비의 제사를 잊지 않았다.

아침 식사 전에 인아와 함께 제사를 지내고 나서 생전에 공로가 있었던 노비 가운데 자손이 없어 제사를 받지 못하는 자들의 제사도 지내주었다. _『쇄미록』 1597. 8. 15.

그런가 하면 종 막정의 기일에 제사를 지내주어 인간적 도리를 다하고 있다.

종 막정이 죽은 날이다. 밥을 차려서 제사를 지냈으니, 평시에 우리 집을 위해 힘쓴 공로가 있기 때문이다. _『쇄미록』 1600. 12. 15.

주인공 집안은 5대조에 걸쳐 과거시험 합격자를 배출하지 못할 정도로 한미하였다. 그러기에 주인공은 그리 많은 노비를 소유하지는 못하였다. 집 안에서 부리는 노비는 5명 내외였고, 외거노비까지 포함하여 30명 정도에 불과하였다. 다행히 아들 오윤겸이 과거에 합격하여 인조 때에 영의정까지 오르고, 손자인 오달제는 병자호란 때에 죽임을 당한 삼학사의 한 사람으로 이 뒤로부터 가세가 펴기 시작한다.

역사를 되돌아보면 신라 때에 재상집에는 노비가 3천 명에 이른다고 하였고, 조선시대에는 세종의 아들인 영응대군 집에 우리 역사상 최대인 1만 명에 가까운 노비가 있었다고 한다. 광해군이 죽인 선조의 아들 임해군은 서울에 300여 명, 시골에 수천 명의 노비를 소유하였다 하고, 하멜의 표류기에도 "우리는 200~300명의 노비를 가진 이를 보았다"고 적혀 있다.

전체 인구에서 노비가 차지하는 비율은 정확히 알 수 없다. 신라시대 민정문서에 기록된 442명의 주민 가운데 노비는 25명뿐으로 5.7퍼센트가 조금 안 되었다. 4개 촌락에서 2개 촌은 9명씩, 1개 촌은 7명, 1개 촌은 전무하였다. 여기서 700년쯤 흐른 조선 성종 때인 15세기 말에 이르면 전체 인구의 30퍼센트를 넘게 된다. 인구가 400~500만 명이고 국가에 속한 공노비가 35만여 명에 개인에 속한 사노비를 보태면 전체 노비가 150만 명 정도로 추산된다. 중국의 노비 비율은 이를 훨씬 밑돌았다.

미국의 한국 역사학자 제임스 팔레James B. Palais는 이를 근거로 고려시대와 조선시대를 '노예사회Slave Society'로 설명하여 국내 학계에서 논란이 되기도 하였다. 이런 노비 비율은 고대 그리스나 로마제국의 수준으로 아시아의 다른 국가에서는 찾아볼 수 없는 독특한 현상이라고 지적했다. 그러나 노비 비율이 그리스나 로마처럼 30퍼센트가 된다고 해서 곧바로 노예제사회가 되는 것은 아니다. 근본적으로 조선시대는 노예제사회의 요건에 맞지 않는 것이다. 또 조선시대 노비는 성씨를 가지기도 하고 재산도 소유하고 출산휴가도 받고 조상 제사도 지냈다. 노비는 신분과 직업이란 양면성을 지니며, 서양의 고대 노예나 중세 농노와 유사한 면들이 각각 있다. 따라서 단지 숫자에 집착하여 노예사회로 볼 수는 없는 노릇이다.

또 하나 우리나라의 특이한 현상으로 고려부터 조선까지 강하게 이어져온 노비 신분제도를 들 수 있다. 이것은 조선시대 학자들도 두루 지적하였다. 조선시대 실학의 선구자인 유형원1622~1673은 우리나라에만 있는 독특한 세습 노예제도를 비판했다.

노비의 명칭을 살펴보면 본래 죄를 지어 그곳에 떨어지게 된 것이니, 죄가 없는데도 노비로 삼는 법은 옛날에는 없었다. 무릇 죄를 지어 노비가 된 자도 형벌이 후손에게는 미치지 않았는데, 하물며 죄가 없는 사람이겠는가? 우리나라 노비법은 죄의 유무는 따지지 않고 다만 그의 계보만 살펴서 100대가 되도록 종을 삼게 된다. _『반계수록』 속편 하, 노예

그는 중국의 옛날 법으로는 범죄 때문에 노비가 되었더라도 사면을 거쳐 양인이 될 수 있었고, 비록 종신토록 종살이를 하더라도 그 자식에게는 이어지지 않았다고 지적했다.

일본에서는 900년대에 이미 노비제도가 폐지되고 다른 형태의 천민제도로 나타나 1871년 해방령이 내려질 때까지 지속되었다. 그런데 이영훈의 지적에 따르면 일본 중세의 게닌下人들은 고유의 신분을 나타내는 흑두건을 써야 하는 등 우리의 노비보다도 더 노예에 가까운 존재였다고 한다.

노비가 일찍 사라진 만큼, 근대 일본인의 『조선정탐록』에는 다음과 같이 적혀 있다.

우리나라와 가까이에 있는 이웃 나라에 아직도 노예제도가 행해지고 있다고 하면 누가 그것을 진실이라고 하겠는가. _혼마 규스케 책, 155쪽

반면에 한국과 중국에서는 노비제도가 계속되었으니, 한국에서는 1886년 정월 초에 세습제 폐지령이 내려지고 1894년에 와서야 노비제도가 종말을 고했으며, 중국은 1909년에 노비제도를 폐기하였다.

서양에서는 고대의 그리스와 로마, 근대 아메리카에서 노예제도를 경험했다. 고대 노예제는 중세의 시작과 더불어 사라지고, 근대 노예제는 1863년 링컨 대통령의 노예 해방 선언으로 종언을 고했다. 미국의 노예 해방에 앞서서 영국에서는 18세기부터 이미 노예 폐지 운동이 일어났으니, 그 중심에 W. 윌버포스William Wilberforce, 1759~1833, T. 클락슨Thomas Clarkson, 1760~1846 등이 있었는데, 이들의 노력으로 1807년에 노

그림 8 노예를 상징하는 쇠사슬을 들고 있는 T. 클락슨(2013. 4.)

예무역 폐지법, 1833년에 노예 해방령이 발효되었다. 이를 기려서 두 사람의 조각상이 케임브리지대학교 세인트존스 칼리지 교회 안과 밖에 세워져 있다.그림 8 또 대학교 인근에 두 사람의 이름을 딴 길이 있는데, 서로 만나는 모서리에 '노예제 폐지론자들Slavery Abolitionists'이란 기념 석물이 세워져 있다.

중국 남방에 살고 있는 이족彝族은 최근까지도 노예제도를 유지했던 것으로 유명하다. 이족의 노예사회에 관한 책자를 보니, 주인에게 다리가 잘린 노예의 사진이 실려 있었다.그림 9 해방 후에 인민정부가 거두어 보살필 때에 찍은 사진이다. 중국 오지에서 군대 생활을 한 조선족의 경험담을 들을 기회가 있었는데, 1970년대에 개처럼 목걸이를 해서 종을 묶어둔 것을 보았다고 한다.

그림 9 이족의 다리 잘린 노예

그런데 중국에서는 당나라를 정점으로 하여 송나라 이후에는 노비제도가 쇠퇴기 국면에 접어든 반면에, 우리나라는 고려와 조선을 거치면서 노비의 천민적 성격과 세습 제도가 더욱 강화되었다. 그러기에 제임스 팔레와 같은 견해가 제기된 것이다. 이런 점에서 노비제도도 우리 역사의 한 특색을 이루는 것이다.

그런데 노비를 부린 것이 역사 발전에 어떤 역할을 했는지 궁금하다. 그러나 노비제도에 대한 연구는 있을지언정 이에 대한 역사가의 평가는 보이지 않는다. 서양에서는 근대 노예제가 존재하던 19세기 전반까지는 역사 발전에 긍정적이었던 것으로 보았던 반면에 노예 해방 시기나 맑스주의자들은 부정적으로 평가했다고 한다. 고대 노예제가 고대국가의 생장제였다고 하였다가 사회 분위기가 바뀌니 암적 존재라고 하게 된 것이다. 이처럼 역사가의 평가도 절대적이지 않고 외부 환경의 영향을 받는 시대적 산물일 뿐이다.

새로운 세상을 꿈꾸며

떠도는 소문 | 동요와 익명서 | 도둑과 의적
신천지와 이상향 1 | 신천지와 이상향 2 | 예언을 얻은 지배자

떠도는 소문

바람결에 실려 다니는 풍문은 어느 시대에나 있게 마련이다. 사회적 언로가 막히거나 민심이 흉흉할 때에는 더욱 극성을 부렸다. 3공화국과 5공화국 시절 언론에 재갈을 물렸을 때에 많은 사람이 귀를 기울인 것은 '유비통신' 또는 "… 하더라" 하는 '카더라 통신'이었다. 이런 유언비어가 나중에 사실로 판명된 경우도 있었다. 그러나 순기능만 있는 것이 아니고, 때로는 민심을 현혹하는 역기능도 하였다.

인터넷이 발달하면서 소문은 더욱 날개를 달았으니, 이제는 하나의 공동체 안에 머물지 않고 순식간에 전 세계로 퍼져나가는 시대가 되었다. 남의 자료를 퍼다가 자기 홈페이지에 올리는 '퍼뮤니케이션 permunication'의 힘이다.

2007년부터 떠돌기 시작한 가수 나훈아에 대한 괴소문은 급기야 기자회견을 열게 하였고, 바지를 벗어 보이려는 액션까지 연출하여 화제가 되었다. 숭례문 화재그림 1 후에 정도전의 예언이라 해서 "숭례문이 전소되면 국운이 다한 것이니 한양 사람들은 멀리 피난을 가야 한다"는 괴담이 인터넷에 떠돌았고, 쇠고기 수입 문제가 사회적 현안이었을 때에 광우병을 둘러싼 괴담 등이 역시 떠돌았다.그림 2 이런 소문을 '인

그림 1 숭례문 화재 추모객들(2008. 2.)

이번엔 공기업 민영화 괴담

"감기치료 10만원" "수돗물값 하루 14만원" 황당한 소문 퍼져

"민영화는 미국이 가장 탐내는 사업"— 누가 만든지 모른채 인터넷 퍼나르기 광우병 괴담 초기와 비슷한 양상

그림 2 현대인의 괴담 기사(조선일보 2008. 5. 26.)

터넷 괴담'이라고 부른다.

그런데 이제는 SNS가 큰 위력을 발휘하게 되었다. 무슨 사건이 터졌다 하면 이를 타고 온갖 소문과 추측이 삽시간에 퍼진다. 그러다 보니 진실과 거짓이 뒤섞여 판단을 흐리게 한다. 언론도 잘못 걸러낸 기사를 내보냈다가 망신을 당하는 일도 벌어진다. 2014년 4월 세월호 사건 초기에도 그런 일이 벌어져 사태 수습에 큰 혼선을 빚었다. 인터넷이 발달한 한국적 현상이면서, 오히려 소통보다는 불신을 조장하는 인터넷의 역기능을 보게 된다. 정상적인 공식 발표마저 믿지 않으려는 심리가 팽배해지면서, 온갖 괴소문이 사람들 가슴을 파고든다.

소문이 발생하는 배경은 여러 가지가 있을 것이다. 사회적 불만을 표출하려는 것을 우선 들 수 있다. 관리의 부정부패에 대한 소문이 그에 속한다.

그가 이조·공조의 판서로 있을 때에 '동취銅臭'라는 말이 비등하게 퍼졌다. 말을 뇌물로 바치는 자는 편자를 박아준다고 칭탁하고서 건네주었고, 비단을 뇌물로 바치는 자는 돗자리로 싸서 주었다. 그때에 사람들이 이를 나무라면서 "말발굽에 쇠돈가 붙어 있고 돗자리 속에 비단이 들어 있다"고 하였다. _성종실록 13년(1482) 6월 11일

이것은 양성지가 사망했을 때에 그를 평가한 대목이다. 동취란 구리 냄새니 돈을 쌓아두어서 나는 냄새를 가리킨다. 또 과거시험에서 부정을 저지른 것에 대한 비판도 있었다.

이번에 시행한 과거시험 전시에서 허균이 사사로움에 치우쳤다는 말이 이미 공론으로 제기되었는데, 신들이 그를 국문하기를 청한 것은 그 실상을 알아내어 처리하기 위해서입니다. 이 밖에도 나라에 말들이 자자하게 퍼져 여러 사람의 입에 떠들썩하게 오르내리고 있기도 합니다. 심지어는 '아들·사위·동생·조카의 합격자 명단'이라고까지 일컫고 있으니, 입이 있는 자는 모두 말하고 귀가 있는 자는 모두 듣고 있습니다. _광해군일기 2년(1610) 11월 20일

허균은 과거시험 관리관 가운데 한 사람이었다. 당시에 시험 관리가 엉망이어서 관리관들은 각자 제 집안 사람을 뽑는 부정을 저질렀다. 그리하여 과거 합격자 명단이 발표되자 '아들·사위·동생·조카·사돈의 합격자 명단子壻弟姪査頓榜'이라는 말이 떠돌았다.

한편, 정약용은 유언비어를 반란 음모와 연계하여 설명했다.

혹 흉악한 무리나 반역 무리가 뜻을 잃고 나라를 원망해서 난리를 일으

킬 음모를 할 경우에는 반드시 먼저 유언비어를 퍼뜨려 백성의 뜻을 어지럽혔다. 옹정 무신년1728에 역적 이인좌 등이 음모하여 반란을 일으켰는데, 이에 앞서 병오1726 · 정미1727 연간에 유언비어가 크게 일어났다. 가경 임신년1812에 토적 홍경래 등이 음모하여 반란을 일으켰는데, 이에 앞서 경오1810 · 신미1811 연간에 유언비어가 크게 일어났다. 이들은 모두 이미 겪어본 분명한 증거다. _『목민심서』 병전 육조, 응변應變

그렇지만, 이런 비판적 소문은 지배층이나 지식인 사이에 한정되어 있었다. 그에 비해서 민중들 사이에서는 삶에 대한 두려움이 소문을 불러왔다. 조선시대 기록에 가장 많이 등장하는 것이 바로 두려움에 대한 풍문이다. 무지는 공포를 불러온다. 우리 시대는 정보의 홍수 속에 있기에 공포의 대상물은 그만큼 줄어들 수밖에 없다. 그런 점에서 요즘 유언비어와 성격을 달리한다.

전통시대에는 유언비어를 '와언訛言, 거짓말', '요언妖言, 요사한 말', '부언浮言, 뜬소문'이라 하였다. 『고려사』에는 이런 사례만 따로 정리되어 있다. 그중에 대표적인 헛소문을 하나 보겠다.

명종 15년1185에 "강남 지방의 부녀자 가운데 남편이 없는 미모의 여자들은 모두 죽는다"는 요언이 떠돌았다. 양갓집 부녀자들이 이 말을 듣고 "우리들은 이제 죽게 되었으니 무엇을 아끼겠는가?" 하면서, 심지어는 거리에 나가서 음란한 행위를 하는 자들까지 있었다. 왕이 이 소문을 듣고 담당 관리를 시켜서 불공을 드려 액막이를 하게 하였다. _『고려사』 오행지, 요언

해괴한 헛소문은 조선시대에도 종종 등장한다. 돌부처가 저절로 움직였다느니, 원각사 나무불상이 돌아섰다느니, 불상에서 땀이 났다느니 하는 소문들이 돌았다. 또 도둑이 사람 쓸개를 빼간다는 소문도 퍼졌다. 다음도 허황된 소문의 일단을 보여준다.

서울에서 밤에 소동이 있었다.【임금께서 승하하시던 날에 서울 사람들이 서로 놀라니 뭇사람들이 요사한 말을 퍼뜨렸다. "괴물이 밤에 다니는데, 지나가는 곳에는 검은 기운으로 캄캄해지고, 수레들이 지나가는 듯한 소리가 난다"고 하였다. 서로 전하여 미친 듯이 현혹되었으니, 떼를 지어 모여서 함께 떠들고, 대궐로부터 네거리까지 징을 치며 귀신을 쫓아냈다. 소리는 성 안을 진동하고 사람과 말이 놀라 피해 다녔는데, 순찰하는 군졸이 막을 수 없었다. 이처럼 사나흘 계속한 뒤에 그쳤다.】
_인종실록 1년(1545) 7월 2일

이런 비슷한 소동은 90년쯤 뒤에도 등장한다.

이때 민간에 '나무를 베는 귀신의 소리가 숲에서 나는데, 먼 데서 가까이 오고 있다'는 와언이 있었다. 이것이 떠돌면서 의혹이 더욱 부풀려지니, 이날 밤에 도성 사람들이 놀라서 집집마다 포를 쏘고 징을 쳐서 물리쳤다. 혹시 다른 변란이 있는가 의심하여 조정의 신하들이 대궐에 모이고 군사를 소집한 일도 있었는데, 새벽에 이르러서야 비로소 진정되었다. _인조실록 15년(1637) 8월 23일

괴물과 귀신이 소문의 주인공이다. 이것은 무서움의 상징물이다. 황해도 관찰사가 왕에게 보고한 해주 지방의 유언비어도 그러한 공포를 잘 보여준다.

해주의 백성들이 뜬소문을 퍼뜨리며 선동하여, "서울에서 여러 군君이 집을 지을 때에 어린아이를 묻어서 재앙을 물리치려고, 지방의 어린아이를 잡아 싣고서 간다"고 하였습니다. 어린아이가 있는 자는 산과 들로 피하여 숨는 것이 이루 헤아릴 수 없으니, 그 거짓말의 유래를 지금 한창 심문하여 캐내고 있습니다. _성종실록 25년(1494) 5월 30일

'군'으로 봉해진 왕자나 종친 등의 집을 지으면서 어린아이를 재물로 바친다는 소문은 서울 사정을 알지 못하는 지방민에게 커다란 공포였을 것이다. 왕은 이를 발설한 자를 체포하도록 지시했다. 그러나 소문의 근원을 찾기란 결코 쉽지 않다. 이런 소문은 60년 뒤에 되살아났다.

근래에 도성 안에서 요망한 말이 떠돕니다. "대궐을 지을 때 두세 살 먹은 아이를 산 채로 주춧돌 밑에 묻으려 한다"는 말이 항간에서 떠들썩한데 의혹을 없앨 수 없습니다. 이것은 잘못된 인심에서 나온 것으로 적지 않은 변고입니다. 신이 젊었을 때인 성종 말년에서 연산군 초년 사이에 왕자와 부마의 집을 지으면서 이런 말이 있었습니다. 지금 또 발생했으니 인심이 매우 잘못된 것입니다. 한성부 오부로 하여금 사람들을 깨우쳐 의혹을 풀어주게 하소서. …

【당시 경복궁을 중창하는 공사가 있었는데 요망한 말을 하는 사람이

"어린아이를 땅에 묻어야 한다"고 하였다. 이 말이 사람들 사이에 떠들썩하게 전해져 모두 무서워 떨고 있었는데, 심지어는 중간에서 공갈을 하여 뇌물을 받는 자까지 있었다. 인심이 안정되지 않고 서로 잘못된 말을 전하기를 즐기니, 동요되기는 쉽고 진정되기는 어려웠다. 다른 일들도 이와 같은 것이 많았다.】_명종실록 9년(1554) 2월 12일

중국 상나라 때에는 여기서 말한 대로 건물을 지을 때에 사람 제물을 대량으로 바친 일이 있었다. 시대가 내려오면서 그런 행위는 사라지고, 건물이나 탑의 기초에는 액막이를 하기 위해 토우, 토기, 장신구 등의 진단구鎭壇具를 묻었다. 그렇지만 에밀레종그림 3에 아이를 바쳤다는 전설처럼 그에 대한 믿음은 질긴 생명력을 가졌다. 어린아이에 대한 그런 헛소문은 근대에 와서도 등장한다. 서양인이 아이를 잡아먹는다는 것이었다.

결국 느닷없는 외국 해군의 진입으로, '아동식인'이라는 터무니없는 죄목을 덮어씌워 수도에 있는 100여 명의 유럽인들을 말살하려던, 그리하여 전반적인 혼란을 틈타 왕과 세자를 몰아내고 스스로 옥좌를 차지하려던 대원군의 야심은 한낱 물거품이 되어버리고 만다. _샤를 바라·샤이에 롱 책, 268쪽

사람들은 소문이 진실인지 여부를 따지지 않고 자신만 아는 사실인 양 남에게 전파하기를 좋아한다. 그러기에 "누가 그러더라" 하면서 발 없는 말이 천리를 가게 된다.

사람들에겐 질병도 무서운 존재였다.

8도에 역병이 크게 일어났다. 민간에 떠도는 거짓말에 "독한 역신이 내려왔으니 오곡의 잡곡밥을 먹여 물리쳐야 한다"고 하였다. 이 말이 도성 근처에 떠들썩하게 전파되니 잡곡을 저장한 사람들은 큰 이익을 얻었다. 또 "소를 잡아서 고기는 먹고 피는 문에 뿌려 물리쳐야 한다"는 거짓말도 돌았다. 이에 곳곳에서 소를 잡았기 때문에 소 값도 뛰었다.

_선조수정실록 10년(1577) 1월 1일

그림 3 에밀레종으로 불리는 성덕대왕신종 (2002. 9.)

분위기로 보아 의지할 곳 없는 민심을 이용해서 장사꾼들이 농간을 부린 것 같다. 신체를 절단해 간다는 말도 퍼졌고, 실제로 그러한 사건이 일어나기도 했다.

어떤 사람이 말하기를 "사람의 양근과 음부를 베어내어 천파창天疱瘡 치료약을 만들면 청나라에서 비싼 값으로 산다. 그래서 무뢰배들이 작당하여 도려내서 몰래 보내어 이익을 꾀한다"고 하였다. 이에 나그네가 감히 혼자 가지 못하고 외진 길로 다니지 못했으며, 이른 새벽과 늦은 밤을 무릅쓰고 길을 갔다. 이렇게 일시에 소동을 일으키니 사간원이 왕에게 보고하여 건의하였다. 개성부에서는 17세의 아동과 5, 6세의 거지

아이를 모두 거세한 사건이 있었으나, 범인을 체포하지 못했다. _숙종실록 30년(1704) 8월 5일

천파창이란 물집이 잡히는 만성적 피부점막 질병이라 한다.

국가적인 공사에 동원되는 부역도 생계를 위협하는 두려움의 대상이었다. 다음은 광해군의 지시 사항이다.

듣건대 요사스러운 말들이 또 일어나 듣는 이들을 미혹시키고 있다 한다. 주자동 근처에 또 궁궐을 지으려 한다고 하거나 경복궁과 인경궁을 이어붙이는 공사를 벌인다고도 하여, 도성 백성들을 크게 동요시키고 원근 사람들을 크게 놀라게 한다고 한다. 이렇듯 인심을 파악할 수 없는 때를 당했으니, 말을 만들어서 군중을 현혹하는 자는 효수할 것이라는 내용으로 방문을 내걸어 깨우치게 하라. 이렇게 여론을 진정시킬 일을 한성부로 하여금 상세히 살펴 거행하도록 하라. _광해군일기 10년(1618) 4월 8일

또 하나의 공포 대상은 종말론이다. 말세가 왔다는 생각은 어느 시대에나 있지만, 다른 사회적 현상과 합쳐지면 그 위력은 크게 증폭된다.

공민왕 16년1367에 민간에서 "5, 6월에는 사람들이 다 죽는다"는 와언이 떠돌았다. 이에 사람들이 제각기 좋은 옷을 입고 좋은 음식을 먹으면서 그날을 기다렸다. 사헌대에서 금지했으나 사람들이 더욱 떠들었다. _『고려사』 오행지, 요언

그림 4 휴거소동(1992년)

그림 5 종말론을 다룬 영화 '2012'

세기말 전환기를 맞이해서 1990년대 초부터 종말론이 온 사회를 시끄럽게 했었다.그림 4 지하철에 종말론 피켓을 든 사람들이 서 있었고, 심지어는 미국까지 가서 휴거소동을 벌였을 정도였다. 2000년 3월에는 우간다에서 종말론 신자 900여 명이 집단으로 자살한 사건이 일어나 충격을 주었고, 같은 해에 국내에서는 신흥종교 집단이 종말론으로 신도들을 유혹해서 대출 사기를 벌인 사건도 일어났다. 상업적인 영화가 이 분위기를 놓칠 리 없으니, 기억나는 것만 해도 노스트라다무스1994, 딥 임팩트1998, 아마겟돈1998, 엔드 오브 데이즈1999, 투모로우2004, 2012 2009 등이 있다.그림 5

땅이 꺼진다는 소문이 돈 적도 있다.

요즈음 항간에서 어리석은 남녀들이 요망스런 낭설을 만들어 서로 떠들썩하게 전파하여, "어느 날이 되면 땅이 꺼질 것"이라고 하거나 "무당을 쫓아내고 불교를 폐지했기 때문에 이런 변고가 생긴 것"이라고도 합니다. 선비들이야 어찌 이런 말들을 믿겠습니까마는, 부녀자나 아이들은 그대로 믿고 크게 놀라서 의혹을 풀지 못하고 있습니다. _중종실록 13년(1518) 5월 23일

그런데 조선시대에 가장 많이 등장하는 사례는 외적에 대한 공포였다. 임진왜란과 병자호란을 겪은 뒤에 그 무서움은 더욱 증폭되었을 것이지만, 그 이전에도 왜구에 대한 두려움이 컸다.

경기도 안산·수원·광주·금천 등지에서 어떤 사람이 거짓말로 "왜구가 와서 사람을 죽이고 물건을 약탈하니 화가 곧 닥친다"고 하자 이 말이 서로 시끄럽게 전파되었다. 이에 사람들이 두려워하여 가족을 이끌고 산으로 올라가서 마을이 텅 비었다가 여러 날이 지나서 그쳤다. _단종실록 2년(1454) 5월 1일

성종 25년1494 5월에도 충청도 해미·홍성 등지에서 왜가 난리를 일으킬 것이라 하여, 역시 짐을 꾸려 산으로 피한 일이 있었다. 이 소동은 백성들을 동요시켜 피신하게 한 뒤에 물건을 훔치려는 도둑들의 소행일 것으로 추정했다.

임진왜란이 일어나기 직전에도 말세의 현상이 일어났다.

서울 백성이 도성 안팎에 있는 산에 모여 술과 풍악을 갖추어 저물도록 노래하고 춤추다 돌아가는 것이 봄과 가을에 성행하였다. 경인년1590과 신묘년1591에 서울에서 "오래지 않아 세상이 바뀔 터이니, 살아 있는 동

안 실컷 먹고 마시는 것만 같지 못하다"는 소문이 퍼지면서, 서로 다투어 노는 것을 일삼았다. 때로는 파산하기까지 했다. 식자들은 이를 상서롭지 못하게 여겼다. _『기재사초』

전쟁이 일어난 뒤에는 마음 둘 곳 없는 백성들 사이에 유언비어가 더욱 치성했을 것이다.

이때 변란이 창졸간에 발생하니 거짓말이 전파되었다. 요동 지방에서 "조선과 일본이 서로 짜고서 침략당했다고 거짓말을 한 것이다. 조선의 용맹한 병사들과 국왕은 북쪽으로 피해서 들어가 있고 다른 사람을 가짜 왕으로 세웠다. 침략을 받았다고 칭탁하지만 실은 일본을 위해서 향도가 된 것이다"는 말이 일어났는데, 이 유언비어가 중국 조정에까지 들어간 것이다. _선조실록 25년(1592) 5월 29일

왜군이 침략한 것이 불과 한 달 전인 4월 14일이다. 그런데 조선이 중국을 치러 가는 왜군의 향도가 될 것이라는 엉뚱한 소문이 명나라 조정의 귀에 들어가니, 중국에서는 반신반의하면서 사신을 평양에 보내서 진짜 국왕인지 확인하려 하였다.

이와 비슷한 소문은 현종 때에도 등장했다. 다음은 왕이 청나라에서 돌아온 사신을 만나서 북경 얘기를 물은 것에 대한 대답이다.

북경에 와언이 나돌아 우리나라가 정금과 합세하여 쳐들어올 것이라고 하였다는데, 신들이 사신으로 들어간 것을 보고서야 비로소 의심이 풀

렸다고 합니다. _현종실록 15년(1674) 8월 3일

정금은 중국에서 반청운동을 전개했던 세력자였다. 왜란이 일어난 두 달 뒤에 국왕이 평안도 정주, 곽산을 거쳐 선천으로 피난했는데, 이 때에 곽산군수로 하여금 임금을 따르게 하고 고희를 새로 군수로 임명했다. 그런데 새 군수는 유언비어 때문에 두려워 그 자리를 사양한 일도 있었다.

이때에 길가에 떠도는 말에, 왜적들이 반드시 임금을 뒤쫓아올 것이라고 하였다. 이리하여 왕이 탄 수레가 지나간 고을마다 텅 비고 난민들이 창고를 불사르며 약탈해 갔다. 이에 고희가 그 임무를 극력 사양하면서 눈물을 흘리기까지 했으나, 조정에서 허락하지 않았다. _선조실록 25년(1592) 6월 18일

전쟁이 끝난 뒤에도 외적에 대한 두려움이 이따금 부상했다.

밤에 서울 안팎에서 사람들이 갑자기 놀라 요동쳤다. 오랑캐가 온다고도 하고 왜적이 온다고도 하니, 집집마다 짐을 지고 나서고, 남녀가 부축해 안고 나오기도 하였다. 다음 날 아침이 되어서야 진정되었다. 【거짓말은 해서 지방의 장련 등지에서 일어났다. "왜선이 이미 해안에 정박했다. 해서의 여러 고을을 텅 비우고 산골짜기에 도망하여 숨은 것이 며칠 되었다"는 말들이 전해졌다. 이에 서울에서부터 삼남지방에 이르기까지 놀라 진동하지 않음이 없었다.】 _숙종실록 즉위년(1674) 9월 4일

이런 소요는 100년 뒤인 정조 때에도 일어난다.

이때 기호지방에 갑자기 와언이 떠도니 하루 사이에 전해지며 인심이 동요하였다. "오랑캐 기병이 갑자기 이르렀다"고 하거나 "해적이 가까운 곳에 정박했다"고 하니, 주민들이 노인을 부축하거나 어린애를 끌고서 도망하여 마을이 거의 비게 되었다. 하룻밤이 지나서야 비로소 진정되었다. _정조실록 11년(1787) 4월 19일

이 말은 수원과 평택 부근에서 발생하여 온양, 아산 등지로 퍼져나갔다. 이때는 농사철이라서 사람들을 빨리 진정시키도록 지시를 내렸는데, 오히려 평택현감이 유언비어에 겁을 먹고서 군대를 조직하는 등 부산을 떨었다. 이에 해당 현감을 파직하도록 요청했지만, 왕은 처벌하는 데에 그쳤다. 물론 내부에서 발생하는 변란에 대한 소문도 있었다.

11일 밤에 서울에서 소요스러운 와언이 크게 일어나, 보부상들이 흥인문 밖에서 서울로 쳐들어온다고 전했다. 온 성안 남녀가 놀라 뛰어다녔고, 소리 지르며 남북의 산 위로 오르니 산이 하얗게 되었다. 대원군이 각 군영의 무기고를 열어 백성들로 하여금 무기를 가져다가 방위하게 했는데, 결국은 아무 일이 없었다. _고종실록 19년(1882) 6월 12일

소문은 진실 여부를 따지지 않는다. 사실이 아니라 하더라도 그렇게 믿는 것이 중요한 것이다. 그것이 그 당시의 사회적 심리요 시대상이다. 조정에서는 사회적 혼란이 야기될 때마다 발설자를 색출하려 하였다.

그러나 소문은 진원지도 알 수 없고 종착역도 알 수 없다. 최초 유포자를 찾아내는 것은 결코 쉽지 않다. 그러나 예외적인 경우도 있었다.

금성경주의 요사한 도적 윤풍립을 베었다. 처음에 금성에 요사한 백성 신의선이 있었는데, 신을 섬긴다고 사칭하며 부적과 정화수로 사람의 온갖 질병을 치료할 수 있다고 하니, 그를 따르는 어리석은 백성들이 매우 많았다. 윤풍립이 더욱 정성을 다하여 신의선을 섬기자, 신의선은 성인을 자칭하고 윤풍립을 공자公子라고 불렀다. 신의선이 떠벌리기를 "올해에 역병이 크게 일어나 온 나라 사람들이 모두 죽을 터인데, 나를 따라 횡성에 갔다가 북도함경도로 옮겨 가는 자는 무사할 것이다"고 하였다. 현령 조하기가 … 군졸을 풀어 이들을 포위한 뒤 신의선을 쳐죽이고 윤풍립·신명립과 그를 따르는 백성 5, 6명을 잡아 순영에 보고했다. _숙종실록 45년(1719) 11월 23일

이렇게 유언비어를 유포하여 백성을 동요시킨 자는 극형에 처했다. 다음 사례도 그러하다.

난잡한 말을 퍼뜨린 죄인 노염이 처형되었다. 노염은 철산 사람으로 종로에 글을 붙여 난잡한 말로 뭇사람을 미혹시켰는데, 훈련대장 이경무가 체포하여 포도청에 회부해서 자세히 캐묻자 다음과 같이 진술했다.

"몇 년 동안 길에 퍼져 있는 말을 들으니 왜선 한 척이 동래에 와서 정박했는데 무기를 가득 실었다고 하였습니다. 또 들으니 중국에서 바야흐로 군사를 요청할 일이 있다고 했습니다. 공로를 바라는 망령된 생

그림 6 소문의 여신 파마가 그림 위에서 쌍나팔을 불고 있다(루벤스)

각에 항상 보고하려고 했지만 방도가 없어 이렇게 방을 걸었습니다. …"
포도청에서 형률대로 처단하도록 요청하니, 임금이 적용할 형률을 신하들에게 물었다. 우의정 이병모, 훈련대장 이경무가 모두 사형에 처하도록 요청하니, 효시하여 뭇사람을 경계하라고 명령했다. _정조실록 21년 (1797) 5월 10일

유언비어를 서양어로는 루머rumor라고 한다. 그런가 하면 로마신화에 나오는 소문의 여신인 파마Fama도 자주 인용되고 예술 작품의 소재가 되기도 한다.그림 6

그림 7
거짓말한 죄인 심판

동서고금을 막론하고 유언비어의 발본색원은 불가능한 일이다. 소문은 전염병처럼 퍼져나간다. 소문이나 전염병이나 사람과 사람의 직접적인 접촉을 통하여 전파된다. 소문은 바이러스처럼 퍼져나가면서도, 어디서 시작됐는지 그 근원지는 오리무중이게 마련이다.

그렇지만 소문은 위에서 억누를수록 오히려 확산된다. 반면에 그냥 놔두면 제 풀에 사라지는 병이기도 하다. 이것이 질병과 다른 점이다.

불교에는 거짓말한 사람이 가는 발설지옥이 있다. 혀를 뽑는 지옥이다. 죄인들이 두 손 모아 판관에게 잘못을 빌고 있는 가운데, 한 죄인은 이미 형틀에 묶여 있고 옥졸이 그의 혀를 길게 늘여 쟁기질을 하고 있다.그림 7 혀를 뽑아 몽둥이로 짓이겨 크게 부풀린 다음에 밭을 갈듯이 혀를 갈아 엎으니, 얼마나 큰 고통이겠는가?

동요와 익명서

신라 때에 미인으로 알려진 수로부인을 동해의 용이 바닷속으로 잡아가 버린 사태가 발생했다. 낭패하여 어쩔 줄 모르는 남편에게 한 노인이 다가가 "옛사람 말에 뭇사람의 입은 쇠도 녹인다고 했으니, 백성들을 모아서 노래를 부르면 찾을 수 있다"고 일러주었다. 과연 그렇게 했더니 용이 부인을 돌려주었다고 전한다. 중국 주나라에서 백성의 뜻을 어기며 큰 종을 만들었을 때에 왕을 비판하면서 "뭇사람의 마음으로 성을 쌓을 수 있고, 뭇사람의 입으로 쇠를 녹일 수 있다"고 한 말을 인용한 것이니, 이처럼 전통시대에도 백성의 힘과 여론의 무게를 인식했던 것이다.

탈춤은 현실 폭로와 풍자의 성격을 띠고 있어서 일찍부터 주목받아 왔다. 가면을 쓰면 얼굴을 가리게 되어 군중 앞에서 대담해진다고 한다. 그런 익명성을 이용해서 쉽게 사회 비판을 할 수 있었고, 심지어 양반 모욕까지 가능하였다. 그런 탈춤은 조선시대에 전국적으로 퍼져 있었고, 그중에 양주별산대놀이, 송파산대놀이, 통영오광대, 하회별신굿탈놀이 등은 무형문화재로 지정되어 있다. 흥미롭게도 충청도와 전라도에는 탈놀이가 없는데, 그 기능을 판소리가 대신했다고 한다.

그림 1
대학가의 탈춤 공연
(1982년 봄)

이 전통은 고려시대로 올라갈 수 있다.

어떤 사람들이 광대놀음으로 권세가 종들이 백성들을 괴롭히며 세금 받는 모습을 연출하니, 염흥방의 아비 다른 형인 이성림은 부끄러워했는데 염흥방은 그저 좋다고 바라보면서 깨닫지 못했다. _『고려사』 염흥방 전기

1970년대까지는 '가면극'이란 말이 학술 용어로 사용되었고, '탈춤'은 황해도 일대에 퍼져 있던 가면극만을 일컬었다. 그런데 1960년대부터 대학가에 퍼지면서 탈춤이란 말이 가면극을 대체하게 되었다. 필자 경험만 봐도, 지금은 규장각 자리가 된 서울대 감골 마당에서 탈춤반이 공연을 하면 학생들이 모여들었고, 공연이 끝난 뒤에는 데모로 이어졌다. 그러니 항상 형사들이 따라붙었다. 이런 과정을 통해서 탈춤, 탈꾼, 탈패라는 말이 사회 비판적인 지식인 사회에서 일상화되어 갔다.그림 1

암울한 시대에 또 하나 빛을 주었던 것이 노래다. 금지 가요는 대학

가에서 유행 가요로 통했고, 노래를 통해서 울분을 토하거나 비판 의식을 확산시켰다. 1980년대에는 노래패들이 만들어지면서 더욱 조직적으로 민중가요를 보급하였다. 전통시대에도 사회에 대한 비판의식을 노래에 담았는데, 특이하게도 아이들이 부르는 동요를 많이 이용하였다. 아이들 노래는 전파력이 강하고, 철모르는 아이들이 부르는 노래는 문제가 돼도 책임을 지울 수 없다는 점을 이용했을 것이다.

아이들을 이용했던 것은 서동요에서 이미 볼 수 있다. 백제인 서동이 신라 진평왕의 딸 선화공주가 아름답다는 말을 듣고, 아이들을 모아서 노래를 부르게 했다.

선화공주님은
남 몰래 정을 통해 두고
서동을
밤에 몰래 안고 간다.

경주 아이들 사이에 불륜의 노래가 쫙 퍼지니 충격이 아닐 수 없었을 것이다. 마침내 공주를 귀양 보내게 되고, 이를 틈타서 서동이 공주를 거두었다. 유언비어를 퍼뜨려서 마침내 소기의 목적을 달성한 것이다. 이 서동이 바로 미륵사그림 2를 건설한 백제 무왕이다. 2009년 1월에 미륵사지 서탑에서 금판 기록이 발굴되었는데, 여기서는 왕후가 백제 귀족의 딸로 나와 선화공주가 과연 시집왔는지 학계에서 논란이 일었다.

고려 말기에 이성계도 이와 비슷한 방법으로 정권을 잡았다. 노래를 퍼뜨려 민심의 흐름을 유도했던 것으로 보이기 때문이다.

그림 2 익산 미륵사지(2004. 10.)

신우 14년1388 동요에 "목자木子가 나라를 얻을 것이다"란 말이 있었는데, 군인과 백성에 노소 구별 없이 모두 이 노래를 불렀다. _『고려사』 오행지. 요언妖言

'목자' 두 글자를 합치면 '이李' 자가 되니, 이성계가 나라를 얻을 것이란 뜻이 된다. 조선 건국 4년 전의 일이다.

동요는 이처럼 예언적 성격을 띠기도 하고, 때론 사회 비판의 뜻을 담기도 했다. 임진왜란이 일어나기 직전 경상도에서는 백성들을 몰아서 성을 쌓는 바람에 농사철마저 놓치고 말았다. 이때에 유행했던 노래다.

이들이 노래를 지어 부르기를 "굽은 성을 높이 쌓은들 누가 능히 적을 지키리. 성이 성이 아니라 백성이 바로 성이라네"라고 했다. _『쇄미록』 1592. 5.

백성을 존중하는 것이 진정한 성이라는 뜻이다. 그 말대로 왜군이 쳐들어왔을 때에 경상도 방어는 힘없이 무너지고 말았다. 권세가들도 풍자의 대상이 되었다.

권신으로서 동요에 오르내린 자는 패망하지 않은 경우가 별로 없다. 김자점이 권력을 휘두를 때 동요에 "자점은 점점點點이다" 하니 그가 죽임을 당했다. 허적이 권력을 잡았을 때 동요에 "허적은 산적散炙이다" 하니 그가 엎어졌다. 김일경이 크게 일어났을 때 동요에 "일경은 파경破鏡이다" 하니 그가 멸족되었다. _『청성잡기』

'점점'은 알알이 부서지는 것을 상징할 것이고, '산적'은 꼬챙이에 꿰어 구운 고기를 가리키고, '파경'은 깨진 거울을 의미한다. 이와 비슷한 내용이 다른 기록에도 보인다.

숙종 때에 동요에서 "허적은 산적이 되고, 허목은 도로목回目되고 …"라고 했는데, 대개 적炙은 허적의 적과 음이 같고, 목目은 허목의 목과 음이 같으며, … 경신년1680에 비로소 징험되었으니, 허적은 사약을 받았고, 허목은 도로 포의布衣, 벼슬 없는 선비가 되었다. _『연려실기술』 별집, 천문전고, 동요

'도로목'은 되물린 고사에서 나온 생선인 도루묵을 가리킨다. 허적1610~1680과 허목1595~1682은 숙종 때에 남인을 대표하면서 노론 영수 송시열을 공박하던 인물이었다. 이들은 나란히 정승이 되었을 때에도 동요의 대상이 되었다.

허목은 … 겨우 반년 동안에 벼슬을 다섯 번이나 옮겨서 삼공에 이르렀으니, 이는 전에 없던 일이다. 이보다 앞서 동요에서 "허허 웃었다許許又所多"고 하였다. 우리말에 웃는 것을 '웃었다又所多'라고 하므로, 사람들은 두 허씨가 나란히 정승이 된다는 예언이 과연 이때에 실현되었다고 하였다. _숙종실록 1년(1675) 6월 23일

그런가 하면 이보다 좀 더 시대를 거슬러 올라가 선조 때에도 당쟁을 비판하는 노래가 있었다.

이에 앞서 만력 연간 임오1582 · 계미년1583 사이에 노래가 있었으니 "나라를 어지럽힐 자는 동인이요, 나라를 망하게 할 자는 서인이다"고 하여, 단지 오랑캐인 동이와 서융을 가리키는 것으로만 알고 근심했었다. 그런데 근래에 돌아가는 일들을 보니 동인이 정권을 잡아 나라를 어지럽게 하고, 서인이 정권을 잡아 나라를 욕되게 하였으니, 이것이 아니겠는가. _『속잡록』 인조 5년 3월 3일; 『연려실기술』 별집, 동요 재인용

인터넷도 없었고 타 지역과의 왕래도 빈번하지 않던 시절에 이러한 노래가 퍼지는 경로는 다음 자료에서 짐작할 수 있다.

조정의 기강이 날로 무너지고 인심은 돌아보거나 꺼리는 일이 더욱 없게 되어서, 길거리에서 말하고 항간에서 의논하는 것도 모자라서 언문 노래를 짓기까지 하니, 의도하는 것이 아주 교묘합니다. 처음에는 도성 안의 나무꾼들이 노래 부르다가 어느새 관서 지방의 기생들 노래가 되

어 먼 곳이나 가까운 곳이나 전파하게 되니, 듣기에 놀랍고 미혹스러우며 온 조정의 벼슬아치들이 조롱을 받게 됩니다. 한때 우매한 백성들이 멋대로 비웃는 짓을 하여 조정을 경멸하고 임금을 모욕하는 것이 극심하니, 자세히 조사하여 죄를 다스리지 않을 수 없습니다. _숙종실록 18년(1692) 11월 16일

이처럼 의도적으로 노래를 만들어 퍼뜨리는데, 먼저 나무꾼들이 부르다가 기생들에게 전파되면서 전국적으로 퍼져나갔던 것 같다. 1개월쯤 뒤에 평안병사 홍시주의 아들이 언문 노래를 지어 조정 벼슬아치들을 일일이 비판했고, 그것이 서북 지방 기생들의 새로운 노래가 되었다고 해서 크게 벌을 내리도록 요청하였으나, 왕이 윤허하지 않았다.

항간에 떠도는 말에도 민심을 대변하는 것이 있다. 연산군 때에 승명패를 차고 어명을 준엄히 집행하도록 한 적이 있다. 심지어 길에서 승명패를 만나면 모두 무릎을 꿇도록 했다. 강이온이 승명패를 범했다고 해서 효수한 뒤에 백관들에게 보였는데, 이 사건 뒤에 사관이 적은 내용이다.

이로부터 승명패를 만나면 어린아이라도 모두 길 옆에 엎드리고, 말 탄 부녀자가 더러 놀라 떨어지기도 하고, 마을을 터는 도둑이 "승명이 온다"고 외치면 사람들이 모두 손을 거두고 감히 대적하여 겨루지 못했다. 이때 사람들이 왕명을 받든 사람을 만나면 "승냥이豺狼 온다"고 했으니, 그 발음도 서로 같고 해독도 같았기 때문이다. _연산군일기 10년(1504) 9월 11일

왕에게 보고한 상소문에도 민심이 담겨 있었다.

근래에 온갖 재변이 겹쳐 일어나고 있는데, 그 가운데 가뭄이 더욱 극심하여 파종도 못하고 있는 실정이다. 내가 밤낮으로 걱정하는 데에 어찌 끝이 있겠는가? 상소문에 "궁벽진 시골의 많은 백성이 원통함에 말을 잊고 호소할 길이 없어 관원을 도적원盜賊員이라 하고 나라를 도적국이라 한다"고 했는데, 이는 무지한 백성의 말이기는 하지만 너무 고통스러워서 한 말일 것이니, 이보다 더한 조정의 수치는 없겠다. _중종실록 24년(1529) 4월 28일

이상이 민심을 표출한 것이라면, 글로써 의사를 표명하는 익명서는 지식인의 뜻을 대변하는 것이다. 익명의 투서에는 화살을 쏘거나 방을 붙이는 방법이 애용되었다.

근래에 인심이 간악해져 큰 길 네거리에 방을 붙이는가 하면 관청 문에 화살을 쏘고, 심지어 대궐 문에 화살을 쏘는가 하면 끝내는 동궁에다 극악한 짓을 했는데, 이는 고금의 역사에 없던 일입니다. _중종실록 28년(1533) 5월 18일

화살을 쏘는 사시射矢는 지금 볼 수 없지만, 방을 붙이는 첩방貼榜은 대학가에서 흔히 볼 수 있는 대자보 방식을 연상하면 될 것이다. 대자보는 원래 중국에서 문화대혁명 기간에 유행하던 언론 수단이었는데,그림 3 언론통제를 당하던 시절에 우리 대학가에서 배워 사용해온 것이다.그림 4

그림 3(왼쪽) 홍콩의 대자보(1967. 5.)
그림 4(오른쪽) 지금은 광고지가 더 많은 대학가 대자보(2007. 10.)

대자보는 전통시대에 벽서, 괘서 등으로도 불렸다. 신라 진성여왕 때에 정치가 문란해져 비방하는 글이 붙자, 지방에 사는 왕거인이 그 주범으로 몰렸다.

그때 익명인이 당시의 정치를 비방하는 글을 지어 조정의 도로변에 붙였다. 왕이 수색하도록 명령했으나 찾을 수 없었다. 어떤 사람이 왕에게 "이는 분명히 뜻을 얻지 못한 문인의 소행입니다. 대야주大耶州, 합천에 은거하고 있는 거인인 듯합니다"고 보고했다.

왕이 거인을 잡아 와 서울 감옥에 가두고 형벌을 집행하려고 하자, 거인이 분통하여 감옥 벽에 이렇게 적었다.

"우공于公이 통곡하자 3년간 가물었고, 추연鄒衍이 슬픔을 머금자 5월에도 서리가 내렸다. 지금 갇혀 있는 내 근심은 옛날과 같은데, 하늘은 말없이 푸르기만 하구나."

그날 저녁에 홀연히 운무가 끼고 천둥과 벼락이 치고 우박이 내렸다. 왕이 두려워서 거인을 석방해 돌려보냈다. _『삼국사기』 진성왕 2년

고려 말기에 사헌부의 규정糾正, 감찰관 벼슬에 있던 인물이 벽에 글을 써서 사람들을 비판한 사건이 있었다.

이에 앞서서 규정 등이 대장臺長인 유원, 안경, 김존성, 최사정을 업신여겨 규정방 벽에 글을 쓰기를 "존성存誠은 무성無誠이요, 사정斯正은 부정不正이요, 유원柳源은 사원似猿이요, 안경安景은 진견眞犬이다"고 했다. _『고려사』 공민왕 21년(1372) 2월

이것은 한자 이름을 활용하여 인물들을 비판한 것이다. 사원은 '원숭이와 같다'는 말이고, 진견은 '진짜 개'란 말이다.

지금도 그러하지만, 원래 익명서는 익명성을 이용하여 남을 모함하는 수단으로 활용되기 때문에 법으로는 엄격히 금지되어 있었다. 명나라나 조선의 법에 따르면 익명서는 보는 즉시 불태워야 하고, 비록 부자지간이라도 이를 전파해서는 안 되었다. 또 익명의 투서자는 사형까지 처할 수 있었고, 익명서를 관가에 보낸 자도 처벌하게 되어 있었다.

이렇게 엄한 규정에도 불구하고 조선시대에는 익명서를 둘러싼 사건이 종종 발생하였다. 특히 언로가 막혔던 연산군과 광해군 때나 사화와 당쟁이 빈발했던 시절에 많이 나타났다. 예를 들어서 명종 2년1547에 한강 건너 양재역에 권세를 누리던 윤대비의 수렴청정을 비방하는 벽서를 붙인 사건이 발생했고, 이를 빌미로 정미사화가 일어났다. 또 숙종

37년1711에는 중국인을 빙자해서 대궐 문에 청나라와의 외교를 비판하면서 청나라를 공격해야 한다는 익명서를 붙인 일이 있었는데, 인심을 교란한다고 해서 현상금까지 내걸었고, 4년이 지나도 잡지 못하자 포도대장을 파직하고 재차 독촉까지 했다.

연산군 때에는 종로에다 용가방이란 인물 비판 익명서를 붙인 일이 있었다.

의정부에서 "근자에 무뢰배들이 사람들을 조롱하여 이름을 종이에다 쓰고는 용가방龍哥榜이라고 이름 지어 종루에다가 붙였습니다. 지금 또 조정 관리들의 현명하고 어리석음, 잘하고 잘못한 점을 평론하여 길가에 붙이니, 이 풍습은 매우 좋지 못합니다. 또한 사람들을 평론하는 일은 대간이나 재상의 소임이요, 아랫사람들이 마땅히 할 일이 아니니, 이를 조장해서는 안 될 것입니다. 청컨대 이를 금지하고, 고발한 사람에게는 상을 주고, 알면서 고발하지 않은 사람은 이웃의 관령管領, 지역 책임자까지 처벌하기를 바랍니다"고 아뢰었다. _연산군일기 8년(1502) 11월 5일

2년 뒤에 "옛날 임금은 어지러운 시기에도 이처럼 사람을 죽이지 않았는데 우리 주상은 어떠하기에 신하를 마치 파리 머리 자르듯이 하는가?" 등 연산군의 악행을 비난하는 한글 투서 사건이 발생하자, 투서를 받은 신하는 이를 왕에게 비밀리에 보고했다. 그러자 왕은 도성을 걸어 잠그고 범인을 수색하는 소동을 일으켰고, 고발자에게는 벼슬과 재산을 후히 내리겠다고 선언했다. 이런 행위들은 익명서는 보고하지 않고 즉시 폐기해야 한다는 국법을 위반한 것이다. 그것도 모자라서 한글을

아예 가르치지 말라는 명령까지 내렸다.

왕이 "… 앞으로는 언문을 가르치지도 말고 배우지도 말라. 이미 배운 자도 쓰지 못하게 하라. 언문을 아는 자는 모두 한성의 5부로 하여금 적발하여 고하게 하라. 이를 알고도 고발하지 않는 자는 이웃까지 죄주라. 어제 죄인을 잡는 규정을 성 안에 이미 두루 포고했으니 성 밖과 지방에도 알리도록 하라"고 지시했다. _연산군일기 10년(1504) 7월 20일

사화가 자주 일어났던 중종 때에는 대궐 문에 화살을 쏜 사건이 발생했다.

승정원이 "건춘문 수문장인 김예달이 와서 '문루 바깥의 판자 아래쪽에 화살이 박혔는데 화살 끝에 글이 매어 있었다'고 보고했습니다. 대궐 문에 이런 일이 발생한 것은 지극히 경악스럽기에 아뢲니다. 지난해 7월에도 이 문에 화살이 박혔었습니다 …"고 아뢰었다. …

사신은 논한다. 인심이 흉악해져 화살을 관청 문에 쏘기도 하고 대사헌의 집에 쏘기도 하더니, 끝내는 대궐 문에까지 쏘면서 악행을 저지르기에 이르렀다. 이는 틀림없이 조정에 대해 원망을 품은 자가 그 독을 풀 데가 없자, 글을 매달아 화살을 쏘아서 조정의 생각 깊이를 시험해 보려는 것이었다. 소인들의 악행이 이 지경에 이르도록 못하는 짓이 없게 되었으니 통탄할 일이다. _중종실록 21년(1526) 7월 7일

5년 뒤에는 하룻밤 사이에 세 군데에다 화살을 쏜 일이 발생하였다.

왕이 전교하기를 "하룻밤 사이에 세 곳에다 화살을 쏘았다. 대궐 문에 쏜 것은 임금을 가리킨 것이요, 의정부에 쏜 것은 대신을 가리킨 것이요, 사헌부에 쏜 것은 대간을 가리킨 것이니, 이는 조정의 상하를 모두 동요시키려 한 짓이다. …"고 하였다. _중종실록 26년(1531) 5월 24일

광해군 때에도 왕을 비판하는 글을 붙인 화살을 쏜 사건이 발생하였다. 새벽에 경비를 섰던 병사가 백지에 싸인 화살이 궁궐 뜰에 떨어져 있는 것을 주워서 보고하였는데, 다음과 같은 내용이 들어 있었다.

그 격문은 문장과 자획이 매우 정교했으며, 문장 중에는 이따금 은어를 사용했다. 또 큰 동그라미와 작은 동그라미로 구별했으며, 주상을 책망하는 말에서는 "첩 자식이 외람되게 왕위에 올랐으며, 아비를 죽이고 형을 죽였다"고 하였다. 또 "산천山川은 이미 끝났고 원해原海가 장차 이루어질 것이다"는 구절이 있었는데, '산'은 금산군 이성윤을 가리키고, '천'은 귀천군 이수를 가리키며, '원해'란 글자 역시 종실인 원해군을 가리킨다. _광해군일기 9년(1617) 1월 20일

당시에는 이 격문을 쓴 사람으로 허균1569~1618이 지목되기도 하였다. 『홍길동전』에서 알 수 있듯이 그는 시국에 불만이 많았던 이단아였다.

이때에 그 격문을 본 사람은 모두 허균이 한 짓이라는 것을 알았으나, 감히 말하지 못했다. 기자헌의 이 상소에서도 역시 은어를 써서 드러냈는데, 상소 가운데 '허' 자를 많이 썼고, 또 인용한 몇 가지 일은 은연

중에 허균을 지적한 것이다. _광해군일기 9년(1617) 1월 26일

그림 5 중국 영화 '수호전' 포스터(1972)

이듬해 8월에 다시 남대문에 익명의 방문을 붙인 사건이 발생하였고, 그의 심복이 붙였다는 것이 드러나면서 허균은 저자에서 능지처참을 당하고 말았다.

다음은 세상에 불만이 많았던 허균에 대해서 동시대의 이식1584~1647이 비판한 글이다.

세상에 전하기를 "수호전[그림 5]을 지은 사람은 삼대가 벙어리가 되어 그 보응을 받았다"고 한다. 도적들이 그 책을 받들기 때문이다. 허균, 박엽 등이 그 책을 좋아하여 그 도적 장수의 별명을 가지고 각자의 호로 삼아 희롱했다고 한다. 허균은 또한 홍길동전을 지어 수호전에 비겼는데, 그의 무리 서양갑, 심우영 등이 직접 그 행위를 따르다가 한 마을이 박살이 났고, 허균도 반역죄로 죽임을 당했다. 이것은 벙어리가 되는 응보보다 더 심한 것이다. _『택당집』 별집, 산록

역시 동시대에 정경운이 쓴 일기에는 허균에 관해 지방에서 돌던 소문이 보인다.

허균이 얻었다고 하는 참서讖書는 신라승 원효가 지은 것인데, 제자 보

장에게 전한 뒤로 계속 전해져 지금까지 사라지지 않았다고 한다. _『고대일록』 1602. 8. 20.

그런가 하면 불만을 품은 사람들이 궁궐에 투석하는 사건도 발생했다. 선조 때에 늦은 밤에 기왓장을 궁궐 안에 던진 일이 있었다.

병조가 답변하여 "궁궐 안에 기왓장을 던지는 변란이 몇 달 사이에 두 차례나 있었으니 몹시 경악스럽습니다. 간사한 무리들이 다른 사람을 모함하려고 이런 망측한 변을 일으키게 되었다고 생각되어 신들 역시 반복해서 헤아려보고 몰래 탐문해보았으나 행동거지가 의심스러운 사람을 적발해내지 못했습니다. …"고 아뢰었다. …

사신은 논한다. … 인심이 이에 이르렀는데도 위에서는 반성하여 고치려 할 줄 모르고, 화가 담장 내부에 있는데도 아래에서는 말 한 마디로 임금을 깨우쳤다는 것을 듣지 못했으니, 나라를 다스리며 망하지 않기를 원하지만 어찌 망하지 않을 수 있겠는가? _선조실록 36년(1603) 2월 4일

선조 때에는 성균관의 문묘 벽에다 대신, 궁녀, 환관의 이름을 일일이 적고 논평을 가한 사건이 일어나 크게 논란이 된 적도 있었다. 유생들이 잡혀가 곤욕을 치르기도 했으나, 선조가 중단시켜 무마되었다.

익명서 사건은 비단 중앙에서만 일어나는 것은 아니었다.

이에 앞서 전남도전라도 금구현의 객사에 어떤 사람이 익명서를 걸었는데 도리에 어긋나는 말이 많아서 마치 역모를 고발하는 것 같았다. 인

근의 사대부가 모두 거기에 들어 있었는데, 벼슬만 쓰고 이름은 쓰지 않았다. _효종실록 6년(1655) 6월 25일

이때에 현령은 이를 상부에 보고했으나 익명서 처리 규정을 따르지 않았다고 해서 벌을 받았다. 영조 때에도 호남에서 방문을 붙인 사건이 발생했다.

이달 11일에 서부의 관리가 와서 "서소문에 괘서의 변고가 있으니 어떻게 조치해야 합니까?"라고 하기에 신이 불사르게 했습니다. … 나중에 들으니 흉악한 글이 전주의 괘서와 같다고 했습니다. 호남 사람으로서 목격하지 않은 자가 없어 전하는 말이 이와 같습니다. 대개 전주에서 일이 생기더니 남원의 시장에도 흉악한 글이 걸렸고, 도성의 문에 다시 이러한 변고가 나타났습니다. _영조실록 4년(1728) 1월 17일

전주 괘서 사건이 전년 12월 12일에 있었고, 남원 변고는 12월 14일에 있었고, 서소문 사건은 1월에 있었던 것으로 보아서 한 사람의 소행으로 추정했다. 그러나 범인은 역시 잡히지 않았다.

이처럼 노래나 익명의 투서를 통해서 왕이나 위정자 등을 비판하고 사회를 비판했다. 때로는 사람들을 비방하고 유언비어를 퍼뜨리는 원천이 되기도 했지만, 한편으로는 정치적 상황을 알리는 통로 역할을 하기도 했다. 지금은 인터넷에서 댓글의 익명성을 이용해서 맘껏 정치가와 사회를 희롱하기도 하고, 때로는 이것이 발전하여 2008년 봄 쇠고기 파동 때의 촛불집회처럼 직접 행동으로 옮기게도 한다.

도둑과 의적

이집트 룩소에 있는 '왕들의 계곡'에 갔을 때에 그 앞에 있는 마을 얘기를 흥미 있게 들은 적이 있다. 대대로 무덤을 도굴해서 먹고 살았던 쿠르나 마을이었다. 그 마을의 한 사람이 19세기 후반에 우연히 왕들의 계곡에서 파라오 무덤을 찾아냈고, 그 뒤에 서양인에게까지 알려짐으로써 이집트 역사가 다시금 되살아나게 되었다.

도둑 하면 떠오르는 이미지는 세대마다 다를 것이다. 조금 나이 든 사람들은 '양상군자'란 말을 떠올릴 듯하다. 중국 후한 때에 도둑이 들보 위에 숨어 있는 것을 보고, 주인이 자식들을 불러 모아 "악한 사람도 본래 악한 것이 아니고 버릇 때문에 그렇게 된 것이니, 저 들보 위에 있는 군자도 그렇다"고 하자, 도둑이 놀라 떨어졌다는 고사에서 나온 말이다. 그런가 하면 큰 도둑으로는 공자와 같은 시대에 살았던 '도척'을 드는데, 지금도 흉악한 사람을 '도척 같은 놈'이라 부른다. 그러나 젊은 사람들은 의적 로빈 후드를 먼저 떠올릴지 모르겠다.

우리 역사에서도 좀도둑에서 큰도적까지 많은 도둑이 명멸했다. 사회가 어지럽거나 천재지변으로 먹고 살기 어려울 때에는 더욱 횡행했다. 그러니 역사상의 도둑은 단순한 범법자가 아니라 그 시대상을 반영

그림 1 영화 '홀리데이' 포스터

하는 거울이기도 했다. 1988년 10월에 상습절도죄로 무거운 형벌을 살다가 탈주한 지강헌 일당이 인질극을 벌이면서 내뱉은 "유전무죄, 무전유죄"란 말은 명언이 되었고, 지금까지도 저명인사들이 무죄방면될 때마다 이를 풍자하는 대명사로 사용하곤 한다. 그 당시에 엄청난 돈을 횡령한 전경환이 쉽게 풀려난 것을 보고 사회적 배신감을 토해낸 말이었다. 그런 강렬한 기억 때문인지 이 사건은 '홀리데이'란 영화로 만들어지기까지 했다.그림 1

사회 기강이 흐트러질 때에 도둑이 극성을 부린 것은 고대사회나 현대사회나 마찬가지다. 신라 말기에 사회가 어지러워지자 지방 곳곳에서 도둑들이 일어났다. 후삼국 세력의 하나였던 견훤도 그런 도둑들을 기반으로 성장했다.

신라 진성왕 6년892에 왕의 총애를 받던 측근들이 정권을 농단하여 기강이 해이해진 데다가 기근까지 겹쳐, 백성들이 떠돌아다니고 도적들이 벌떼처럼 일어났다. 이에 견훤은 몰래 왕위를 엿보려고 무리를 모아 왕경의 서남쪽 주와 현을 공격하니 가는 곳마다 메아리처럼 호응했다. 한 달 사이에 무리가 5천 명에 이르자 무진주전남 광주를 습격하여 스스로 왕이 되었다. _『삼국사기』 견훤 전기

사회가 무너지던 조선 말기에도 역시 도둑떼가 위력을 보였다.

근래 서울과 지방에서 도적들이 연달아 일어나고 있습니다. 이들은 단지 구멍을 뚫거나 담을 넘는 부류가 아니라, 떼를 지어 위협해서 강탈해 가는 자라고 합니다. _고종실록 2년(1865) 12월 20일

먹고살기 힘들면 떠돌아다니며 구걸하고, 그러다가 안되면 남의 것을 빼앗는 도둑이 되었다. 다음은 떠돌다가 도둑과 강도로 변해가는 과정을 보여주는 자료다. "사흘 굶어 담 아니 넘을 놈 없다"는 속담과 같다.

무뢰한 유민들이 성 안에 모여서 처음에는 마소를 훔치는 도둑이 되었다가 지금은 강제로 빼앗는 강도가 되니, 성 주위 수십 리에서 약탈을 많이 당하고 있습니다. _숙종실록 39년(1713) 윤5월 18일

자연히 흉년에 도둑이 더욱 발호하였다. 도둑의 한자어는 도적이니, '도盜'는 물건을 몰래 훔치는 것이요, '적賊'은 협박하고 공갈해서 빼앗는 것을 의미한다. 앞의 것은 절도요 뒤의 것은 강도인 것이다. 기근으로 도적이 되니 산 사람뿐 아니라 죽은 사람에게까지 도적질을 했다.

도적 이억금이 초장草葬, 시신을 가매장한 것을 파내어 시체의 옷을 벗겨낸 죄를 참형으로 논하였다. 근년 이래로 기근이 거듭 들어 백성들이 가난해졌다. 이리하여 명화적明火賊들이 곳곳에서 사람을 죽이고 재물을 약탈

그림 2 대낮에도 약탈하는 도적들(직지사 감로탱)

하는데도 담당 관청이 모두 막을 길이 없었다. 심지어 산 사람의 고기를 먹고 시체의 옷을 벗겨 입으니, 정말 예전에 없었던 변고라서 식견 있는 사람들이 한심스럽게 여겼다. _숙종실록 23년(1697) 2월 10일

도둑들은 대낮에도 횡행하며 약탈을 자행했다.그림 2 다음은 충청도, 전라도, 경상도 3도에 출몰하던 강도들의 실상에 대해서 왕이 유시한 내용이다.

백주에 무리를 지어 행로를 막고 약탈하고, 마을에 버젓이 다니면서 옷·양식·반찬·활·화살 등을 탈취한다. 가축을 강제로 징발해서 실어 가기도 하고, 행인과 마을 사람들을 동원해서 운반하게 하며, 가축은 잡아먹어 버린다. 민간 여자들을 공공연히 함부로 붙잡아 가고, 양반집 부녀들에게까지 난행을 하려 든다. 도처에서 사람들이 모두 떨고 두려

워하여 손님 대접하듯이 한다. 조금이라도 뜻대로 되지 않는 일이 있거나 뒤쫓아가서 체포하려는 사람이 있으면 살해해버리니, 이렇게 죽은 사람이 전후로 30여 명에 이른다.

이들은 3개 도에 출입하면서 산속에 의지하여 수시로 옮겨 다니고, 심지어 관청의 무기까지 가져다 쓰거나 빼앗아 불사르기도 한다. 조령 등지는 길이 막혀 다닐 수가 없게 되어 명령을 받은 조정의 신하들도 지나기가 어렵다고 하니, 이것은 작은 일이 아니다. _중종실록 3년(1508) 3월 5일

이런 상황은 270년이 지난 뒤에도 별로 차이가 없다.

근일에 … 도둑 발생의 근심이 기호지방에서 가장 심하여, 백주에 길거리에서 재물을 약탈하고 인명을 해칩니다. 이 때문에 점포 문을 일찍 닫고 늦게야 열며, 떠돌이 장사꾼들이 무리를 이루어야 길을 떠난다고 합니다. 듣기에 너무 놀랍고 해괴합니다. 추수한 곡식이 떨어지지 않은 때인데도 이런데, 내년 봄에 종자 곡식마저 떨어진 다음에는 어찌 다시 논할 수 있겠습니까? _정조실록 1년(1777) 12월 27일

이처럼 도적은 공권력이 덜 미치는 지방에서 날뛰었지만, 서울도 예외는 아니었고 때로는 지엄한 궁궐 안에까지 침투하였다.

도둑이 명정전 옥좌에 두른 장막을 훔쳐 갔다. 지키던 군인들이 죄를 받았다. _현종실록 11년(1670) 3월 29일

제주도에서는 말을 도둑질하여 육지에 팔아먹었다. 그런가 하면 바다에는 외국의 해적선이 수시로 출몰했다.

군산도群山島의 해적선 5, 6척이 부안 경계에서 도적질하여 우리나라 상선 한 척을 약탈해 갔다고 전라수사 안위가 보고하였다. _광해군일기 즉위년(1608) 9월 9일

도적선 두 척이 해서 지방 연안에 출몰하면서 우리나라 상선과 어선을 노략질했다. 해적들 모두가 머리를 깎고 오랑캐 두건을 썼으며 언어도 역시 오랑캐와 비슷했는데, 해랑적海浪賊이라 부르는 자들이었다. _현종실록 4년(1663) 9월 27일

서해안에서 주로 활동한 해적들은 연이어 있는 섬 사이에 배를 감추어 찾기가 어려웠다. 사로잡혀 간 우리나라 사람들은 오갈 데 없는 섬 가운데에 버려져 굶어 죽어서 골짜기에 해골들이 무더기를 이룬다는 부안현감의 보고도 있다. 임진왜란 때에는 왜적에 대한 두려움을 이용하기도 했다.

구례를 분탕질한 적은 왜적이 아니고 우리나라 사람이 왜적의 옷으로 바꾸어 입고 왜인의 목소리를 낸 것이었다. 이에 성책을 지키던 군사가 모두 흩어지고 백성들도 이 때문에 놀라서 역시 모두 도망하니, 적들은 그 재물을 빼앗고 그 집들을 불태웠다. 마침 곡성군수가 5, 6명의 적을 사로잡아서 심문했더니 우리나라 사람들이었다. _『쇄미록』 1593. 7. 14.

그런가 하면 도적들은 이목을 다른 곳으로 돌리기 위해서 방화를 저지르기도 했다. 다음은 한성부에서 왕에게 아뢴 내용이다.

근래에 도성 안에 화재가 계속 발생하여 하룻밤에도 두세 곳이나 되는데, 이것은 그 집에서 불을 조심하지 않아서 발생한 것이 아닙니다. 좀도둑들이 도둑질하려고 밤을 틈타 불을 지르는 것이니, 그대로 둘 수가 없습니다. _세종실록 8년(1426) 2월 12일

도적떼 가운데 유명한 것이 명화적이다. 이들은 횃불과 무기를 들고 조직적으로 약탈하던 화적떼로 조선시대 기록에 많이 등장한다. 그 수는 수십 명에서 수백 명까지 다양하다.

권진이 "어젯밤 청파동 민가에 검은 옷을 입은 명화 강도 30여 명이 각각 몽둥이를 들고 금부도사라고도 하고 포도청 군관이라고도 하면서, 사람들을 죽이고 집을 불태운 뒤 떠났습니다. 도성과 지극히 가까운 곳에서 이렇듯 해괴한 변고가 일어났으니 그쪽을 담당하는 포도대장을 시켜서 각별히 단속하여 체포하게 하소서"라고 아뢰니, 왕이 따랐다.

_광해군일기 5년(1613) 5월 1일

비변사에서 "김포군에서 명화적 수백 명이 말을 타고 깃발을 세우고 포를 쏘고 고함을 지르며 곳곳에서 도둑질을 하여 다친 사람이 많았습니다. 그런데도 해당 군에서 감영에 너무 늦게 보고했으니, 군수 윤득중은 먼저 파직시킨 뒤에 잡아 오고 …"라고 아뢰니, 임금이 그대로 따

랐다. _영조실록 28년(1752) 8월 3일

현종 때에는 100여 명의 명화적이 징을 두드리고 뿔피리를 불고 다니기도 했다. 이들은 때로 관청 창고까지 습격하여 곡식을 약탈해 갔고, 감옥을 습격해서 갇혀 있는 동료들을 탈옥시킬 정도로 과감했다.

도적떼가 산속에 집을 짓거나 절을 빼앗아 근거지를 마련한 적도 있다.

처음에 무안 사람 장영기라는 자가 무뢰한 도당 100여 명을 불러 모아 경상도와 전라도에서 도적질을 했는데, 그 차림새가 재상에 비길 정도였다. 행인을 만나면 즉시 죽이고 재물을 탈취했다. 일찍이 초가집 20여 칸을 지리산에 지어서, 낮에는 집에 모이게 하고 밤이면 도적들을 사방에 파견하여 불을 지르고 재물을 겁탈했다. 이후로는 백주에도 거리낌 없이 더욱 방자하게 되었다. 반항하는 자가 있으면 즉시 죽이니, 그의 무리가 오는 것을 보면 사람들이 가재를 털어주어서라도 죽음을 모면하려고 하였다. 수령이 관군을 거느리고 여러 차례 그들과 싸웠으나 번번이 성과가 없자 길에 인적이 끊겼다. _예종실록 1년(1469) 10월 23일

남쪽 지방에 도적질 당하는 근심이 크게 일고 있습니다. 근래에는 도적 다수가 부안과 변산을 몰래 점거하여 대낮에 장막을 설치하고 크게 약탈질을 하고 있습니다. 변산에 큰 절이 있는데, 도적들이 중을 불러서 말하기를 "삼동 추위에 밖에서 거처할 수 없으니 너희들이 잠시 절을 빌려주어야 하겠다"고 하자, 중들이 두려워 감히 따지지 못하고 모두

눈물을 흘리며 흩어져 떠났다고 합니다. _영조실록 3년(1727) 10월 20일

마을에서는 도둑을 지키는 파수막을 설치했으나, 그마저 운영이 제대로 되지 않았다.

흉년이 들어 도적이 많이 생기고 있습니다. … 10월은 농한기라서 이때부터는 여염에 군사를 매복하여 도직막盜直幕을 설치하는데, 그 마을 사람들이 돌아가면서 수직합니다. 그러나 세력 있는 자는 이를 거부하여 지키지 않으니, 파수막에 있는 이는 모두가 어린애나 힘없는 사람들뿐입니다. 때로는 이를 아예 비워두기도 합니다. _중종실록 36년(1541) 11월 11일

도둑들은 관리와 결탁했기 때문에 이들을 잡는 것은 용이하지 않았다. 다음은 박지원1737~1805이 안의현 함양현감 시절 겪었던 일이다.

매번 장마당에서 도둑을 정탐하게 하여 나타나는 대로 현장에서 체포하면, 그때마다 꼭 토포영의 장교와 나졸들이 출현하는 것이었다. 토포영이란 곧 진영鎭營을 말하는데, 도둑 잡는 일을 전담하는 기관이다. 그러나 토포영의 장교와 나졸들은 농간을 일삼고 있었다. 그들은 도둑과 함께 다니다가 도둑을 풀어주어 재물을 훔치게 한 다음 그 이익을 서로 나누어 가졌다. 그러다가 도둑이 잡힐 경우 자기들이 마침 이곳을 지나던 참이라고 둘러대고는 그 도둑을 데려가는 것이었다. 관아에서도 편의를 좇아 잡은 도둑을 넘겨주곤 했다. 그러나 도둑을 잡는다는 자들이 실상 도둑을 풀어놓고 있는 줄은 알지 못했다. 도둑 또한 믿는 곳이 있

는지라 마음대로 날뛰면서 겁을 내지 않았다. _『과정록』 97~98쪽

지방 관아에 있던 사령들은 도적과 내통하여 정보를 흘려주곤 했다. 요즘에도 유흥가 단속을 나가기 전에 정보가 새어 나가 실효를 거두지 못하는 경우가 있는 것을 보면 이해가 된다.

이 도둑들은 월출산·무등산 두 산 깊숙이 숨을 만한 곳에 무리를 지어 왕래하고 서로 응하며, 낮에는 모이고 밤에는 흩어져서 마을에 횡행하니 백성들의 피해가 극심합니다. 국가에서 이미 경차관敬差官, 지방에 임시로 파견하는 관리을 보내어 잡게 했는데도 오히려 이와 같은 것은 … 비록 수령과 협력하여 날마다 방책을 논의하더라도 앞에서 사령使令, 지방관청의 심부름꾼 일을 하는 자들이 도적들과 서로 표리가 되어서 기밀을 재빨리 누설시켜 즉시 도망치게 하기 때문입니다. _예종실록 1년(1469) 5월 2일

정부에서도 도둑을 잡는 데에 힘을 기울였다. 다음처럼 도둑 토벌에 큰 성과를 거둔 적도 있었다.

이때 3도에 도둑들이 크게 일어나니, 경차관을 나누어 보내서 4월 2일에 모두 잡기로 약속했다. 여러 고을 수령들이 군사 진법을 연습한다고 거짓 발설하면서 일시에 잡아들였는데, 충청도에서 404명, 경상도에서 200여 명, 전라도에서 70여 명을 잡았다. _예종실록 1년(1469) 윤2월 29일

때로는 방문을 붙여서 포상책을 발표했다. 도둑을 잡으면 천민은 이

그림 3
신창원 현상 수배 방문
(1998. 9.)

를 면하게 하고, 양반에게는 관직을 제수하고, 서얼은 벼슬길에 나가게 해준다는 것 등이다. 지금처럼 현상금을 걸기도 했다.

도적이 선전관 윤재를 칼로 찔렀는데 현상금을 걸고 체포하도록 명령했다. _효종실록 7년(1656) 10월 6일

무기수 탈주범인 신창원을 잡기 위해서 전국을 들쑤셔놓았던 때인 1998년 가을에 마침 전남 낙안읍성을 찾았다가 흥미로운 그림 한 장을 발견한 적이 있었다. 조선시대 방식으로 만든 포도대장 현상 수배 방문이었는데 읍성 정문에 붙여놓았었다.그림 3 그는 절도범으로 시작했지만 끝내는 강도살인으로 무기징역형을 살았다. 이듬해에 잡혔으나 그의 신출귀몰한 수법에 국민적인 관심과 인기를 끌었던 기억이 새롭다.

도둑들의 규모가 커지면서 지역마다 이름을 가진 단체가 등장하기도 했다. 인조 때에 살인계란 조직이 남원에 있었고, 영조 때에는 여러 단

체가 여기저기서 활동했다.

남원의 도적들이 살인계殺人契를 만들었는데 그 무리가 날로 불어나 인명을 해쳐왔습니다. 지금 두목이 처형되었습니다만 그 무리들도 경중의 차이가 별로 없으니, 모두 끝까지 문초한 뒤 처단하게 하소서. _인조실록 8년(1630) 4월 10일

이때에 관동·관북·관서·해서 4도에 기근이 크게 들어 도적이 벌떼처럼 일어났다. 각각 단체 이름을 만들어 노략질을 했는데, 서울에 있는 것은 '후서강단後西江團'이라 하고, 평양에 있는 것은 '폐사군단廢四郡團'이라 하고, 광대들은 '채단彩團'이라 하고, 돌아다니며 빌어먹는 것은 '유단流團'이라고 했다. 이들은 기회를 틈타 도둑질하고 관청 창고를 습격하여 탈취하는데, 지방관들이 감히 체포할 수 없었다. 조정에서 이를 염려하여 명령을 내려 염탐하게 했지만 끝내 체포하지 못했다. _영조실록 17년(1741) 4월 8일

후서강은 개성 가까이에 있던 강이고, 폐사군이란 조선 초기에 압록강 상류 국경지대에 설치했던 4개 군을 그 뒤에 폐지한 데서 유래했다. 세종 때에 압록강과 두만강에 각각 4군과 6진을 설치했다는 말을 기억하면 될 것이다.

그러나 도둑은 단지 남의 것을 빼앗는 부정적인 존재만은 아니었다. 의적으로 불릴 정도로 역사에 뚜렷한 족적을 남긴 큰 도둑들도 있었다. 이익1681~1763은 서북 지방의 큰 도둑으로 홍길동, 임거정임꺽정, 장길산

세 명을 손꼽았다.

옛날부터 서도황해도와 평안도에는 큰 도둑이 많았다. 홍길동이 있었는데 아주 오래전이라서 어찌 되었는지 알 수 없지만, 지금도 장사꾼들의 맹세하는 말 속에 들어 있다. 명종 때가 되면 임거정이 가장 큰 괴수였다. 그는 본래 양주 백성인데, 경기 지방에서 해서 지방에 이르는 길에서는 아전들이 모두 그와 비밀 연계되어 있어, 관가에서 잡으려 하면 먼저 누설되어 버렸다. … 그 후 숙종 때에 교활한 도적 장길산이 해서 지방에 출몰했으니, 길산은 원래 광대 출신으로 곤두박질을 잘하고 비상하게 용맹스러웠으므로 드디어 괴수가 되었다. _『성호사설』 인사문, 임거정

홍길동 하면 허균1569~1618이 지은 것으로 추정되는 『홍길동전』을 떠올리겠지만, 그보다 100년 전에 이미 실존 인물인 홍길동이 있었다. 다음은 홍길동을 체포한 뒤에 왕에게 건의한 내용이다.

강도 홍길동이 이마에 옥관자를 붙이고 허리에 붉은 띠를 두르고는 첨지정3품 벼슬라 자칭하며 대낮에 떼를 지어 무기를 가지고 관청에 드나들면서 거리낌 없이 방자하게 행동했는데, 그곳의 권농, 이정, 유향소 품관들이 어찌 이를 몰랐겠습니까? 그런데도 체포하여 고발하지 않았으니 징계하지 않을 수 없습니다. 이들을 모두 변방으로 옮기는 것이 어떻겠습니까? _연산군일기 6년(1500) 12월 29일

본문에 나열된 권농, 이정 등은 모두 지방의 사회질서를 책임 맡은

직책이었다. 백성들의 호응을 얻으면서 백주에 활개를 치던 홍길동의 활약상이 눈에 선하다. 중종 때의 기록을 보면 그는 주로 충청도에서 활동했던 것을 알 수 있지만, 그의 행적이 자세히 전해지지는 않는다. 선조 때에 조헌이 왕에게 바친 글을 보면 당시에는 흉악한 도적으로 인식되고 있었을 뿐이다.

선왕 시기에는 재상 선발에 적격자를 얻어 풍속이 순미했고 강상을 무너뜨리는 변고가 없었습니다. 예외적으로 홍길동·이연수 두 사람이 있었을 뿐이었기 때문에 항간에서 사람을 비난할 때에는 으레 이 둘을 들어 욕을 해댔습니다. 그런데 지금은 재상 선발에 적격자를 얻지 못하여 풍속이 무너지고 강상의 변고가 곳곳에서 일어남에 따라 홍길동·이연수의 이름이 없어졌습니다. _선조실록 21년(1588) 1월 5일

이연수는 중종 때에 아비를 죽인 죄인이니, 그와 비슷하게 홍길동을 바라보았다. 그런데 그 뒤에 만들어진 소설에서는 집을 떠난 뒤에 도적의 두목이 되어 활빈당을 자처하면서 팔도 수령들의 재물을 빼앗아 빈민들에게 나누어준 것으로 되어 있다. 여기서 단순히 도적이 아닌 의적으로 재탄생하게 된다. 그리고 그들의 이념은 그 뒤에 활빈당의 이름으로 되살아나곤 했다.

19세기 말에 활빈당 조직이 역사 기록에 등장한다. 가난한 사람을 살리는 단체란 뜻이니, 의로운 도적을 표방한 것이다.

요즘 화적떼의 폐해가 날로 심하여 그 피해가 없는 곳이 없는데 호남이

더욱 심합니다. 사람들을 불러 모아 무리를 이루어 그 인원수가 대략 만 명이나 되는데, '활빈당'이라 하면서 거리와 저자에 함부로 방을 내겁니다. 이들은 집을 털면서 사람을 죽이고, 불을 지르고 재물을 빼앗으며, 남의 무덤을 파헤치고 남의 부녀자를 겁탈합니다. 이 때문에 길이 막혀 통행하지 못하고, 마을이 소란해져 편안히 살지 못합니다. _고종실록 22년(1885) 3월 6일

그런가 하면 1900년에는 충남 일대에서 활빈당이란 무장봉기 집단이 등장하여 전국적으로 확산되었으니, 이들은 빈부 타파 등을 내세우며 탐관오리와 부정 축재자들을 공격했다.

1960년대 초등학교 시절, 소년조선일보에 연재되던 신동우 화백의 '풍운아 홍길동'을 무척이나 기다리며 애독했던 기억이 있다. 재치 덩어리 차돌바위와 예쁜 곱단이가 등장했던 만화다. 뒤에 만화책으로 엮어지고, 다시 만화영화로까지 발전했다. 이제는 선글라스를 끼고 등장하는 '쾌도 홍길동'이 TV 드라마로까지 만들어졌다.

그림 4 홍길동 캐릭터

지방자치제가 실시된 뒤에 홍길동의 소재를 놓칠 리가 없었다. 전남 장성군은 홍길동의 고향이라고 해서 그의 생가를 만들어놓고 캐릭터를 개발하여 홍길동 축제까지 연다.그림 4 그런가 하면 강원도 강릉에서는 작자 허균이 태어난 외가가 있

그림 5 소설 『임꺽정』의 무대인 죽산 칠장사(1990. 6.)

는 곳이라 하여 역시 홍길동을 내세워서 경포호에 홍길동상을 세웠다.

죽산에 칠장사란 고찰이 있는데, 1990년 이곳에 들렀다가 마침 홍명희가 지은 『임꺽정』 소설이 생각나서 주지스님에게 물은 적이 있었다.그림 5 소설의 주요 무대가 되었던 곳이기에 혹시 그와 관련되어 전해지는 얘기가 있는지 물은 것이었다. 그러나 주지스님의 대답은 전혀 뜻밖이었다. 자신은 인도 불교를 전공해서 모른다는 것이다. 그 대답이 무척 인상적이었던 기억으로 남아 있다.

다음은 임꺽정의 활동에 대해서 왕에게 아뢴 내용이다.

근래에 들으니 도적의 기세가 날로 높아져서 심지어 관리를 사칭하고 여러 읍을 드나들며 거리낌 없이 방자하게 굽니다. 어떤 수령은 모르고 접대했다고 하는데 아주 놀랍습니다. … 또 흉악한 큰 도적떼가 황해도에서 재물을 빼앗아서 개성부에다 판매하기도 하고, 도성 안 여염집에 와서 살면서 마음대로 겁탈하기도 합니다. 이에 포도대장에게 비밀히 뒤밟아 잡으라고 했는데 조치하여 잡았다는 말을 듣지 못했으니 아주 잘못되었습니다. _명종실록 15년(1560) 10월 22일

그림 6 임꺽정봉(2009. 9.)

세 명의 도적 가운데 임꺽정에 관한 기록이 제일 많이 나온다. 그는 대대적인 토벌과 주변 인물의 배신으로 사로잡혀 죽임을 당했다. 그러나 장길산은 끝내 잡히지 않은 미궁의 인물이었다. 그를 잡도록 숙종 임금도 독려하였다.

극악한 도적 장길산은 날래고 사납기가 견줄 데가 없다. 여러 도로 오가면서 그 무리들이 번성한데, 벌써 10년이 지났지만 아직 잡지 못했다. 지난번 양덕에서 군사를 징발하여 체포하려고 포위했지만 끝내 잡지 못했으니 그 음흉함을 알 만하다. … 여러 도에 은밀히 지시하여 소재지를 상세히 정탐하게 하고, 별도로 군사를 징발하여 체포해서 뒷날의 근심을 없앨 것을 의논하여 보고하도록 하라. _숙종실록 23년(1697) 1월 10일

홍길동, 임꺽정임거정, 장길산 이 세 사람은 의로운 도적으로 손꼽히는

대표적인 인물이었다. 이리하여 모두 소설, 영화, 드라마로 큰 주목을 받아왔다.

양주 백정 출신인 임꺽정을 기리기 위해서인지, 감악산에는 임꺽정봉이라 이름 붙인 곳이 있다.[그림 6] 이곳은 감악산 정상보다 경치가 더 아름다운 곳이라 한다.

신천지와 이상향 1

이슬람의 지리학자인 이드리시Idrisi, 1100~1166가 그린 세계지도1154에는 신라가 섬나라로 묘사되어 있다.그림 1 이 무렵에 아랍에서는 신라를 이상향으로 인식하고 있었다. 자카리야 카즈위니1203~1283가 묘사한 신라의 모습은 이러했다.

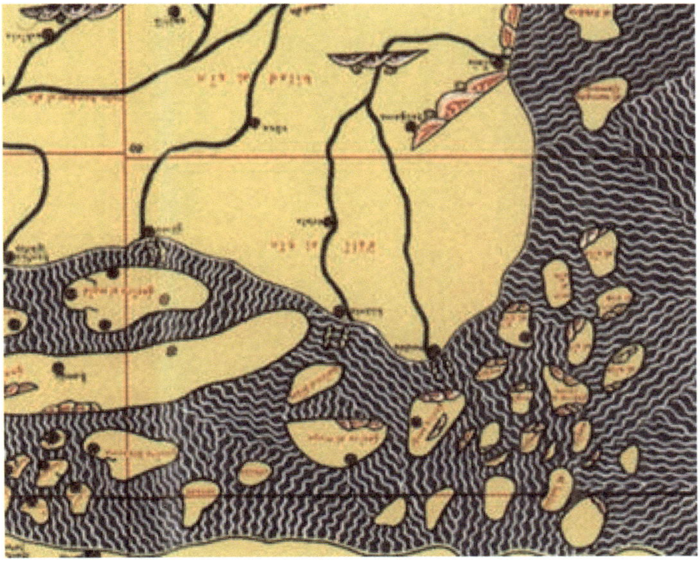

그림 1 섬나라로 묘사된 신라(오른쪽 아래)

신라는 중국의 맨 끝에 있는 매우 유쾌한 나라이다. 공기가 순수하고 물이 맑고 토질이 비옥해서 병을 볼 수 없는 곳이다. 그 주민들은 세계에서 가장 아름다운 얼굴을 가지고 있고 또 가장 건강하다. 만약에 그들이 집에 물을 뿌리면 호박琥珀의 향기가 난다고 말한다. 전염병과 다른 병들도 그곳에는 드물고 또 파리와 날짐승들도 거의 없다. 다른 섬의 어떤 환자가 신라에 오면 완치된다고 한다. 무함메드 빈 자카리야 알-라지865~925는 "누구나 이 섬에 들어가면 그 나라가 살기 좋으므로 정착해서 떠나려 하지 않는다"고 말했다. 그곳에는 이로운 점이 많고 금이 풍부하다. 하나님만이 그 진실을 안다. _김정위 논문, 40쪽

1990년대에 크린토피아나 그린피아처럼 '~토피아', '~피아'란 말이 브랜드 끝에 붙는 것이 유행한 적이 있다. 이것은 물론 16세기에 영국의 토머스 모어1478~1535가 만든 '유토피아'란 말에서 유래한 것이다. '토피아'란 말은 장소를 의미하고, '유'란 말은 '좋다'는 뜻과 '없다'는 뜻이 함께 있다. 우리가 꿈꾸는 이상향은 사실 이 세상에 없다는 의미일 것이다. 그렇지만 이상 사회는 허구인 것을 알면서도 항상 갈망하는 대상이 되어 왔다. 거울에 비친 상처럼 이상향은 그 시대의 현실을 반영하는 것이기 때문이다. 유토피아의 반대로서 G. 오웰의 『1984년』처럼 어두운 현실이나 미래상을 묘사한 것을 디스토피아dystopia라고 한다.

토머스 모어의 유토피아는 현실과 거리를 두고 멀리 떨어져 있는 초승달 모양의 섬으로 그려져 있다. 그렇지만 잘 알려져 있는 1518년의 목판화에 묘사된 모습은 초승달과는 다르게 되어 있다.그림 2

그들의 연대기에 따르면 우리가 그곳에 도착하기 전까지 그들은 '적도 너머의 사람들'(그들은 우리를 이렇게 부릅니다)에 대해 거의 들어본 적이 없습니다. 오직 한 번 1200년 전에 배 한 척이 폭풍우에 밀려 유토피아에 온 적이 있습니다. 로마인과 이집트인 몇 명이 바닷가에 표류하였다가 그곳에 영구히 거주하였습니다. _토머스 모어 책, 59쪽

그림 2 유토피아 목판화

그러기에 유토피아는 찾아나서야만 했다. 성경에 나오는 에덴동산도 과거에만 존재했던 것이 아니라 당시 지구상에 어딘가 숨어 있을 것이라 생각하여 그 실낙원을 찾아 나선 것이 지리상의 발견 시대를 열게 된 동기가 되었다고 한다.

서양의 유토피아에 대응할 수 있는 것이 도연명365~427의 '도화원기桃花源記'에 나오는 무릉도원인데, 무릉에 살던 어부가 길을 잃었다가 방문한 세계가 그곳이다. 그곳도 외부 세계와 단절된 곳으로 설정되어 있다.

고기잡이를 업으로 하는 무릉武陵의 어떤 사람이 계곡을 따라가다 길을 잃고 말았는데, 홀연히 복사꽃 숲을 만났다. 물가의 양편 수백 걸음 안에 다른 나무는 없었고, 향기로운 풀이 아름답게 자라고 떨어진 꽃잎은 어지럽게 날리고 있었다. 그 어부는 대단히 신기하여 다시 앞으로 나가 보니 숲이 끝났다. 숲이 끝나고 물줄기도 사라진 곳에 문득 산이 나타

났다. 산에는 작은 입구가 있었고 마치 광선이 비치는 것 같았다. 그는 배를 버리고 그 입구로 들어갔는데, 처음에는 극히 협소하여 겨우 사람이 통행할 정도였다. 다시 수십 걸음을 들어가자 넓고 탁 트인 곳이 보였다. … 이 사람이 왔다는 것을 들은 마을 사람들은 모두 찾아와 바깥 세상의 일을 물었다. 그들은 자기들의 조상이 진秦나라 때의 난을 피해 처자와 마을 사람을 이끌고 이 절경으로 와 다시 나가지 않았기 때문에 외부의 인간세계와 격리되었다고 하며, 지금이 어떤 세상이냐고 물었다. _진정염·임기담 책, 225쪽

유토피아는 섬으로 설정되어 있고, 무릉도원은 육지 어딘가에 숨어 있는 것으로 되어 있다.

세종 때인 1447년에 안견이 안평대군의 꿈을 그림으로 표현한 「몽유도원도夢遊桃源圖」는 무릉도원을 형상으로 잘 보여준다. 왼쪽에는 현실 세계가 펼쳐져 있고, 오른쪽에는 복사꽃이 만발한 무릉도원이 그려져 있는데,그림 3 두 세계는 험준한 산속에 나 있는 좁고 구불거리는 길로 연결되어 있어 감히 범접하지 못할 듯하다. 2009년 가을에 한국박물관 100주년을 기념하여 일본에 있던 이 그림이 국내에 전시되었다. 앞으로는 전시 대여를 해주지 않을 것이란 소식이 전해지자, 구름처럼 사람들이 몰려 줄을 서서 서너 시간을 기다려야 겨우 1분 정도 구경할 수 있었다. 고생을 덜 하려고 추석 날 아침 일찍 갔으나 이때도 40여 분을 기다려야 했다.

'도화원기'에서는 복사꽃 핀 곳이 현실 세계이고 여기서 동굴을 지나야 무릉도원이 나오는 것으로 되어 있는데, 꽃의 화사함 때문인지 후대

그림 3 몽유도원도(안견)의 도원 부분

에는 복사꽃 핀 곳 자체가 무릉도원으로 인식되었다. 이 그림도 마찬가지다. 때로는 복사꽃만으로도 무릉도원을 상징한다.

우리 역사에서도 이처럼 알려지지 않은 섬이나 산속 어딘가에 이상적인 피난처가 있을 것으로 생각해왔다. 조선 전기에는 새로 개척해가던 북방 어딘가에 신천지가 있을 것으로 생각했다.

김방귀가 고하기를 "북청 사람 최득의 말에, '신유년1441 8월 같은 마을에 사는 일곱 사람과 함께 갑산 서남쪽 산골짜기 사이에서 산에 올라가 6일간을 가니 큰 절이 멀리 보였습니다. 그래서 굵은 새끼를 나무에 맨 뒤에 그 새끼줄을 붙잡고 내려가서 절에 가니 중 아홉 사람이 있었습니다. 그 중이 우리를 데리고서 서북쪽 작은 길을 따라가니 인가 70여 호가 살고 있었습니다. 우리들이 그 사람들에게 가서 '어디에 또 사람 사는 마을이 있는가'고 물으니, 그 사람들이 '또 한 마을에는 100여 호가 살고, 또 한 마을에는 80여 호가 산다'고 했습니다. 우리들은 그러한 말을 듣고 왔다'고 하였습니다"고 하였다.

이런 김방귀의 말을 믿을 수 없지만, 이처럼 새로운 땅이 있다는 것은 우리나라 사람뿐 아니라 야인野人, 여진족들도 역시 떠들고 있는 것이다. _세종실록 24년(1442) 2월 8일

이것은 세종의 지시 내용으로, 함경도 갑산 어딘가에 신천지가 있다고 하였다. 왕은 사람들이 이곳으로 숨어들어 갈 것을 염려하여 수색하도록 독려하였다. 갑산은 삼수와 더불어 압록강 상류에 있는 지명으로 우리나라에서 제일 험한 산골을 상징한다.그림 4 그래서 '어떤 어려움이 닥치더라도'란 의미로 '삼수갑산을 가더라도'란 관용어가 생겨났다. 그렇게 험준한 산속 어딘가에 새로운 땅이 있고, 그곳은 찾기도 어렵고 접근하기도 어려운 길을 통해 현실 세계와 연결되어 있다는 믿음은 무릉도원과 상통한다.

이듬해에는 벽동碧潼에 사는 산골 사람 박정이 역시 갑산에서 새 땅을 발견했다고 보고하였다.

지난 12년간 매 둥지를 찾으려 궁벽한 산속을 돌아다니다가 우연히 한 곳에 들어갔더니 무려 40여 가구가 살고 있었는데, 그 우두머리는 김인우라 하였습니다. 김인우 등이 나를 보고 머물기를 청하기에 열흘가량 있으면서 술도 같이 마시며 자세히 그들의 내력을 물어보니, 모두 우리나

라에 적을 두지 않은 사람들이었습니다.

그곳은 사방이 막혀서 바람이 적고 날씨가 포근했는데, 지름길 하나만 있어 겨우 출입할 수 있을 정도였습니다. 습속이나 말, 음식, 집, 밭 가는 쟁기 따위도 우리나라 것과 차이가 없었습니다. 곡식은 기장과 조를 심을 뿐인데, 해마다 풍년이 들어 곡식이 쌓이고 쌓여서 부유하기가 비할 데 없었습니다.

그림 4 신천지로 지목된 삼수, 갑산 일대

내가 작별하고 돌아올 때 김인우가 "그대가 만일 부역에 견디기 어려우면 여기 와서 함께 살되 남에게는 알리지 말라"고 하기에, 내가 그리하기로 허락하고 돌아왔습니다. 가족을 이끌고 길을 떠나 그곳에 가서 살려고 했더니, 길을 잃고서 딴 곳으로 가게 되어 거기서 살고 있습니다. _세종실록 25년(1443) 1월 10일

이 역시 오솔길로 현실 세계와 연결된 이상향을 언급하고 있다. 나중에 다시 찾아가려 했으나 결국 찾지 못했다는 말은 '도화원기'에 "이렇게 며칠을 머문 후에 그가 작별하고 떠날 때, 그 안의 사람들은 자기들의 존재를 바깥 사람들에게 말하지 말 것을 부탁하였다. 어부는 밖으로 나와 그 배를 타고 길을 찾아 나오며 곳곳에 표지를 남겨놓았다. 그는 군郡의 관청에 이르러 태수를 찾아가 여차여차하였음을 말하였다. 태수는 즉시 사람을 파견하여 그가 갔던 곳을 따라 일전에 남긴 표지를 찾

았으나, 끝내 헤매기만 하였을 뿐 그 길을 찾지 못하였다"고 한 대목을 연상시킨다.

그러나 박정의 보고는 허위로 밝혀졌다. 그를 데리고 가서 조사하게 했더니 도중에 도망가버리고, 새 땅이란 것도 갑산군 남면 능귀리로서 이미 알려진 곳이었다. 그러나 새 땅이 어딘가에 있을 것이라고 조정에서 굳게 믿고 있었고, 이를 찾아내려고 노력했으나 끝내 허사로 돌아가고 말았다.

이렇게 북방에 신천지가 있을 것이란 생각은 40년 뒤인 성종 때에 와서 되살아났다. 다음은 신천지를 찾으려 할 때에 곽치희가 세종 때의 경험을 왕에게 아뢴 것이다.

> 신이 기해년1419 무렵에 이성현감으로 있었는데, 병사 한 명이 와서 "북청·갑산·삼수 중간에 빈 땅이 있어 숨어 사는 사람이 몇 집 됩니다"고 했습니다. 신이 그의 말을 감사에게 알리니, 감사가 신으로 하여금 가서 살펴보게 했습니다. 신이 사흘 동안을 가니 빈 땅이 있었는데 매우 평탄하고 넓었으며 토질이 비옥했습니다. 민가 셋이 있기에 물어보니 단천의 정병正兵 봉족奉足이 도망해 와서 군역을 피하는 자들이었습니다. 그 백성들이 서북쪽을 가리키며 "저 속에도 사람들이 살고 있습니다" 하기에, 신이 몇 리를 더 들어가 보니 수목이 하늘에 닿고 나무들이 자빠져 길을 막아 넘어가기 어렵기에 전진하지 못하고 도로 나와 단지 지도만 그려 감사에게 보고했었습니다. _성종실록 15년(1484) 9월 21일

찾는 데에 헛수고만 했지만, 그래도 백성들은 신천지가 어딘가 있을

것이란 믿음을 버리지 않았다. 다음은 곽치희가 새 땅을 찾으러 갔다가 돌아와 보고한 말이다.

신들이 처음 영안도함경도에 가서 새 땅이 있는지를 널리 물어보았고, 또한 신고하는 사람에게는 중한 상을 주겠다고 백성들에게 유시했지만, 신고하는 사람이 한 명도 없었습니다. 다만 그 도道 사람들이 "새 땅은 토질이 비옥하여 벼 이삭 하나의 크기가 거의 허리 둘레만 하고 연 줄기를 도끼로 베어내야 한다"고 하므로, 듣는 사람 다수가 거기에 가서 살려고 하여 간혹 재산을 모조리 처분하고 처자와 부모를 이별하고 가는 자가 있기도 합니다. _성종실록 16년(1485) 2월 1일

새 땅이 얼마나 비옥한지 과장된 것은 사실 백성들의 염원을 담고 있다. 실컷 먹어보고 싶은 생각은 동양이나 서양이나 마찬가지였다. 중세 말기에 영국 농민들이 꿈꾸었던 이상향은 다음과 같았다.

기름과 우유와 꿀과 포도주의 강이 흐르고, 교회와 수도원은 온통 음식으로 만들어졌다. 벽은 고기로, 지붕은 과자로, 첨탑은 푸딩으로 되어 있어, 군주만이 먹을 수 있는 좋은 음식을 누구나 마음대로 먹을 수 있다. 잘 구워진 거위가 "뜨끈뜨끈한 거위요" 하면서 돌아다니고, 잘 익은 종달새가 사람의 입을 찾아 날아든다. _김영한 글, 170쪽

이런 사회는 존재할 수 없다. 그럼에도 이를 찾아나서는 것은 현실에 대한 탈출구 역할을 하기 때문이다.

이보다 80년 뒤인 선조 때에도 강계 부근에 있다는 서해평西海坪이란 도피처가 보고되었다.

서해평은 원래 우리 땅이지만 멀리 떨어져 있어 지킬 수가 없는 곳이다. 다만 오랑캐들이 와서 살면서 번성할까 걱정하여 가끔 군대를 거느리고 가서 몰아냈고, 말을 듣지 않을 땐 격퇴하였다. 땅이 비옥하여 채소나 곡식이 잘되기 때문에, 금지하는 것을 어기고 오랑캐들이 몰래 들어와 살면서 몰아내도 다시 돌아왔다. 강계에서 그곳을 가려면 길이 아주 좁아 겨우 발 하나 붙일 정도인데, 위는 절벽이고 아래는 깊은 시내가 흘러 허공교虛空橋라는 이름을 붙였다. _선조수정실록 1년(1568) 5월 1일

유몽인이 1622년경에 지은 『어우야담』에도 그런 북방 신천지가 언급되어 있다.

내가 일찍이 들으니, 우리나라 산천은 험하고 깊어서 사람의 발자취가 이르지 못하니 진晉나라 사람의 무릉도원과 같은 곳이 한둘이 아니라고 한다. 오직 묘향산 북쪽은 세상에 드물게 인적이 통하지 못하였다. 가정1522~1566 . 융경1567~1572 연간에 어떤 백성이 작은 송아지를 지고 길이 없는 골짜기로 들어갔다. 관리는 그를 도망친 백성으로 생각하고 추궁해 캐물으니, 그는 비옥한 들판이 아주 깊은 곳에 있는데 소와 말이 들어갈 수 없고 반드시 망아지나 송아지를 사람이 지고 들어가 키워서 사용할 수 있다고 말했다. 관가에서는 군관을 시켜 그 백성을 따라가 길을 알아두게 했는데, 험한 곳에 올라 쉬다가 여러 날 길을 잃었다. 그

백성이 제대로 알려주지 않았다고 하여 관가에서 노하여 그를 죽였다고 한다. _『어우야담』 천지

이 뒤로 북쪽 경계에 있다는 신천지는 더 이상 등장하지 않는다. 북방 개척에 따라 그럴 가능성이 있는 곳이 사라진 데에 원인이 있을 것이다. 이에 따라 조선 후기에는 이상적인 땅이 육지에서 바다로 옮겨갔다. 육지는 사라지고 바다만 남았다고 하는 것이 더 정확한 표현일 것이다. 중국에서 무릉도원의 관념이 시대가 지나면서 해인국海人國으로 변모한 것이나 유럽에서 유토피아가 섬으로 그려진 것과 유사하다. 다음은 중국 북송 초기의 작품에 그려진 해인국 모습이다.

뱃머리에 기대 바라보니 섬에서 사람들이 웃고 떠드는 소리가 들리는 것 같았습니다. 노를 저어 가보았더니, 울타리를 친 초가집이 100여 호 있었고, 자세히 보니 조그마한 경작지도 있었습니다. 등을 내놓고 엎드려 해를 쪼이는 사람도 있었고, 발을 물에 담그며 앉아 있는 사람도 있었으며, 그물과 낚시로 물고기와 자라를 잡는 남자도 있었고, 약초를 캐는 부인도 있었습니다. 모두 희희낙락함이 인간세계에서는 있을 수 없는 풍경이었습니다. _진정염·임기담 책, 286쪽

우리 역사에서는 이러한 섬으로 오래전부터 울릉도가 지목되어 왔다.그림 5 울릉도를 무릉도武陵島라고도 했으니, 이 말은 무릉도원의 영향을 받은 것이 분명하다. 울릉도는 현실적인 섬이었으면서도 이상향으로 여겨지기도 했다.

그림 5
도피처의 하나였던
울릉도

울릉도가 있다. 【울진현 정동쪽 바다 가운데에 있다. 신라 때에 우산국이라 불렸고 무릉 또는 우릉羽陵이라고도 하였다. 사방 100리가 되는데 지증왕 12년에 항복해 왔다. …】 _『고려사』 지리지, 울진현

이 설명으로 보아서 '울릉'이란 말은 '무릉'에서 변한 말인 듯하다. 이 섬에 대해서 조선 태종 때에 보고한 내용이다.

신이 일찍이 강원도 관찰사로 있을 때에 들은 얘기입니다. 무릉도의 둘레는 7식息, 210리이고 옆에 작은 섬이 있으며, 밭 50여 결을 부칠 수 있다고 합니다. 들어가는 길은 겨우 한 사람이 통행할 정도라서 나란히 갈 수 없다고 합니다. 옛날에 방지용이란 자가 15집을 이끌고 들어가 살면서 때때로 거짓 왜구가 되어 도적질을 했다고 합니다. 그 섬을 아는 자가 삼척에 있으니, 그 사람을 시켜서 가서 살펴보게 하소서. _태종실록 16년(1416) 9월 2일

특히 조선시대에는 사람들을 모두 육지로 불러들여 섬을 비우는 공도정책空島政策을 실시하면서 동해의 섬들이 더욱 더 이상향으로 지목되었다. 동해에 있다고 전해진 '요도'나 '삼봉도'가 그러한 예다. 다음은 세종이 강원도 감사에게 이른 말이다.

세상에 전하길, 동해 가운데에 요도蓼島가 있다고 한 지가 오래고, 또 그 산의 모양을 보았다는 자도 많다고 한다. 내가 두 번이나 관리를 보냈으나 찾지 못했는데, 지금 병사 최운저가 "일찍이 삼척 봉화현에 올라 멀리 바라보았고, 그 뒤에 무릉도에 가다가 또 이 섬을 바라보았다"고 하고, … 남회가 바다를 전부 뒤졌으나 결국 찾지 못하고 돌아왔으니, 요도란 말은 허망한 것이다. _세종실록 27년(1445) 8월 17일

이보다 실록에 더 자주 등장하고 조선 후기까지도 꾸준히 언급된 섬이 삼봉도三峯島다. 삼봉도는 아마 중국 동쪽에 있다는 전설적인 삼신산에서 유래되었을 것이다. 조선 후기에 많이 그려진 '천하도'에는 중국 동해에 봉래산·방장산·영주산이 보인다.그림 6 부여 규암면 외리 절터에서 출토된 백제 전돌에도 삼신산으로 여겨지는 봉우리 세 개의 산이 여럿 표현되어 있다.그림 7 삼봉도에 관한 기록은 특히 성종 때에 집중적으로 등장한다.

김한경의 말에 "청명한 날이면 경흥에서 삼봉도를 멀리 바라볼 수 있는데, 회령에서 동쪽으로 배를 타고 7일 밤낮을 가서 도착하였고, 북쪽으로 나흘 밤낮을 항해하여 돌아왔습니다. 전 해에 사람을 보내어 무릉

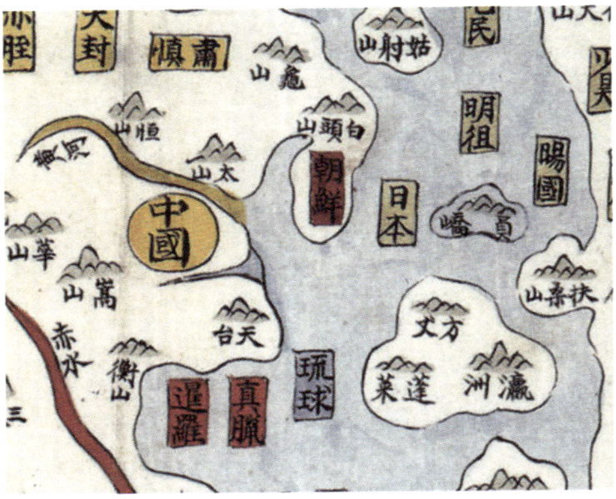

그림 6 19세기 천하도에 보이는 삼신산

그림 7 백제 산수산경문전

도茂陵島를 찾아가게 했는데, 울진에서 동쪽으로 배를 타고 하루 밤낮을 가서 도착했고, 서쪽으로 사흘 밤낮을 항해하여 돌아왔습니다"고 하는데, 그가 말한 지세에는 의심스러운 점이 있다. 세상에 전하기를, "무릉도의 북쪽에 요도가 있는데 갔다 온 사람이 하나도 없다"고 하니, 이것도 의심스럽다. _성종실록 4년(1473) 1월 9일

부령 사람 김한경이 삼봉도를 안다고 해서 성종이 그를 불러서 물어보았고, 그 결과를 함경도 관찰사에게 유시한 말이다. 왕이 의심하고 있지만 삼봉도 수색 작업은 계속되었다.

영안도 관찰사 이극균이 급히 "영흥 사람 김자주가 '삼봉도에 가보았고, 또 그 모양을 그려 왔다'고 하므로, 김자주를 보내어 바치게 합니다"고 아뢰었다. 그에게 명하여 물어보게 하니, 김자주가 "경성 바닷가에서 배를 타고 3박 4일을 가니 섬이 우뚝 솟아 있었습니다. 30여 명이

섬 입구에 죽 늘어섰고, 연기가 났습니다. 그 사람들은 흰옷을 입었는데, 얼굴은 멀리서 보았기 때문에 자세히 알 수 없었으나 대개 조선 사람이었습니다. 붙잡힐까 두려워 다가갈 수 없었습니다"고 대답하니, 겹옷 두 벌을 하사했다. _성종실록 7년(1476) 10월 22일

며칠 뒤에 김자주를 심문하여 알아낸 섬 모습은 다음과 같다.

지난 9월 16일에 경성 땅 옹구미에서 배를 출발하여 섬으로 향했는데, 같은 날 부령 땅 청암에 도착하여 잤고, 17일에 회령 땅 가린곶에 도착하여 잤고, 18일에는 경원 땅 말응대에 도착하여 잤고, 25일에 서쪽으로 섬과 7, 8리 남짓 떨어진 거리에 정박하여 바라보니, 섬 북쪽에 세 바위가 나란히 섰고, 그다음은 작은 섬이 있고, 다음은 암석이 늘어섰으며, 다음은 가운데 섬이고, 그 섬 서쪽에 또 작은 섬이 있는데, 모두 바닷물이 통하고 있었습니다. 또 섬 사이에는 사람 모양같이 따로 서 있는 것이 30개나 되므로, 의심이 나고 두려워서 곧바로 갈 수가 없어 섬 모양을 그려 왔습니다. _성종실록 7년(1476) 10월 27일

삼봉도는 단양에 있는 도담삼봉그림 8처럼 봉우리가 세 개라서 붙여진 이름일 것이다. 그런데 무릉도와 다르면서 몇 개의 바위섬으로 묘사된 것으로 보아 독도인 듯하지만, 사람이 많이 살고 있는 점에서는 독도가 아닌 듯도 하다.

성종 이후에는 삼봉도에 대한 언급이 더 이상 보이지 않는다. 이것은 지리 지식이 확대되면서 새로운 땅에 대한 믿음이 사라져갔기 때문이

그림 8 도담삼봉(1990. 3.)

다. 다만 영조 때에 황부가 배를 만들어서 이곳으로 가려 한 사건이 발생하여 다시 한 번 등장한다.

어떤 사람이 말하기를, "날이 갠 때에 두리산 봉화대에 오르면 겨우 그 섬 모양을 볼 수 있는데 누운 소와 같다"고 하므로, … 이에 앞서 북도 안무사가 아뢰기를 "삼봉도는 예전부터 서로 오간 일이 없는데, 황부는 죄인의 아비로서 배를 만들어 들어갈 생각을 했으니, 매우 흉악하고 교활합니다. …"고 하였다. _영조실록 4년(1728) 6월 9일

이처럼 함경도 사람들을 중심으로 동해 바닷가에 삼봉도가 있다는 생각을 꾸준히 해왔고, 여차하면 그곳으로 가려고 일을 꾀하곤 하였다.

신천지와 이상향 2

아무에게도 알려지지 않은 섬이 있다는 생각은 사그라들었지만, 그 꿈은 소설 속에 다시 새롭게 등장한다. 허균이 지은 『홍길동전』에 보이는 율도국이 바로 그렇다.

남중南中의 율도국이란 나라가 있으니 비옥한 들 수천 리의 진짓 천부지국天府之國이라. 길동이 매양 유의하던 바라. 여러 사람을 불러 왈, 내 이제 율도국을 치고져 하느니, 그대들은 정성을 다하라 하고 즉일 진군할 새, 길동이 스스로 선봉이 되고, 마숙으로 후군장을 삼아 정병 5만을 거느려 율도국 철봉산에 다다라 싸움을 돋우니, … 왕이 치국 3년에 산에는 도적이 없고 길에 떨어진 것을 줍지 않으니 가히 태평세계러라. … 왕이 치국 30년에 홀연히 병을 얻어 붕하니 나이 72세라. 왕비 이어 붕하매 선릉에 합장한 후 세자 즉위하여 대대로 계계승승하여 태평으로 누리더라.

홍길동이 바다 가운데에 있는 율도국硉島國을 점령하여 태평한 세계를 이루면서 대미를 장식한다. 이 소설은 허균이 광해군 때에 지은 것이니

17세기에 해당한다. 이로부터 150년쯤 뒤에 박지원1737~1805은 『허생전』을 지었다. 변산반도에 있던 수천 명의 도적들을 이끌고 빈 섬으로 들어가 유토피아를 이룩한 얘기도 역시 삼봉도의 전승에 뿌리를 둔 것이다.

이때 허생은 2천 명이 1년 먹을 양식을 구해놓고 섬에서 도적들과 약속한 날짜를 기다린다. 도적들로 한 사람 뒤떨어지는 놈 없이 일제히 모여들었다. 그들은 모두 다 백년지기인 양 다정했다. 평화스런 이 섬 속은 그들의 낙원을 이룩했으며 본국에도 도적으로 인한 근심은 없어져 버렸다. 그들은 나무를 베어다가 집을 짓고 대나무를 가꾸어 울타리를 만들었다. 기름진 땅에 곡식이 무성해서 김을 매지 않아도 잘 익고 한 포기에 이삭이 아홉씩이나 나왔다. 이렇게 3년을 지내자, 그동안 먹고 남은 곡식을 배에 싣고 나가사키 섬에 가서 팔았다. …

허생은 남녀 2천 명을 불러놓고 "내가 처음에 너희들과 함께 이 섬에 올 적에는 먼저 부자가 되어가지고 그다음으로 학문을 가르치고 의관의 법도도 마련하려 했더니 이곳은 땅도 좁고 내 덕도 적어서 이제 더 살 수가 없겠기에 나는 이 섬을 떠나려 한다. 떠나는 마당에 너희에게 부탁하는 것은 아이가 나거든 수저를 반드시 오른손으로 들도록 가르치고 하루라도 먼저 난 사람에게는 음식을 먼저 먹도록 사양하게 하여라." 허생은 자기가 타고 나갈 배 한 척만 남기고 모두 태워버리면서 "이 섬에서 딴 곳으로 가지도 말고, 딴 곳에서 이곳으로 오지도 말라" 하였다. 또 은 50만 냥은 바닷속에 버리면서 "이담에 이 바닷물이 마르면 얻어가는 사람이 있을 테지. 백만 냥은 우리나라에서도 다 쓰지 못할 텐데 더구나 이런 좁은 섬에서야 무엇에 쓰겠느냐" 하였다. 또 2천

명 중에 간혹 글자를 배워서 아는 사람은 이들을 모조리 골라서 데리고 나오면서 "이 섬 속에 뒷근심을 없애야 한다" 하였다. 허생은 이리하여 본국으로 돌아왔다. _『허생전』

육지든 섬이든 새로운 땅이 있다는 믿음은, 끊임없이 현실에서 도피하려는 생각과 궤를 같이한다. 현실의 어려움에서 벗어나 아무런 제약이 없는 새 세상에서 살고 싶어하기 때문이다. 그런 면에서 신천지는 현실 도피처였다. 근래에 세상 사람들이 '해리 포터'나 '반지의 제왕' 같은 판타지에 열광한 것도 현실을 잠시 잊을 수 있는 도피처 구실을 하기 때문일 것이다.

사람들은 어떻게 해서든지 신천지에 숨어들어 갈 궁리를 했다.

의금부에서 "종 원단 등이 무릉도에 숨어 살자고 모의했으니, 곤장 100대를 때리게 해주십시오"라고 아뢰니, 윤허했다. _세종실록 1년(1419) 3월 29일

반면에, 조정에서는 이곳을 찾아내서 숨어 있는 사람들을 잡아 오는 데에 진력했다.

당초에 강원도 평해 사람 김을지·이만·김울금 등이 무릉도에 도망가 살았는데, 병신년1416에 국가에서 김인우를 보내서 모두 데리고 나왔다. 계묘년1423에 을지 등 남녀 28명이 다시 그 섬에 도망가 살았는데, 금년 5월에 을지 등 7명이 아내와 자식은 그 섬에 남겨두고 작은 배를 타고 몰래 평해군 구미포에 왔다가 발각되었다. 강원도 감사가 잡아 가두고,

평해군에서 급히 보고해 왔다. 이에 이들을 다시 데려오기로 하고서, 김인우가 군인 50명을 거느리고 무기를 갖추고 3개월 양식을 싣고 바다를 건너갔다. 그 섬은 동해 가운데에 있고, 김인우는 삼척 사람이었다. _세종실록 7년(1425) 8월 8일

이처럼 매번 섬으로 도망친 사람들을 찾아내 오곤 했고, 때로는 백성들을 무마시키면서 돌아오도록 설득하였다. 다음은 성종 임금이 삼봉도에 살고 있는 백성들에게 유시한 말이다.

이제 듣건대 너희들이 처자를 데리고 섬에 가 있으면서 장차 오래 거주할 뜻을 가졌다고 한다. 내가 생각하건대 너희들이 본래 죄를 범한 것이 없는데 조·부의 고장을 버리고 헤아릴 수 없는 위험을 무릅쓰며 외로운 섬에 의지해 살고 있으니, 이것이 어찌 즐거워서이겠는가? 이는 분명 살던 곳의 수령이 백성을 어루만지는 내 뜻을 체득하지 못한 채 여러 가지로 침해하여, 그 괴로움을 이기지 못해서 구차스럽게 임시로 쉴 계책으로 삼은 것이니, 어찌 가엾지 아니하랴? _성종실록 10년(1479) 9월 12일

도피처는 비단 동해에 있는 섬만이 아니었다.

병조에서 "전라도 백성 가운데 바닷섬에 숨어들어 간 자가 많으니, 관리를 보내서 데려오게 하소서"라고 아뢰었다. 임금이 … 데려올 계책을 물으니, 심회 등이 아뢰기를 "바닷가 백성으로 여러 섬에 숨어들어 가서 고기를 낚거나 소금을 굽는 것을 생업으로 삼는 자가 있고, 혹은 농

사로 생활하는 자도 있으며, 내왕하면서 장사하는 자도 있습니다. 그런데 잡아들이라는 명령이 내린 것을 들으면 가족을 데리고 무인도로 깊숙이 들어갔다가 조금 늦추어지면 돌아오기도 하고, 혹은 아주 돌아오지 않는 자도 있으니, 참으로 작은 일이 아닙니다. 속히 데려오는 것이 마땅하지만, 지금 만약 쇄환한다고 언명하면 저들이 분명 놀라고 의심하여 깊이 숨을 것이니, 불시에 나가서 잡아들이는 것이 마땅합니다"고 하였다. _세조실록 7년(1461) 8월 6일

조선 초기인데도 국가의 통제 밖에서 생활하는 사람들이 제법 많은 것을 짐작할 수 있다. 이렇게 도피처로 들어간 사람들은 때로 집단을 이루어 세력을 형성하기도 했으니, 율도국이나 『허생전』의 얘기도 이런 사례에서 유추되었을 것이다. 다음은 전라도 관찰사가 보고한 내용이다.

도내 해변과 먼 포구, 깊은 골짜기 등에 비옥한 공한지가 많이 있는데, 향리·역졸·공노비와 사노비 및 변방에서 옮겨온 군인과 백성 등에서 떠도는 자와 도망한 자들이 속속 들어가 살면서 한 무리를 이루고 있습니다. 그 가운데 힘있고 부유한 자가 스스로 괴수가 되어 이들을 불러들이고 긴 울타리로 둘러쳤습니다. 울 안의 호구가 수십여 가구에 이르는데도, 한 가구라고 일컬으면서 사람 수를 숨기고 누락시킵니다. 혹은 남의 처첩을 빼앗기도 하고 우마를 함부로 도살하는 등 방자한 행동에 거리낌이 없지만, 가까운 마을 사람들은 그들의 위세를 두려워하여 감히 입을 열지 못합니다. 도망간 노비의 주인이나 처첩의 남편이 앞에 나타나 붙잡으려 하면 힘을 합해 서로 돕고 협박해 강제로 도

로 빼앗습니다.

그 울 안은 마치 호랑이 굴같이 되어 감히 탐문해 찾아낼 수가 없습니다. 관청에 보고해서 잡으려 하면 미리 북문을 열어놓아 몰래 산으로 피신하고, 이미 붙잡힌 자도 한 울 안 사람들이 합세해 몽둥이를 들고 길목에서 탈취해 가는 풍습을 이룬 지 이미 오래되어 쉽게 변모시킬 수가 없게 되었습니다. 무뢰배들이 한 굴 안에 모여서 세력을 믿고 악한 짓을 하고 있으니, 이를 조장해서는 안 됩니다. 청컨대 긴 울타리를 철거하여 무리지어 악한 행동을 하는 조짐을 막으소서. _세조실록 1년(1455) 10월 13일

이곳은 국가에서 용인하지 않은 해방구였다. 그렇지만 고대로 시간을 거슬러 올라가면 국가에서도 인정하는 도피처가 있었다.

또 여러 나라에는 각각 별읍別邑이 있으니 그것을 '소도'라 한다. 그곳에 큰 나무를 세우고 방울과 북을 매달아 놓고 귀신을 섬긴다. 다른 지역에서 그 지역으로 도망온 사람은 누구든 돌려보내지 않으므로 도적질하는 것을 좋아하게 되었다. 그들이 소도를 세운 뜻은 사찰과 같으나, 행하는 바의 좋고 나쁜 점은 다르다. _『삼국지』 위서 마한전

한반도에서 고대국가가 형성되던 무렵의 상황이다. 큰 나무에 방울과 북을 매달아 놓은 것으로 보아서 성황당 같은 느낌이 든다. 그러면서도 나쁜 짓을 하더라도 이곳으로 숨어들면 잡아들이지 못하는 신성지역이었다. 이곳은 국가의 권력이 미치지 못하는 종교 관할 구역이었

다. 명동 성당에서 데모를 하면 경찰이 진입하여 연행하지 못하는 것과 같은 원리다. 비록 법적으로는 가능하지만 사회적 합의를 통해서 종교 시설에 대한 물리력 행사를 자제하는 것이다.

이런 관례는 고대사회에 보편적이었다. 고대 그리스와 로마에서는 아실리Asillie나 아실럼Asylum이라 해서 난민들을 보호해주고 구제해주는 곳이 있었다. 다음은 그리스의 사례다.

인정사정없는 주인을 피해 달아난 노예는 테세우스 신전이나 에리니에스 신전으로 도피할 수 있었다. 그러면 노예는 불가침권에 의해 보호받을 수 있었고, 주인은 노예를 다시 데려가는 대신 다른 사람에게 팔아야 했다. _로베르 플라실리에르 책, 99쪽

성경에도 범죄자가 몸을 피할 수 있는 도피성 얘기가 나온다.

그 성읍들은 살인자가 회중 앞에서 재판도 받아보지 못하고 보복자의 손에 죽는 일이 없도록 피할 수 있는 도피성이 될 것이다. _민수기 35장 12절

이스라엘 백성뿐 아니라 너희 가운데 몸 붙여 사는 외국인이나 거류자로서 실수로 살인한 사람도 모두 이 여섯 도피성에 피신할 수 있다. _15절

회중은 피를 보복할 사람의 손에서 그 살인자를 건져주어야 한다. 회중은 그가 피신했던 도피성으로 그를 돌려보낼 것이다. 그는 거룩한 기름을 부어 성별해 세운 당시의 대사제가 죽을 때까지 거기에서 살아야 한다. _25절

중세 이후에는 수도원과 교회들이 그런 역할을 해왔고, 그 전통이 명동성당에도 이어진 것이다.

신천지는 도피처이면서 다른 한편으로 이상향이었다. 삼봉도는 토지가 비옥하고 각종 세금도 없는 낙원이었다.

이극돈이 "… 영안도함경도 사람들은 어리석고 미혹됨이 아주 심하여 유언비어를 많이 믿으니, 어떤 사람이 삼봉도의 좋은 점을 말하면 사람들이 모두 거기 가서 거주하려고 합니다. …"고 아뢰니, 임금이 "삼봉도는 토지가 비옥하여 백성들이 생업에 편히 종사할 수 있는 곳인데, 관청의 부역을 피하면서 나라를 배반하고 임금을 잊고 있으니, 분명히 스스로 돌아오지는 않을 것이다. …"고 했다. _성종실록 10년(1479) 윤10월 26일

그러기에 무릉도원에 비겨서 삼봉도를 설명하기도 했다.

옛날에 무릉 사람 황진이 고기잡이하다가 우연히 도원桃源에 도착하여 그 이전 시대인 진秦나라의 난리를 피해 와 있는 사람들을 보았다고 했는데, 그 뒤에 어부들이 길을 잃은 자가 한 사람만이 아니었지만 이른바 도원이라는 것은 보지 못했습니다. 삼봉도의 유무도 아득하여 알 수 없는데, 순전히 김한경의 말만 믿고서 200여 명이나 되는 사람으로 하여금 바람과 파도를 예측할 수 없는 험한 지경을 범하게 한다는 것은, 신으로서는 매우 위험하게 여기고 있습니다. _성종실록 11년(1480) 3월 11일

삼봉도가 이상향으로 그려지면서 사람들이 그곳으로 도피해 가길 원

했지만, 점차 이 생각은 삼봉도에서 구세주가 나와서 이 세상을 구제할 것이란 생각으로 발전하게 된다. 선조 때에 등장한 노비 도적인 길삼봉吉三峰도 백성들이 이상향으로 생각하는 삼봉도를 자기 이름으로 삼아서 자신이 이상향의 건설자임을 내세웠던 것으로 보인다. 정여립의 반란 사건1589이 일어났을 때에 최영경이 바로 길삼봉이라 지목되어 죽임을 당했다.

사축 최영경은 본래 산림에 은둔한 처사일 뿐입니다. 효도와 우애의 행실은 본디 흠이 없지만, 조용히 있지 못하고 함부로 세상일을 말했고, 벗을 잘못 택하여 그릇된 사람을 가볍게 믿었으니, 잘못한 것이 전혀 없다고 할 수는 없습니다. 그러나 그를 가리켜 길삼봉이라 한 말은 근거가 전혀 없습니다. 그가 평소에 정철의 간사한 정상을 가차 없이 드러냈기에, 정철 무리가 역적의 변을 틈타 모함할 계책을 짜낸 것입니다. _선조실록 24년(1591) 8월 13일

서인 당파를 대표했던 정철1536~1593이 동인을 가차 없이 처벌하면서, 벼슬길에 나아가지 않고 시골에 있던 최영경1529~1590을 길삼봉으로 지목했던 것이다.

삼봉도는 『정감록』그림 1과 결합되면서 장차 섬에서 정진인鄭眞人이 나와서 이 세상을 구제할 것이란 믿음으로 발전했다. 이씨 왕조 다음에는 계룡산에 정씨가 800년간 도읍할 것이란 말이 『정감록』에 나온다. 도교 용어인 진인은 성인聖人을 의미한다. 숙종 때에 반역죄로 처형된 중 여환에 관한 기록을 보자.

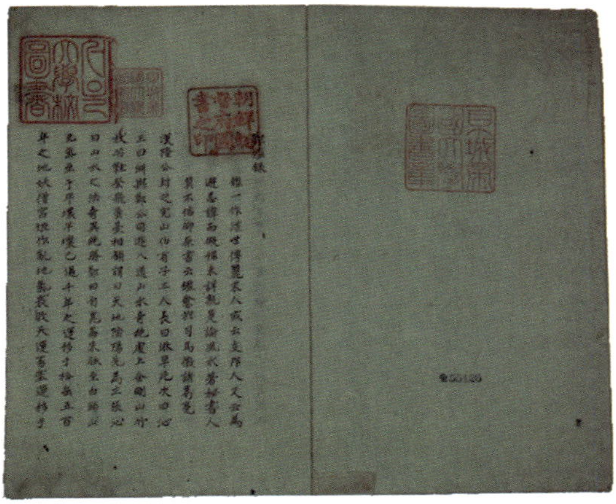

그림 1
『정감록』(2008. 11.)

여환이라는 자는 본래 통천의 중이다. … 양주에 사는 정씨 성을 가진 무당 계화 집에 와서 머물면서, 자기 처를 용녀부인이라 하고, 계화는 정성인鄭聖人이라 이름하였다. _숙종실록 14년(1688) 8월 1일

영조 때에도 정도령을 사칭한 인물이 등장한다.

이삼이 "호남과 영남 사이에 정팔룡鄭八龍이라고 일컫기도 하고 정도령鄭都令이라고 일컫기도 하는 자가 있기에 포교를 보내서 잡아 왔더니 손에 철퇴를 들고 스스로 배수일이라고 했습니다. 사람 됨됨이 매우 요상하고 흉악했습니다"고 아뢰었다. _영조실록 5년(1729) 4월 9일

이러한 정진인은 주로 섬에서 나와 민중을 해방해줄 것으로 여겨지곤 했다. 영조 4년에 일어난 '이인좌의 난' 잔당으로 지목된 이지서를 잡아들인 사건이 영조 24년1748에 있었는데, 이 당시 오명후를 심문한

내용을 보면 그런 정황을 엿볼 수 있다.

사람들의 말이 많이 흉흉하여, 혹 말하기를 왜倭가 오는데 실은 왜가 아니고 다른 것이 왜의 모양을 하고 오니, 이는 대개 무신난이인좌의 난의 잔당으로 섬에 있는 자들이라 운운했습니다. _정석종 글, 83쪽

이지서는 울릉도 월변에 황진기 등 무신난의 잔당이 있어서, 무리를 지어 반드시 한 번 올 것이라는 말을 했다고도 한다. 『정감록』과 연계된 1785년 역모 사건 때에도 그와 비슷한 발상이 보인다. 다음은 심문 내용이다.

양형이 공초하기를 "… 조선은 산천·천문·지리에서 모두 셋으로 갈라질 조짐이 있는데, 임자년1792에 도적이 일어나는 사변이 있고 그 뒤에 마땅히 셋으로 갈라졌다가 다시 합쳐서 하나로 된다고 합니다. 셋으로 갈라지는 성씨는 정가·유가·김가이지만, 필경에는 정가로 합하여 하나가 되는데, 그는 남해의 섬 가운데에 있고, 유가는 통천에 있으며, 김가는 영암에 있다고 합니다. 임자년에 정가가 먼저 해도에서 군사를 일으키면, 유가·김가가 이를 따라서 일어난다고 합니다. 그래서 신은 이렇게 주고받은 말을 홍복영에게 전하였는데, 임자년 2월에 배가 바다 가운데에서 온다고 하였습니다"고 하였다. …

홍복영에게 군사를 일으킨다는 말을 추궁하니, 공초하기를 "… 또 들으니 '무신년1788에 신병神兵이 바다를 건너온다'고 하였으나 섬 이름은 잊어버리고 기억하지 못합니다. 그중에 정씨 성을 가진 신인神人은

지금 나이가 13세입니다. …"고 하였다. _정조실록 9년(1785) 3월 1일

어느 나라든 이상향이나 이상시대를 꿈꾸지 않은 곳은 없다. 우리 역사에서 유토피아는 단연 요순 시절이나 무릉도원이었다. 요순 시절은 중국 전설시대의 두 임금이 통치하던 태평성대를 가리킨다. 무릉도원은 이미 언급했듯이 도연명이 지은 소설이다. 가장 이상적인 사회를 그린 대동사회大同社會도 대도大道가 행해진 사회로서 『예기』에 등장한다. 조선시대에 실시한 대동법도 이 사상에서 나온 것이요, 대학가 축제를 대동제로 명명한 것도 이와 관련된 듯하다. 우리가 꿈꾼 이런 이상 사회들은 중국에서 가져온 것이다.

그렇다면 우리는 중국인의 꿈만 있었는가? 홍길동의 율도국과 『허생전』의 무인도 개척은 소박하게나마 우리의 고유한 꿈을 반영한다. 다만 온 사회에 두루 퍼지거나 외국에 알려질 정도로 보편화되지 않은 한계는 있다. 시간을 거슬러 올라가 신라시대에 경주 땅이 부처님의 땅이라 생각한 것도 이상향을 현실에서 찾은 것이라 볼 수 있다. 불국사도 부처가 사는 땅에 세워진 절이란 뜻이다.그림 2 신라인 사동蛇童, 또는 사복蛇福이 들어간 연화장세계蓮華藏世界도 불교에서 이상적으로 생각하는 부처님의 세계이다. 큰 연꽃 속에 펼쳐진 세상이라서 이런 이름이 붙었다.

서울 만선북리에 과부가 남편 없이 잉태하여 아이를 낳았다. 아이는 열두 살이 되어도 말도 하지 못하고 일어나지도 못했다. 이 때문에 사동蛇童이라고 불렀다. 어느 날 그 어미가 죽었다. … 원효가 "지혜 있는 호랑이를 지혜의 숲에 장사 지내는 것이 좋지 않겠는가?"고 말했다. 사복이 게

그림 2 불국사

송을 지어 "옛날 석가모니불이 사라수 사이에서 열반에 드셨으니, 지금 또한 그와 같은 이가 있어 연화장세계에 들어가고자 하노라"고 노래했다. 말을 마치고 띠풀 줄기를 뽑으니, 그 아래에 명랑하고 청허清虛한 세계가 있었다. 칠보로 장식한 난간에 누각이 장엄하여 인간 세상이 아니었다. 사복이 시체를 업고 함께 들어가자 그 땅이 금방 합해졌다. 이리하여 원효가 홀로 돌아왔다. _『삼국유사』 의해, 사복불언蛇福不言

여기서 지혜로운 범은 불교에서 무상無常을 깨친 어미를 비유하고, 지혜의 숲은 연화장세계를 비유한다.

그림 3 미륵사지 탑과 용화산(1997. 2.)

그렇지만 민중에게 보편적으로 받아들여졌던 구세주는 바로 미륵이다. 미륵은 아직 부처가 되지 않은 채 도솔천에 머물다가 언젠가 지상에 내려와 중생들을 구제할 것으로 여겨왔다. 미륵이 나타나면 새로운 이상 세계가 펼쳐질 것이란 믿음이 있었으므로, 미륵은 바로 이 세상을 구해줄 구세주였다. 그러기에 신라시대 화랑은 흔히 미륵의 화신으로 여겨졌다. 김유신의 화랑도를 '용화 향도'라고 불렀는데, 미륵보살이 성불한 뒤에 중생을 구제하는 법회를 여는 곳이 용화수龍華樹 아래이다. 그러기에 미륵과 용화는 불가분의 관계에 있으니, 익산 미륵사지 뒷산이 바로 용화산이다.그림 3 궁예가 미륵불을 자처한 것도 자신이 구세주임을 내세운 것이다.

삼국시대부터 통일신라 초기까지 집중적으로 만든 미륵보살반가상도 미륵신앙을 대표한다. 대좌에 앉아서 왼쪽 다리는 내리고 오른쪽 다리는 왼쪽 무릎 위에 올려놓았으며, 오른팔을 굽혀 손을 오른쪽 뺨에 살짝 대고 깊은 사색에 빠져 있는 독특한 자세이다.그림 4 로댕의 생각하는 사람을 연상시킨다. 미륵보살이 도솔천에 머물면서 미래에 중생을 구제할 것을 생각하며 명상에 잠겨 있는 모습을 표현한 것이다. 그런데 자세히 보면 무릎 위에 올려놓은 발이 발목에 힘이 들어가 있는 것을 느낄 수 있다. 휴식의 상태가 아니라 내적 긴장이 서려 있는 것이다. 대개 앉아서 생각하게 마련인데, 발해 불상에는 독특하게도 서서 생각에 잠겨 있는 사유상이 있다.

그림 4 미륵보살반가사유상(2007. 10.)

구세주에 대한 염원은 고려 후기부터 조선 초기 사이에 유행했던 독특한 매향埋香 행위로 나타났다. 바닷가에 향나무를 묻어두는 매향을 함으로써 장차 미륵이 이 세상에 내려왔을 때에 만날 수 있도록 비는 것이다. 바닷물에 오랫동안 잠겨 있던 향나무는 침향沈香이라 해서 불상을 조각하는 데 사용하거나 희귀한 약재로 이용되었다.

우리나라에 향도香徒가 있으니, 상여를 메주고 품값을 받는 자들이다. 사람들이 전하기를 "상수리나무를 물에 넣고 천 년이 지나면 향이 된다"고 했다. 이리하여 옛사람들이 민간 약재를 얻기 위해 나무를 많이 베어

그림 5 고성 삼일포 매향비

그림 6 개심사 석탑기의 '미륵향도' 명문(2009. 6.)

서 침수시키고 거기에 비석을 세워 증거를 남겨두었으니, 대개 후세 사람들을 위한 배려인 것이다. 지금 바닷가에 종종 매향비가 있다. _『성호사설』 인사문, 향도香徒

이에 따라 우리나라 해안가에서는 곳곳에서 매향한 뒤에 세운 비석이 발견된다. 1309년에 세워진 고성 삼일포 매향비는 조선시대 그림에도 등장한다.그림 5 또 미군 사격장 소음 문제로 유명해진 화성시 매향리 마을 이름도 여기서 유래되었을 것이다.

향도는 고려의 지방 사회를 이끄는 집단이었으니, 경북 예천에는 고려 현종 원년1010에 세운 개심사 석탑이 있다. 기단석 덮개돌 아래에 새겨진 명문을 자세히 들여다보면 향도란 글자를 찾아낼 수 있다.그림 6

1901년에는 전북 고부에 살던 강일순1871~1909이 증산교를 창시했다. 그가 "나를 보고 싶으면 금산사 미륵불로 오라"고 했듯이 미륵신앙에

그림 7
금산사 미륵전(2008. 11.)

바탕을 둔 종교였다.그림 7 집안에 우환이 있으면 할머니는 으레 미륵님께 치성을 드렸고, 지방에 다니다 보면 이름 모를 불상은 모두 미륵불로 불리는 것을 발견할 수 있다. 그만큼 1천 년 이상 면면히 민중의 소망을 담고 있는 것이 바로 미륵이다.

미국 서부를 여행하면서 파라다이스란 지명을 본 적이 있다. 서부 사막지대라서 너무나 황량한 곳에 그런 지명이 붙어 있었다. 현실이 척박하니 그들의 염원을 담은 지명으로 생각된다. 이를 보면서 지명만으로 역사를 연구하면 오류를 범할 수 있겠구나 하는 생각이 들었다. 일본에는 우리보다 소나무가 적다. 그럼에도 마쓰바라松原처럼 소나무와 관련된 지명이 많다. 흔하기 때문이 아니라 귀하기 때문에 그런 지명이 많이 붙은 것이다. 지명만 보게 되면 파라다이스처럼 살기 좋은 곳이었다거나 소나무가 흔한 곳이었다고 훗날 잘못된 판단을 할지 모른다.

우리나라에 무릉도원과 관련된 지명이 몇 군데 있다. 영월에는 법흥사 올라가는 계곡을 따라 무릉리와 도원리가 차례로 나온다. 강원도 동해시에는 무릉계곡이 있다. 정말 사람 살기에 이상적인 곳이라서 그런지, 아니면 그런 염원을 담은 곳인지 한번 현지에서 확인해보기 바란다.

예언을 얻은 지배자

아메리카 아즈텍 원주민들이 믿는 신 가운데 선한 신인 케찰코아틀Quetzalcoatl과 악한 신인 테스카틀리포카Tezcatlipoca가 있다. 이들은 각각 문명의 신과 전쟁의 신이다. 두 신의 싸움에서 패배한 케찰코아틀이 언젠가는 다시 돌아와 아즈텍인들을 통치하겠다며 멕시코를 떠났다. 케찰코아틀은 '날개 달린 뱀'으로 상징되는데, 멕시코 국립인류학박물관에는 이 신화 내용이 그려져 있다.그림 1 이런 신화를 믿고 있었던 아즈텍인은 정복자 에르난 코르테스1485~1547가 처음 보는 짐승인 말을 타고

그림 1 케찰코아틀 신화 그림(2006. 12.)

나타나자 그의 화신으로 여겼다. 바로 그들의 구원자로 착각한 것이었다. 이것이 아즈텍 정복의 시작이었다.

대통령 선거가 다가오면 각종 예언이 난무한다. 누가 후보로 선발될 것인지, 그리고 최종적으로 누가 선거에서 이겨서 대통령이 될 것인지 하는 예측이 역술가나 유명한 무당의 이름으로 주간지나 월간지에 등장하곤 한다. 전통시대에도 새로운 지배자가 등장할 때면 그에 관한 예언이 뒤따랐다. 태후의 박해를 받았던 고려 현종은 왕이 될 것이란 꿈의 계시를 받고 과연 왕위에 올랐다.

> 닭 우는 소리와 다듬이 소리를 듣는 꿈을 꾸고 주술사에게 물었다. 그가 우리말로 풀어 해석했으니, "닭 소리는 꼬끼오 하고 다듬이 소리는 어근당 하니 왕위에 오를 징조입니다"고 하였다. _『고려사』 현종세가

'꼬끼오高貴位'는 발음대로 한자를 쓰면 '높고 귀한 자리'란 뜻이 되고, '어근당御近當'은 '왕위에 가까이 갈 것'이란 뜻이 된다. 지금 다듬이 소리를 적는다면 '또닥또닥'이나 '뚝딱뚝딱'이라 할 것 같은데, 당시에는 '어근당'이라 들렸던 것 같다.

그런가 하면 예언을 담은 동요 때문에 결국 죽임을 당하고 몰락한 사례도 있다.

> 우리 태종 때에 "저 남산에 가서 돌을 쪼니 정 남은 게 없네彼南山往伐石釘無餘"라는 동요가 있었다. '정釘'이란 것은 돌을 쪼는 연장으로 정鄭과 발음이 서로 같고, '여餘' 자는 우리말로 해석하면 '남은'과 음이 비슷하다. 과

그림 2 전주 경기전의 태조 어진(2005. 11.)

연 얼마 후에 남은과 정도전이 죽임을 당했다. _『연려실기술』 별집, 천문전고, 동요

아마 예언과 제일 많이 결부된 임금은 조선 태조일 것이다.그림 2 지금 북한 땅에 있는 안변 석왕사에는 이성계와 관련된 설화가 전해진다.

세상에 전하는 말이 있다. 중 무학이 이 산 토굴 속에 살고 있었는데, 우리 태조가 아직 왕위에 오르지 않았을 적에 그를 찾아보고 물었다. "내가 허물어진 집에 들어가서 서까래 세 개를 지고 나온 꿈을 꾸었는데, 이게 무슨 징조인가?" 무학이 태조에게 축하하며 "서까래 세 개를 진 것은 바로 왕王 자입니다"고 했다. 또 "꿈에 꽃이 지고 거울이 떨어졌으니, 이것은 무슨 징조인가?"라고 물었다. 무학이 곧 "꽃이 지면 열매를 맺을 것이요, 거울이 떨어지면 어찌 소리가 나지 않겠습니까?"라고 답했다. 태조는 이 말을 듣고 크게 기뻐했다. 그곳에 절을 짓고 석왕釋王이라 이름 지었다. _『지봉유설』 궁실부, 사찰

그림 3
일제강점기의 석왕사

서까래 세 개를 가로로 지고 있는 뒷모습을 눈에 그리면 임금 왕王 자가 연상될 것이다. 이렇게 '왕을 풀이했다'고 해서 석왕사란 이름을 붙였다고 한다.그림 3 이에 따라 왕실에서는 이 절을 매우 중시했다.

안변 석왕사에 왕이 직접 지은 비문을 써주었다. … 절은 안변 설봉산에 있다. 태조가 왕업을 일으킬 조짐이 있는 꿈을 꾸고 토굴에 있던 신령스런 중 무학에게 가서 그 뜻을 풀게 하였다. 즉위한 뒤 토굴 자리에 절을 세우고 이름을 석왕이라 했다. 태조가 소나무와 배나무를 손수 심었고, 숙종과 영조 두 분이 직접 지은 어제비가 있다. 이때에 와서 왕이 그 곁에 비석을 세우고, 직접 짓고 쓴 글과 글씨를 돌에 새기게 하였다.
_정조실록 15년(1791) 4월 17일

이성계가 왕이 될 예언은 다른 데서도 나타났으니, '목자木子가 나라를 얻는다'는 것이 그것이다. 고려 말에 유행했던 동요에 이 말이 들어 있었고, 태종 때에 태조 왕릉인 건원릉에 세운 권근의 비문에도 이 사실이 적혀 있다.

또 어떤 이상한 사람이 문에 와서 글을 바치며 일렀다. "지리산 바위 속에서 얻은 것인데 '목자가 다시 삼한을 바로잡는다'는 말이 있습니다." 이에 사람을 시켜 나가서 맞이하게 했지만, 이미 가버리고 없었다.
서운관에 소장하고 있던 비기에 『구변진단지도九變震檀之圖』란 것이 있는데, 여기에 '건목득자建木得子'라는 말이 있었다. 조선이 곧 진단이라는 설명은 수천 년 전부터 내려오는 것으로 지금에 와서야 증명되었다. 그러니 하늘이 덕 있는 사람을 돌아보아 돕는다는 것은 진실로 징험이 있는 것이다. _태종실록 9년(1409) 윤4월 13일

'목자'를 합치면 이李가 된다. '건목득자'도 '목을 세우고 자를 얻는다'는 뜻이니 역시 '목자'와 같은 뜻이다. 이들은 모두 이씨를 상징하는데, 이렇게 글자를 분해하는 것을 파자破字라 한다. 또 삼한은 원래 마한, 진한, 변한을 의미하지만, 시간이 흐르면서 우리나라를 상징하는 용어가 되었다. 다시 말해 이성계가 우리나라를 구한다는 말이 되는 것이다.
서운관은 고려 때에 천문, 시간 등을 담당하던 관청이고, '비기秘記'란 몰래 기록한 것이지만 흔히 예언서를 의미한다. 그런 예언서에 『구변진단지도』란 것이 있었다고 하는데, 진단에 아홉 번 왕조가 바뀐다는 내용을 담고 있는 것으로 전해진다. 그리고 아홉 번 가운데 하나가 이씨 왕조의 출현이라는 것이다. 이 진단震檀도 삼한처럼 우리나라를 가리킨

다. '진'은 주역에서 동방을 가리키고, '단'은 단군이 우리나라를 세웠다고 해서 따온 것으로 보인다.

그런데 이씨가 왕이 된다는 설은 이성계 때에만 등장한 것은 아니다. 고려시대에 딸들을 왕비로 삼게 하여 권세를 누렸던 이자겸?~1126도 이 설에 혹해서 왕위를 찬탈하려 한 적이 있다.

이자겸은 십팔자十八子가 왕이 된다는 참언 때문에 반역을 도모했다. 떡에 독약을 넣어 왕에게 드렸는데, 왕비가 은밀히 왕에게 알리고 그 떡을 까마귀에게 던져주었더니 그 까마귀가 죽었다. 또 독약을 보내어 왕비더러 왕에게 바치게 했는데, 왕비는 그릇을 들고 걸려 넘어진 체하면서 그것을 엎질러버렸다. 그 왕비는 바로 이자겸의 넷째 딸이다. _『고려사』 이자겸 전기

아버지보다는 남편인 왕을 위해 애쓴 왕비의 모습이 떠오른다. '십팔자' 세 글자를 합치면 이李 자가 된다.

무신집권기에 최고 권력자였던 이의민?~1196도 십팔자참위설에 빠져들었다.

이의민이 일찍이 붉은 무지개가 두 겨드랑이 사이에서 일어나는 것을 꿈꾸었으므로 크게 자부심을 가졌다. 또 옛날 참언에 "용손은 12대에 끝나고, 다시 십팔자가 있게 된다龍孫十二盡, 更有十八子."는 말이 있다는 것을 들었다. '십팔자'는 '이' 자이므로, 이로써 왕위를 엿보게 되었다. _『고려사』 이의민 전기

용은 왕을 상징하며, 고려 왕실을 가리킨다. 따라서 옛날 참언은 고려 왕조가 끝나고 이씨 왕조가 들어서는 것을 예언한 것이다. 이로부터 200년이 흐른 뒤에 과연 이씨 왕조가 건립되었으니, 그런 예언이 맞아떨어졌다고 할 수도 있겠다.

그런데 이와 비슷한 예언이 중국 남조의 양나라 때에도 등장한다.

이에 앞서, 천감 연간502~519에 승려 보지가 참언하기를 "태세의 용이 장차 다스리지 못한다. 쑥이 서리를 맞으니 풀이 응당 죽는다. 남은 사람들이 흩어지고 십팔자가 일어난다太歲龍, 將無理. 蕭經霜, 草應死. 餘人散, 十八子." 고 했는데, 당시 사람들이 소씨가 멸망하고 이씨가 대신 일어날 것이라고 했다. _『남사』 왕승변王僧辯 전기

이런 예언은 수·당대에도 유행했다고 하니, 당나라 황실의 성씨도 역시 이씨인 것이다. 아마 이런 참언이 고려에도 유입되어 사람들의 마음을 흔들었을 것이다.

이씨 조선이 들어선 뒤에도 이씨에 관한 참설은 생명력을 유지하였다. 임진왜란 때에 조선에 온 명나라 장수 이여송이 조선을 구해줄 것이란 예언을 담은 동요가 몇 년 전부터 돌았다고 한다.

정해년1587 이래로 동요에도 있었으니, "이것도 패해 달아나고 저것도 패해 달아나니 모두 패해 달아나네此敗走, 彼敗走, 皆敗走."라고 했고, 또 이르기를 "우지 마라 우지 마라. 십팔자가 많은 도둑 소탕할 것이로다莫泣莫泣, 十八子蕩多寇."고 했는데, 당시 사람들은 무슨 뜻인지 알지 못했었다. _『쇄

미록』 1592년 잡록

여기서 십팔자는 이여송이요, 도둑은 왜적이다.

한편, 이씨 왕조가 쇠퇴하면 그 다음에는 정씨가 들어선다고 믿었으니, 정여립1546~1589 모반 사건에 이 예언이 얽혀 있다.

이보다 앞서 100여 년 전에 민간에 "목자가 망하고 전읍이 일어난다木子亡, 奠邑興."는 참언이 있었다. 정여립이 요사한 승려 의연과 모의하여 옥으로 만든 판에 이를 새긴 다음 지리산 석굴 안에 감추었다. 의연이 자기 무리인 도잠·설청 등과 산을 유람한다고 핑계하여 지리산에 이르러서는 "아무 방위에 보배로운 기운이 있다"고 말하고 함께 가게 하였다. 이렇게 옥판을 찾아내어 정여립에게 보내주니, 정여립이 자기 도당에게 비밀리 보여주고는 누설하지 말도록 지시했다. … 국초부터 "연산현 계룡산 개태사 터는 다음 시대에 정씨가 도읍할 곳이다"는 참설이 있었다. _선조수정실록 22년(1589) 10월 1일

'목자'는 이씨이고 '전읍'은 정씨를 가리킨다. 정鄭을 파자하면 '전奠'과 '읍邑=阝'이 된다. 이 자료를 보면 조선왕조가 들어서면서 바로 그 다음은 정씨가 일어나 계룡산 자락에 도읍을 정한다는 예언이 등장했던 것 같다.

이 예언은 시대가 흐르면서 정씨 성을 가진 구세주가 세상에 등장한다는 생각으로 변한다.

한구와 임대가 말하기를 "방금 국운이 끝나가니, 섬에 있는 정진인이라는 자가 장차 육지로 올라올 것이다. 우리들이 그를 따르려 하는데, 군장과 병기를 미리 갖추지 않을 수 없다. 그래서 뜻을 같이하는 자들과 각각 은화를 내니, 너도 힘을 헤아려 도우라"고 하였습니다. _숙종실록 20년(1694) 4월 1일

'진인'이란 진리를 깊이 깨달은 성인이니 지금의 구세주와 같은 의미다.

이런 예언들이 결집되어 조선 후기에 『정감록』으로 완성되었다. 저자를 알 수 없는 이 책은 반왕조적 성격 때문에 공식 간행되지 못하고 민간 사이에 필사본으로만 전해져, 이본이 다양하게 남아 있는 것이 특징이다. 필사하다 보면 그때마다 내용이 가감되기 마련이기 때문이다.

이 책이 공식 기록에 등장하는 것은 정조 때에 일어났던 홍복영 역모사건이다. 다음은 범인 심문 내용이다.

"셋으로 갈라진다는 말을 바른 대로 고하라"고 심문하니, "유·김·정씨 세 사람이 장차 셋으로 갈라져 일어나서 아침에는 화해하고 저녁에는 싸운다는 말을 산에 사는 사람에게서 들었는데, 이것은 바로 『정감록비기』에 있는 말입니다"고 진술했다. _정조실록 9년(1785) 3월 16일

정씨가 다음 지배자가 될 것이란 소문은 사람들 뇌리에 깊이 박히게 되었다. 아직 정씨 성을 가진 대통령이 나오지는 않았지만, 지금 시대에도 대통령 후보와 관련되어 『정감록』 얘기가 돈 적이 있다.

이성계뿐 아니라 새로운 지배자가 등장할 무렵에는 으레 예언이 등장했다.

고려 초기에 큰 것을 가리켜 '왕'이라고 말했으니 이는 왕씨 태조가 일어나리라는 참언이고, 고려 말기에 갑자기 멥쌀을 '입쌀李米'이라 했으니 이는 우리 왕조가 일어날 조짐이었다. 중국 후진 천복 연간936~943에 절강성 지방의 아이들과 장사치들이 모두 조趙 자를 어조사로 삼았으니, 얻는 것을 일러 '조득趙得'이라 하고, 옳다고 할 때에는 '조가趙可'라고 했다. 뒤에 송나라 태조가 선양을 받고 전씨錢氏, 오월가 땅을 바쳤으므로 절중 지역이 모두 조씨송나라에 속했다. _『청장관전서』 이목구심서耳目口心書 6

이처럼 태조 이성계, 중국 송나라 태조의 집권 예언처럼 고려 태조 왕건의 등장에도 예언이 한몫을 했다. 이번에는 당나라 상인이 우연히 샀다는 옛 거울에 예언이 쓰여 있었다고 한다.

삼수 가운데 사유 아래에, 옥황상제가 아들을 진마에 내려보냈다. 먼저 닭을 잡고 뒤에 오리를 잡을 것이니, 이것은 운이 차서 삼갑을 통일함을 이른다.三水中四維下, 上帝降子於辰馬, 先操鷄後搏鴨, 此謂運滿一三甲. … 뱀 해에 두 용이 나타나, 한 용은 몸을 청목 가운데 감추고, 한 용은 흑금 동쪽에서 모습을 드러낼 것이다.於巳年中二龍見, 一則藏身靑木中, 一則現刑黑金東. … _『고려사』 태조세가

이 글만 보면 무슨 뜻인지 알 수 없다. 원래 예언은 알듯 말듯 하게 해서 귀에 걸면 귀걸이 코에 걸면 코걸이식으로 해석할 수 있게 되어 있

그림 4
비무장지대 안에 온전히 남아 있는 궁예 도성

다. 아무튼 위의 내용을 해석한 것이 뒤따라 나오니 한번 따라가 보자.

'삼수'는 태泰의 파자이니 궁예의 태봉국을 이르고,그림 4 '사유'는 나羅의 파자이니 신라국을 이른다. '진마'는 진한과 마한이요, '닭'은 계림, 즉 신라요, '오리'는 압록강을 가리킨다. 또 '삼갑'은 삼한을 의미한다. '청목'은 소나무이니 송악에 해당하고, '흑금'은 쇠이니 철원에 해당한다. 또 왕건 집안은 서해 용왕의 자손이라 했으니 용에 해당한다.

이상을 풀이하면 철원에 도읍하고 있던 궁예의 태봉 정권 아래에 있던 송악 출신 인물이 삼한을 통일할 것이란 예언이 되니, 그 사람이 바로 왕건그림 5이다. 이 거울은 궁예의 손에 들어갔고, 신하들은 왕건이 해를 당할까봐 거짓 해석을 해서 보고했다고 한다.

신라가 망하고 고려가 들어설 것이란 예언은 최치원의 전기에도 보인다.

처음에 우리 태조가 일어나려 할 때에 최치원은 그가 비상한 사람으로 분명히 천명을 받아 나라를 열 것을 알고서 편지를 보내 문안하였다.

그림 5 담무갈보살에 절하는 태조(왼쪽 아래)

그 글에 "계림은 누런 잎이요, 곡령은 푸른 소나무라鷄林黃葉, 鵠嶺靑松."는 구절이 있었다. _『삼국사기』 최치원 전기

곡령은 개경에 있는 고개 이름이다. 따라서 누런 잎의 신라와 푸른 솔의 개경은 운명에서 대비가 되었다.

이와 비슷한 예언은 백제 말기에도 보인다.

귀신 하나가 궁궐로 들어와 "백제가 망한다. 백제가 망한다"고 크게 외치고는 땅속으로 들어갔다. 왕이 이상하게 여겨 땅을 파보게 했더니 석 자가량의 깊이에 거북이 한 마리가 있었다. 그 등에 글이 있었는데 "백제는 둥근달과 같고, 신라는 초승달과 같다百濟同月輪, 新羅如月新."고 하였다. _『삼국사기』 백제 의자왕 20년(660)

왕이 무엇을 뜻하는지 물으니 무당은 "둥근달은 기울 것이고 초승달은 차게 될 것이다"고 사실대로 말했다가 죽임을 당했다. 이에 다른 사람이 "둥근달은 왕성한 것이고 초승달은 미약하다"는 뜻으로 다시 해석하니 왕이 기뻐했다고 한다. 이는 백제 멸망 직전에 나왔던 예언인데, 이현령비현령의 해석을 여기서도 볼 수 있다.

지금까지 보았듯이 예언은 이름과 발음이 같은 글자를 이용하거나, 이름 파자를 활용하였다. 그러면서 예언은 사건이 벌어진 뒤에 부회한 듯한 것이 많다. 아니면 정치적인 목적을 달성하기 위해 술수를 부린 듯한 것도 있다. 정치적 음모와 조작이 개재된 사례는 다음 글들에서 찾아볼 수 있다.

태조는 개인적으로도 예언서를 얻었다. 어떤 사람이 지리산 암벽 속에서 구했다고 하는 '보록'을 바쳤는데, 즉위 후에 그 예언이 맞은 것을 보고 정도전이 이를 찬양하는 노래인 '수보록受寶籙'을 만들었다. 그 노래에 다음과 같은 구절이 있다.

저 높은 산에 돌이 산처럼 솟았는데, 여기서 이를 얻었으니 실로 이상한 글이로다. 굳세고 날랜 '목자'가 기회를 타서 일어나니, 누가 그를 보좌하리. '주초走肖'가 덕망 있는 사람이로다. '비의非衣' 군자는 금성에서 올 것이요, '삼전삼읍三奠三邑'이 도와서 이루리도다. 신의 도시에 도읍을 정하여 800년간 왕위를 전하리니, 우리 임금이 이를 받아 보록이라 일컬으리라. _태조실록 2년(1393) 7월 26일

목자는 당연히 이성계를 가리키는데, 역시 이름을 파자한 '주초'와 '비의', '삼전삼읍'이 누구를 가리키는지는 여기서 드러나 있지 않다. 이에 대한 언급은 태종 때에 등장한다. 그는 도참설을 부정하면서 다음과 같이 말했다.

자고로 도참은 믿을 수 없으니, 지금 보록의 설을 내가 믿지 않는다. 첫째는 "삼전삼읍이 응당 삼한을 멸할 것이다三奠三邑, 應滅三韓."고 했는데, 사람들은 삼전이 정도전·정총·정희계라고 한다. 그러나 정희계는 재주와 덕이 없고 개국하는 데도 공이 없었으니, 과연 시운에 맞추어 나온 사람이겠는가? 둘째는 "목자 장군의 검과 주초 대부의 붓과 비의 군자의 지혜로 삼한의 격식을 다시 바르게 한다木子將軍劍, 走肖大夫筆, 非衣君子智, 復正三韓格."고 했는데, 사람들이 말하기를 "비의는 배극렴이다"고 한다. 그러나 배극렴이 정승을 오래 하지 않았고, 보좌하여 다스린 공로가 별로 없었다. _태종실록 11년(1411) 윤12월 25일

흥미롭게도 삼전삼읍의 역할이 앞의 기록과 완전히 바뀌어 있다. 정도전1342~1398이 처음에 태조를 도왔다가 뒤에 역적으로 몰려 태종에게 죽임을 당한 것과 관련된다. 여기서 '삼전삼읍'은 정도전, 정총1358~1397, 정희계?~1396인 것을 알 수 있고, '비의'는 배극렴1325~1392인 것을 알 수

있다. 배극렴도 태종에게 배척당한 인물이어서 높이 평가받지 못한 것을 알 수 있다.

그러면 '주초'는 누구인가? 이에 대해서는 다시 중종 때로 내려가야 한다.

왕이 "주초라는 말은 오늘 처음 들었다"고 이르니, 남곤이 아뢰기를 "'비의 군자의 지혜와 주초 대부의 붓'이란 말은 『국조보감』에 이미 나타나 있습니다. '비의'는 배극렴을 가리키고 '주초'는 조준을 가리키는데, 어리석은 사람이 함부로 말하는 것을 어찌 고려할 만하겠습니까? …" 하였다. _중종실록 15년(1520) 4월 16일

주초는 원래 조준1346~1405을 가리킨다. 이 대화는 대궐 마당에 '주초 대부의 붓'이란 참서를 던져 넣어 모함한 사건 때문에 나온 것이다. 그런데 이보다 1년 전에도 이와 유사한 모함으로 조광조1482~1519 등이 죽임을 당하는 참극이 벌어졌으니, 이를 기묘사화라고 한다. 그러나 그에 관한 기록은 당시 실록에 보이지 않고 선조 때에 와서야 그 전말이 전해진다.

당초에 남곤이 조광조 등에게 교류하자고 청했으나 조광조 등이 허락하지 않았다. 이에 남곤은 유감을 품고서 조광조 등을 죽이려 하였다. 이리하여 나뭇잎에서 단 것을 먹는 벌레를 구한 다음에 나뭇잎에다 꿀로 '주초가 왕이 된다走肖爲王'는 네 글자를 여럿 썼다. 그리고 벌레를 놓아 갉아 먹게 하기를 마치 한나라 황실 자손인 병기의 고사처럼 자연적

으로 생긴 것처럼 하였다.

남곤의 집이 백악산 아래 경복궁 뒤에 있었는데, 자기 집에서 물에 띄워 대궐 안의 도랑으로 흘려 보내어 중종이 보고 크게 놀라게 한 다음에 변고를 고하여 화를 조성하였다. 이 일은 중종실록에 누락된 것이 있기 때문에 여기에 대략 기록하였다. _선조실록 1년(1568) 9월 21일

이렇게 조선 초기의 건국을 알리는 예언은 시간이 흐르면서 정치적 음모와 조작의 수단으로 이용되었다. 앞서 정여립에 관한 언급에서도 이런 모습을 볼 수 있었다.

예나 지금이나 예언을 맹신하면 결코 성공할 수 없다. 그런 점에서 진시황의 고사는 위정자에게 큰 교훈을 준다.

연나라 사람 노생을 바다에 들어갔다 오게 했는데, 그는 귀신이 한 말이라며 예언서를 바쳤다. 거기에는 "진나라를 망하게 할 자는 호이다亡秦者胡也"라고 쓰여 있었다. 이에 진시황은 장군 몽염에게 군사 30만 명을 일으켜서 북쪽으로 오랑캐를 공격하게 하여 하남 지역을 점령했다. _『사기』 진시황본기 32년(기원전 215)

그러나 여기서 말한 '호'는 오랑캐가 아니라 자기 아들 '호해胡亥'를 가리키는 것이었다. 외부가 아니라 내부에 적이 있었던 것이다. 이 교훈은 우리나라 글에 종종 등장하니, 박지원1737~1805이 만리장성 산해관에 올라 쓴 글에도 보인다.그림 6

그림 6
진시황과 관련된
만리장성(1990. 9.)

아아, 슬프다. 몽염이 장성을 쌓아서 오랑캐를 막으려 하였건만, 진나라를 망칠 '호'는 오히려 담장 안에서 자라났도다. _『열하일기』 산해관기

풍속과 종교

사치 풍조 | 격구와 석전 | 단오 부채와 동지 달력
공존과 배척 | 무당과 점쟁이 | 종교의 세계

사치 풍조

불과 2, 30년 전만 해도 절약이 미덕이라고 가르쳤고, 학교에서는 강제로 학생 저축에 가입하게 했다. 지금은 오히려 소비를 활성화해 경제를 살리는 정책으로 바뀌었다. 우리나라 사람들이 갑자기 명품에 열광하게 된 것도 이런 사회 분위기와 무관하지 않다. 이런 점에서 2007년에 소비자학을 전공하는 교수가 쓴 『사치의 나라 럭셔리 코리아』란 책이 관심을 끌었다. 사치 행태는 욕망의 산물이니 어느 시대건 등장하는 단골 주제다.

조선 후기의 대표적인 풍속화가인 신윤복1758년경~1813년 이후의 그림은 여인들이 주인공이다. 여성이 아니면 잡아내기 어려운 디테일까지 표현하였다고 평가되고 있다. 그러면서도 또 다른 풍속화가 김홍도1745~1806보다도 알려진 것이 없어 신비에 싸인 인물이기도 하다. 그러기에 '바람의 화원'이란 드라마에서 남장 여자로 묘사되기도 했다.

그런데 신윤복의 그림에 등장하는 여인들은 한결같이 머리가 크게 부풀려져 있다. 이렇게 머리를 크게 부풀린 것을 '체계髢髻'나 '다리'라고 한다. 체계에는 자신의 머리를 둥글게 말아서 크게 한 것이 있는가 하면, 남의 머리인 가발을 얹는 '가체加髢'가 있었다. 가발을 머리에 얹

그림 1 미인도의 다리(필자 미상)

그림 2 장자오먀오족 가체

는 풍습은 신라 때부터 있어 왔다. 문제는 조선시대에 와서 너도나도 다리로 장식하려 하고, 그 크기도 감당할 수 없을 만큼 커지면서 사회 문제로 비화된 것이다. 19세기 필자 미상의 「미인도」를 보면 머리를 들기 어려울 정도로 큰 다리를 올리고 있다.그림 1 신윤복의 그림에 거추장스러울 정도로 큰 머리가 얹어져 있는 것도 이런 사회 풍습을 반영한다. 이와 비슷한 것을 중국 구이저우성貴州省에 사는 소수민족인 장자오먀오족張角苗族 여인들에게서 볼 수 있다.그림 2 이들은 머리에 긴 뿔을 얹고 6킬로그램이 넘는 가체를 두르는 것으로 유명하다.

조선 후기에는 다리가 대표적인 사치로 손꼽혔다. 특히 영조와 정조는 이를 금지하려 많은 노력을 기울였다. 실록에서 이 시대에 다리 문제가 집중적으로 나오는 것은 이 때문이다. 우의정 채제공이 정조에게 아뢴 다리의 폐단을 보겠다.

지금 막대한 폐단 가운데 다리보다 더한 것은 없습니다. 가난한 유생의 집이라도 이를 마련해야 하는데, 6, 70냥의 돈이 아니면 살 수가 없습니다. 모양을 제대로 갖추고자 하면 수백금의 돈을 들이지 않을 수 없어서 땅을 팔고 집을 팔아야 할 형편입니다. 이 때문에 아들을 둔 자가 며느리를 맞아도 다리를 마련하지 못해 시집온 지 6, 7년이 넘도록 시부모 뵙는 예를 행하지 못한 채 인륜을 저버리게 된 사람들이 셀 수 없이 많습니다. _정조실록 12년(1788) 10월 3일

심지어 다리 하나 값이 중인 계층의 집 10채 값에 이를 정도였다고 한다. 여기에 각종 보석으로 장식하니 가산을 탕진하는 일이 벌어졌다.

이보다 40년 전 영조 때에도 다리의 폐단을 지적했다. 다음은 영조와 신하들이 다리 금지에 대해서 논의한 대목이다.

임금이 부인들의 다리 문제에 대해서 논하니, … 김약로가 "다리는 다른 사람의 머리털로 머리를 꾸미는 것이니 더욱 예법에 맞지 않습니다. 금지하는 것이 마땅합니다"고 하고, 예조참판 홍봉한은 "다리가 많게는 백금에 이를 정도로 비싸서 사람들이 모두 파산합니다. 만약 금한다면 사치를 제거하는 단서가 될 것입니다"고 했다.

임금이 "다리를 없애고 대신할 만한 것이 없겠는가? 금하기가 어렵기 때문이다"고 말한 뒤에 사관 이의철에게 물었다. 그가 "지금의 다리는 『주례』 부편차副編次에서 유래된 것이니 예법에 맞지 않는다고 할 수는 없습니다. … 다만, 전하께서 사치를 금지하고자 이를 없앤다고 하시는데, 사치가 본래 다리에서 말미암은 것이 아닙니다. 다른 물건으로 대신한다 해도 장차 그 물건에 대해서도 사치를 할 것이니 무슨 성과가

있겠습니까?" 하니, 임금이 "옳다. 신하들이 자기 집안 사람들의 사치스런 다리를 금하지 못하는데, 내가 금지하려 해도 어찌 어렵지 않겠느냐?"고 했다. _영조실록 25년(1749) 9월 23일

『주례』에 나오는 부·편·차는 부인의 머리 장식 세 가지를 각각 가리킨다. 이로부터 몇 년 뒤에는 다리 금지령을 내리고 그 대신에 '족두리'를 사용하도록 하였다.

선비 집안 부녀자들의 가체를 금지하고 세속에서 족두리라 부르는 것으로 대신하게 했다. 가체 제도는 고려 때에 시작되었으니 몽골의 제도다. 이때 사대부 집안의 사치가 날로 성행하여, 부인이 한 번 가체를 하는 데 수백 금을 썼다. 갈수록 서로 과시하면서 높고 큰 것을 숭상하기에 힘썼으므로, 임금이 금지시킨 것이다. _영조실록 32년(1756) 1월 16일

가발은 원래 머리숱이 적은 것을 보완하기 위해 사용되었다. 그러나 여기에 과시욕이 덧붙여지면 실용성은 사라지고 사치의 대상물로 변질되는 것이다. 과시욕은 사치의 자양분이다. 신윤복의 그림에서는 심지어 어물 장수 여인과 이를 마주보고 있는 할미의 머리에서도 다리 올린 것을 볼 수 있다.그림 3

그러나 다리 금지령은 영조의 예상만큼 먹혀들지 않았고, 이듬해와 그 이듬해에도 금지령을 재차 내렸다. 급기야 1763년에는 금지령을 거두고 말았다. 족두리를 사용하면 궁중 사람들과 구별이 안 되고, 보석을 족두리에 장식하면 그 비용도 만만치 않다는 이유였다. 정조가 즉위

그림 3 다리 올린 여자들(신윤복)

그림 4 안악 3호분 여주인공

한 뒤에 다시 금지 논의가 일었고, 마침내 1788년에 상세한 규정이 달린 다리 금지령을 반포하게 되었다.

조선시대에는 다리를 사용했지만, 멀리 고구려로 올라가면 여인들은 다른 방식으로 멋을 부렸다. 안악 3호분 벽화의 여주인공은 머리를 높게 올리고, 끝을 땋아서 둥근 테처럼 돌린 다음에 양끝을 좌우로 늘어뜨렸다. 또 머리를 중간에서 졸라매고 거기서 늘어뜨린 장식들이 얼굴 쪽으로 내려와 있다.그림 4 장자오먀오족이 머리를 틀어 올릴 때에 뿔 같은 나무판을 넣어 고정하듯이, 이런 머리에도 고정판이 쓰였을 것이다. 이와 비슷한 것으로서, 조선시대에는 궁중 잔치 때에 가체 대신에 나무로 큰머리를 만들어 어여머리 위에 장식하고 떠구지라는 큰 비녀를 꽂았다.그림 5

삼실총 벽화의 행렬도에는 여주인공이 흰 모자인 건귁을 쓰고 품위 있게 전돌을 밟으며 가는데, 그 뒤를 따르는 시녀는 얼굴 양쪽으로 내

그림 5(위) 목제 큰머리(2014. 7.)
그림 6(아래 왼쪽) 삼실총 애교머리 시녀
그림 7(아래 오른쪽) 쌍영총 세 여인

려뜨린 애교머리로 한껏 멋을 냈다.[그림 6] 그런가 하면 쌍영총 벽화에는 머리띠를 매고 볼에 연지를 곱게 찍은 여인 세 명이 보인다.[그림 7] 이처럼 시대를 불문하고 여성들은 다양한 방법으로 아름답기를 바랐다. 그러나 그 정도가 지나치면 사치가 되는 것이다.

사치는 물론 동서와 고금을 막론하고 항상 문제가 되었다. 서양에서는 고대부터 사치 금지법을 시행하였고, 우리나라에서도 신라 때에 사치 금지령이 내려졌다. 흥덕왕 9년834에 "풍속이 점점 가벼워져서 백성들이 사치·화려를 다투어, 외래 물건의 진기함만 숭상하고 토산물의 천박함을 싫어한다. 이에 신분에 따른 예법을 잃어버리고, 좋은 풍속이 사라지게 되었다"고 비판하고, 복식·가옥 등에서 신분에 따라 허용되는 범위를 세세히 규정했다.

다음은 백제에 관한 『삼국사기』 기록이다.

온조왕 15년기원전 4 정월에 새 궁궐을 지었는데 소박하면서도 누추하지 않고 화려하면서도 사치스럽지 않았다.

의자왕 15년655 2월에 태자궁을 수리했는데 대단히 사치하고 화려했다.

어찌 보면 백제는 검박으로 일어나 사치로 망했다는 메시지를 주고 있다. 이는 물론 백제만의 일이 아니다. 다음은 고려시대의 사례다.

장순룡은 본래 아랍 사람이었다. … 장순룡은 인후, 차신과 서로 권력을 다투었고, 경쟁적으로 사치하였다. 집을 지으면서 극히 호화롭게 했다. 기와와 자갈로 바깥 담장을 쌓으면서 화초 무늬를 넣었으니, 당시 사람들이 '장씨집 담장張家墻'이라 불렀다. _『고려사』 장순룡 전기

전통시대에 사치는 국가의 존망을 좌우한다고 생각했다. 그러기에

사치 문제는 항상 현안이 되었다. 기원전 81년에 벌어진 토론 내용을 담고 있는 전한시대의 유명한 책 『염철론』을 한번 보겠다.

이전에는 백성이 입는 옷은 따스하되 사치스럽지 않았고, 기물은 소박하고 견고하되 쓸모가 있었습니다. 옷은 몸을 가릴 정도면 족하였고, 그릇은 사용에 편하면 족하였으며, 말은 잘 걸으면 족하였고, 수레는 물건 신기에 좋으면 그만이었습니다. … 지금은 보통 사람들도 문양 있는 술잔과 그림이 그려진 상을 사용하고, 풍성한 주연을 열며, 계집종에게 비단옷에 비단신을 신기고, 하인들도 쌀밥에 고기반찬을 먹습니다. … 없으면서 있는 척하고 가난하면서도 무리하게 자만합니다. 겉은 아름답지만 속은 텅 비었고, 겉옷은 비단으로 속옷은 마포로 해 입습니다. 부모가 살아 있을 때는 봉양하지 않다가 죽으면 후한 장례를 치릅니다. 장례식 한 번에 전 재산을 소비하고, 딸을 출가시킬 때는 혼수를 지나치게 많이 합니다. _『염철론』 국질國疾

지금으로부터 2천 년 전의 얘기지만 지금과 별반 차이를 느낄 수 없다. 조선시대에 오면 사치 문제는 더욱 엄격해졌다. 성리학의 이념 때문이었다. 왕과 사대부는 우선적으로 백성의 본보기가 되어야 했다. "성안에서 높은 상투를 좋아하면 사방에서 한 자 높이에 이른다"는 옛말을 흔히 되뇌였다. 다음은 선조의 일화다.

선조 임금 때에 입시하는 대관臺官 신하 가운데 근래에 의복이 화려하다는 말을 하는 이가 있었다. 이에 선조께서는 속옷을 드러내 신하들에게 보이면서 "내 옷이 무명인데 신하들이 어찌 나보다 더할 수 있느냐?"고 하셨다. 신하들이 황송하고 부끄럽게 여기며 물러났고, 이후로는 사치 풍습이 크게 변했다. _『공사견문록』 7~8쪽

영조도 이를 솔선수범했다. 다음은 승지 홍익삼에게 이른 말이다.

내가 일생동안 얇은 옷과 거친 음식을 먹어서 자전어머니께서 늘 염려를 하였다. 영빈숙종 후궁도 매번 "먹고 입는 것이 너무 박하니 늙으면 반드시 병이 생길 것이라"고 경계했지만, 나는 지금도 병이 없으니 의식이 후하지 않았던 덕택이다. 무릇 사람의 근력은 순전히 잘 입고 잘 먹는 데서 소모된다. 듣자니 사대부 집에는 담비 가죽 이불과 이름 모를 반찬이 많다고 한다. 사치가 어찌 이토록 심하게 되었는가? _영조실록 26년(1750) 2월 10일

이에 대해서 홍익삼은 "사치하는 풍조가 성상의 가르침과 같지만, 담비 가죽 이불은 절대로 없습니다. 혹시 양피 이불은 있습니다"고 대답했다. 외국에서는 부유층의 호화스런 생활이 용납되지만, 우리는 지금도 사회 지도층의 호화판 생활을 받아들이지 못하는 것은 이런 인식이 남아 있기 때문이다. 프랑스 대통령이 미국에서 요트 타고 휴가를 즐기는 것이 보도되었지만, 우리 대통령이 그랬다가는 여론이 가만두지 않을 것이다.

그렇지만, 사회가 발전할수록 부의 편중이 두드러질 수밖에 없고, 그 부는 사치로 표현되었다. 우선, 혼인 사치가 있다. 혼인은 남남이던 두

집안이 자녀들을 매개로 연결을 맺는 것이다. 그러니 상대방 가세에 눌리지 않으려 과시를 하는 경향이 있다. 그러기에 사치 가운데 혼인 사치가 가장 심하다고 지적하곤 했다. 호화판 혼인식이 지금도 근절되지 않는 것은 이 때문이다. 다음은 숙종 때에 송시열이 올린 건의안의 일부다.

옛말에 "사치는 하늘의 재앙보다 심하다"고 했는데, 오늘날 이 폐단이 극심합니다. 사치 가운데에는 혼인 비용이 가장 심합니다. 딸 가진 집에서는 눈물을 흘리며 빚을 내어 사위 집을 기쁘게 하는데, 사위 집에서는 눈을 흘기며 여자가 장만해 온 것을 책망합니다. _숙종실록 9년(1683) 1월 28일

또 하나로 장례와 무덤 사치가 있다. 자기 집의 위세를 사람들에게 보여주는 계기가 되고, 조상들을 위하는 것이기도 하니, 사치에 힘쓰게 마련이었다. 호화판 무덤이 지금도 사라지지 않는 것은 이 때문이다. 다음은 중종 때에 사관이 당시의 풍속을 비판한 글이다.

사신은 논한다. 이때 사대부가 상을 당하면 얻기 어려운 물건을 힘써 장만하려고 하였으니, 석회를 얻지 못하면 감히 매장하지 못하고, 아름답게 보이려는 데에 서로 다투어 힘을 쏟았다. 이 때문에 일반 백성들도 그 풍속을 따라서 화려하게 보이려 힘썼다. 장사하는 날에는 술과 과일을 풍성하게 갖추어 이웃 사람들을 흡족하게 대하면서 술 마시고 농담하였다. 장례 물품에는 정성을 다하지 않고, 오직 보는 사람들이 아름답게 여기도록 힘써서 고장 사람들의 칭찬을 얻으려 했다. 만약

가난하여 이를 갖추지 못하면 때가 지나도 장사를 치르지 않았고, 땅을 팔아서라도 준비하여 부자들과 나란히 하려 했다. 혹시 장례 시기를 물으면 아직 술과 과일을 장만하지 못했다고 말하니, 그러한 구태를 사람들이 이상히 여기지 않았다. 술과 과일을 풍성히 장만하여 사람들을 취하고 배부르게 하면 고장 사람들이 "아무개는 돌아간 어버이를 위하여 정성을 다했다"고 서로 칭찬하고, 그렇지 못하면 "그 정성이 야박하다"고 했다. _중종실록 9년(1514) 2월 28일

주위의 평판을 중요하게 여기는 조선 사회에서는 이처럼 남의 눈이 중요했다. 사람들이 겉치레에 힘쓰도록 만든 것이다.

지금은 그러지 않아서 수레와 말, 의복, 궁실宮室, 음식이 남을 따라가지 못하는 것을 큰 수치로 여긴다. 자기는 아무것도 없으면서 겉치레에 힘쓰기에 급급하여, 오직 부족할까 두려워한다. 가난한 선비가 집 안에서는 채소만 먹다가도 남을 대접하게 되면 성찬을 내놓고, 가난한 집 여자들이 평상시에 때묻은 옷을 입다가도 손님을 보게 되면 화려한 치장을 하니, 이것은 모두 겉치레에 힘쓰는 습관이다. _『성호사설』 인사문, 치속侈俗

무덤 사치는 조선 후기가 되면 백성들에게까지 파고들었다.

또 "일반 서민들이 무덤에 석물을 세우면서 신분 규정을 돌아보지 않고 화려하게 치장하려고 힘써서, 심지어는 천금의 재물을 허비하고 있습니다. 청컨대 한성부로 하여금 금지하게 하소서" 하고 아뢰니, 윤허

했다. _영조실록 40년(1764) 10월 23일

서민들이 분묘를 사치스럽게 치장한다는 것은 이들의 경제력이 상승했음을 의미한다. 이 점에서 조선 후기의 경제 변화를 느낄 수 있다. 사치와 경제 관계에 대해서는 뒤에 다시 언급하겠다.

사치는 혼인이나 장례에 그치지 않았다. 다음은 영조 때에 이종성이 상소한 것이다.

사대부 사이에 풍속이 날로 변하고 있습니다. 집으로 말하자면 호화롭게 짓고 담장을 높여 토목으로 요사스럽게 하고, 옷으로 말하자면 풍성한 담비 가죽과 아름다운 비단으로 하면서 노리개가 점차 교묘해집니다. 무장이 수레를 타기까지 하고, 학사들이 대부분 북방 말獐馬을 타고 다닙니다. 혼례와 상례의 수요와 음식의 비용에 이르기까지 신기함을 다투어서 극히 아름답기를 추구합니다. 가난한 사람은 힘을 다해 뒤쫓아 가고 미천한 사람은 분수도 잊은 채 본받으려 하여, 옷 한 벌에 열 벌의 가격을 쓰고 음식 한 그릇에 열 그릇의 값을 허비합니다. _영조실록 10년(1734) 8월 15일

무인은 모름지기 말을 타야 하는데 편하려고 수레를 타고 다니고, 학생들이 멀리 북방에서 나는 말을 타고 다닌다는 것이다. 당시에는 북방에 살던 몽골족을 달자獐子, 韃子라고 불렀다. 여기서 언급한 가옥, 의복, 음식 등은 혼인과 장례의 경우와 달리 자신을 위한 사치다. 이렇게 되니 검소한 사람은 비웃음의 대상이 되었다. 다음은 정조의 지적이다.

근래 사치 풍습이 고질적인 폐단으로 되어버렸다. 다리 한 가지뿐만 아니라, 의복과 음식을 사치하고 수레·말과 주택을 화려하게 하는 것이 더욱더 심해지면서 서로 돌아가며 모방하고 있다. 한 사람이 비단옷을 입으면 백 사람이 따르고, 한 집에서 담장을 높이면 백 집에서 이를 본받고자 한다. 이렇게 물들어 습관이 되어버리니 어떻게 수습할 도리가 없다.

그러는 사이에 간혹 거친 음식에 베옷을 입고 낡은 수레에 파리한 말을 맨 사람이 있으면 사람들이 비웃으면서 떼 지어 시끄럽게 하니, 오히려 그렇게 검소하게 하는 것을 수치스러운 일로 여기고 있다. _정조실록 3년(1779) 2월 25일

성균관 학생들도 예외는 아니었던 모양이다.

성균관은 풍속 교화의 근원이 되는 곳이니, 마땅히 검소를 돈독히 숭상하고 몸을 가지런히 닦게 해야 합니다. 옛날 유생들은 모두 미투리를 신었고 말을 타는 자가 없었는데, 근래에는 거의 모두가 살진 말을 타고 아름다운 옷을 입으며, 신발에 이르러서는 사대부와 다름이 없고, 책을 끼고 다니는 자가 한 사람도 없습니다. 선비 습속이 옛날과 같지 않으니, 이와 같이 된 연유를 학관學官, 승문원 관리으로 하여금 살펴보게 하고, 완악하여 가르침을 따르지 않는 자는 학교에서 쫓아내고 과거시험도 보지 못하게 하소서. _성종실록 3년(1472) 1월 22일

이 밖에 남자는 갓 장식에 사치를 심하게 했다. 신윤복의 그림에 보

면 갓끈이 불편할 정도로 길게 늘어뜨려져 있는 것을 볼 수 있다.그림 8 당상관만 쓸 수 있는 호박 갓끈을 누구나 사용하여 정조가 금령을 내린 적이 있다. 사대부들이 일상 용기로 왕실에서만 쓸 수 있는 고급 자기를 사용하여 지적받기도 했다. 이를 금지하자 너도나도 놋그릇을 쓰는 바람에 구리가 달리는 현상도 벌어졌다. 잔치에 그림 있는 그릇을 사용하는가 하면, 금·은으로 된 술잔을 사용하기도 하였다. 또 부녀자 옷에 담비 갖옷이 없으면 모임에 참석하는 것을 부끄럽게 여기는 풍조도 생겨났다.

그림 8 갓끈을 길게 늘어뜨린 양반(신윤복)

누구나 가질 수 있는 물건으로는 사치를 할 수 없다. 희소성이 사치의 제일 요건이다. 그런 점에서 외래품은 중요한 관심거리였다. 다음은 정조가 지적한 말이다.

근래에 사대부들 사이에 매우 괴이한 것을 숭상하는 습성이 있어서, 우리나라 범위를 벗어나 멀리 중국인이 하는 것을 배우고자 한다. 서책은 물론이요 일상적인 그릇과 물건 역시 모두 중국산을 사용하여, 마치 고상한 운치가 있는 것처럼 경쟁한다. 묵, 병풍, 붓걸이, 의자, 탁자, 솥, 술통 등의 기교한 물건을 좌우에 늘어놓고 차를 마시고 향을 피우며 억지로 우아한 척하는 모양을 이루 다 말할 수 없다. 내가 깊은 궁궐에 앉아서도 오히려 들은 풍문이 낭자하니, 폐단이 되는 것은 말하지 않아도 알 수 있다.

옛사람이 말하기를, "지금 사람은 지금 사람의 옷을 입어야 한다"고 했으니, 이 말은 절실하여 받들 만하다. 우리 동방에서 태어난 사람들이면 마땅히 우리 동방의 본색을 지켜야 할 것인데, 어찌 힘을 다해 중국 사람을 모방하려 하는가? 이것도 사치 풍조의 일단이며 말세의 폐단으로, 장차 말할 수도 없고 고칠 수도 없게 될 것이니 실로 보통 근심이 아니다. _『일득록』 197쪽

그러나 시간이 흐를수록 사치 풍조는 더 확산될 수밖에 없었다. 고종 때의 외래품 사치 실태를 고발한 상소문이다.

지금 사치 버릇이 풍속을 이루어 천민들의 평상복에 홍색과 자색이 아닌 것이 없고, 시정 사람들의 갓과 두건은 모두 금과 옥으로 장식합니다. 먼 나라의 진귀한 물건들이 저자에 두루 찼는데, 그것을 무역하는 밑천은 모두 우리의 미곡과 포백입니다. 우리의 목숨이 걸린 귀중한 물건으로 저 쓸데없는 기호품과 바꾸는데, 부자 상인들이 곡물을 사서 다른 나라에 몰래 파는 것은 먼 나라의 물건을 보배롭게 여기기 때문입니다. _고종실록 17년(1880) 11월 11일

사실 우리나라는 물산이 빈약한 나라다. 그렇다면 교역을 통해서 부를 축적하는 수밖에 없다. 그러나 성리학의 이념은 달랐다. 상업은 말단의 이익을 추구한다고 해서 배척되었고, 소비는 사치의 딱지를 붙여

억제하였다. 소비가 미덕이 될 수 있다는 걸 미처 깨닫지 못했던 것이다. 그러니 조선시대에는 부의 확대를 추구하지 못했다. 그 대신에 적은 재화를 고루 나누길 원했으니, 지배층으로부터 근검과 절약을 강조했던 것은 이 때문이다. 자린고비는 선비 정신의 상징이었다. 그런 나라에서 자본주의 맹아를 찾으려 하니 쉬운 일이 아니다.

최근 서울 은평구에서 조선시대 공동묘지를 발굴했는데, 출토된 인골을 분석한 결과 영양 상태가 좋은 상류층에만 나타나는 질병이 유럽이나 일본에 비해서 아주 낮은 비율로 발견되었다고 한다. 이로 보건대 조선에서는 상류층이나 중하류층이나 영양 면에서는 큰 차이가 없었던 것 같다고 분석자가 학술회의에서 보고했다.

그렇지만 이런 성리학 이념은 위정자들의 눈을 가려 시대의 변화를 읽지 못하게 했다. 이에 대해서 박제가는 다음과 같이 비판했다.

우리나라 사람들은 중국 시장의 번성한 모습을 처음 보고서는 "오로지 말단의 이익만을 숭상하고 있군"이라고 말한다. 이것은 그 하나만 알고 그 둘은 모르는 말이다. … 중국의 궁궐, 수레와 말, 단청, 비단이 화려한 것을 보고서는 곧 "사치가 너무 심하다"고 말해버린다.

중국이 사치로 망할 것 같으면 우리나라는 반드시 검소함으로 쇠퇴할 것이다. 왜 그런가? 물건이 있음에도 쓰지 않는 것을 검소함이라고 일컫지, 자기에게 없는 물건을 스스로 끊어버리는 것을 일컫지는 않는다. 현재 나라에는 진주를 캐는 집이 없고, 시장에서는 산호 가격이 정해져 있지 않다. 금이나 은을 가지고 상점에 들어가서는 떡을 사 먹을 수 없다. 우리의 풍속이 정녕 검소함을 좋아하여 그런 것이겠는가? 그 재물을 사용할 기술을 알지 못하는 것일 따름이다. 재물을 사용할 방법을 알지 못하니 만들어낼 방법을 알지 못하고, 만들어낼 방법을 알지 못하니 백성들은 날로 궁핍해진다.

재물이란 우물에 비유할 수 있다. 퍼내면 가득해지지만 사용하지 않으면 말라버리고 만다. _『북학의』 내편, 시정市井

그림 9 돈이 열린 나무(동경국립박물관 소장)

사실 지금도 중국에 가면 유교가 일어난 나라라고 보기 어려울 정도로 돈 버는 데에 혈안이 되어 있다. 심지어 돈이 주렁주렁 열린 나무를 형상화한 중국 유물도 있다.그림 9 이익을 추구하면서도 이를 드러내기 꺼려하는 우리와 아주 대비된다. 그런데 그런 중국은 현대에 와서 사회주의 국가가 되고, 우리나라는 오히려 자본주의 국가가 된 것은 일종의 아이러니다.

조선시대 사람들의 이런 태도는 일본에 파견된 통신사그림 10에서도 그대로 드러났다. 일본을 경멸적인 '왜놈'으로만 바라보았고, 유교적인 예절에서 크게 벗어난 금수 같은 사회로만 인식하였다. 다음은 신유한의 일본 방문기에 나오는 대목이다.

관리나 백성이나 모두 다 글 한 자도 모르고 윗사람이나 아랫사람이 서

그림 10 일본에 간 통신사 행렬(1711년)

> 로 이익만 추구하니 참으로 갈백葛伯의 나라다. _『해유록』 1719. 6. 27.

갈백은 중국 고사에 나오는 인물로 사욕만 채우고 제사도 지내지 않는 금수와 같은 사람이다. 아이러니하게도 그들의 눈에는 일본의 경제 발전이 제대로 들어올 리 없었다. 외래품에 대한 수집벽이 있는 일본인들이 시문을 구하면 조선의 선진 문물에 대한 동경으로 이해했다. 그런 점에서 다음 지적은 눈여겨볼 필요가 있다.

> 이로 말미암아 일본인들의 가족 관계나 관혼상제의 예절과 제도 가운데서 유교적 기준에 심하게 어긋나는 것에 대해서는 금수와 같다는 등의 극단적 욕설을 서슴없이 퍼부었다. 또 한편 훌륭하고 아름다운 것에

대해서도 전폭적인 찬사를 보내는 데에는 극히 인색하여 호화찬란한 집이나 장식은 낭비가 심하다고 평하고, 사회 계급에 따른 가옥 건물의 차등이 없다는 데 대해서는 상하 질서를 모른다고 논하고, 왕로에 서로 창화한 시가 귀로에는 이미 인행되어 나온 신속한 출판을 보고서는 '희사호명喜事好名의 습속'이라고 풀이하는 등이 그것이다. _고병익 글, 114쪽

이런 태도이니 일본 문물을 도입하겠다는 생각을 하지 못했던 것이다. 우리나라의 근대화가 훨씬 늦어질 수밖에 없었던 것은 이 때문이다.

격구와 석전

놀이는 일상의 스트레스를 날려버리는 중요한 수단이다. 그러한 놀이는 너무나 다양하기 때문에 일일이 열거할 수 없을 정도다. 2006년에 연구년을 맞이해서 밴쿠버에 머물렀는데, 그곳에 온 중국인들은 한참 테니스에 열을 올리고 있었다. 반면에 한국에서 온 연구자들은 골프에 빠져 있었다. 우리나라 교수들은 지금 골프를 많이 치는 듯한데, 1990년대까지만 해도 주로 테니스를 즐겼다. 이를 보면서 사회 발전에 따라 노는 방법도 달라지는 것을 느꼈다.

근대에 우리나라를 방문했던 독일인은 놀이에 대해서 이렇게 평했다.

아무튼 놀이 문화에서 조선인은 이웃의 영향을 훨씬 적게 받았다. 그래서 오히려 조선의 고유한 특성을 훨씬 많이 간직하고 있는 것 같다. 그네뛰기, 마을 전체가 시합을 벌이는 새총 놀이, 씨름, 그중 특히 춤은 온 국민이 소중히 여기는 진정한 조선의 전통 놀이인 것 같다. 춤은 낙천적인 기질을 가진 조선인들의 정서에 어울리는 즐거운 오락거리로 보인다. 춤이 없는 가족 잔치는 상상할 수 없으며, 조선의 바야데르인도의 무희 없이는 과거시험에 합격한 선비들의 흥겨운 잔치도 열 수 없다. _지그프리

트 겐테 책, 225~226쪽

성리학의 영향으로 놀이를 부정적으로 생각한 조선 사회에서도 다양한 놀이가 있었다. 다음은 김극검이 왕에게 아뢴 말이다.

옛사람이 "물건을 가지고 놀면 뜻을 잃어버린다"고 일렀고, 또 "마음은 두 군데로 쓸 수 없다"고 했습니다. 음악과 여색, 사냥 놀이뿐 아니라 거문고와 바둑, 그림, 문장, 활쏘기와 말타기 같은 것은 모두 마음속 의지를 상하게 할 만합니다. 청컨대 늘 경전과 역사서를 보아 마음을 맑게 해서 정치의 근본으로 삼으시고, 손재주에 관한 것들은 유념하지 마소서. _성종실록 12년(1481) 3월 22일

이런 생각 때문에 유희춘도 선조가 활쏘기를 한다는 말을 듣고 걱정했다.

윤관중이 궁궐에서 숙직하고 나와서 말했다. 주상께서 활을 잘 쏘고 즐겨서, 밤마다 경회루 아래로 나와 북쪽을 향하여 과녁을 쏘신다고 했다. 좌우로 50발을 쏘면 45발을 맞힌다고 하니 무예도 절륜하시다. 그러나 임금이 급히 할 일이 아니요, 또 활쏘는 일은 더욱 말단의 기술일 뿐이다. 겨울철에 북쪽을 향하니 감기가 들지 않으실까 걱정이다. _『미암일기』 1574. 11. 24.

그러나 자신은 장기를 무척 즐겼다. 틈만 나면 장기를 두어 일기 곳

곳에 이 사실이 기록되어 있다.그림 1 심지어 부인과 장기를 둔 것도 자주 보인다. 특히 말년에 기운이 빠졌을 때에는 부인과 장기를 두면서 날을 보냈다.

부인과 차를 떼고 장기를 두었다. 기운을 차리기 위해서다. 오랫동안 책을 보면 정신이 피로하기 때문이다. _『미암일기』 1576. 6. 1.

그림 1 장기 두기(김준근)

잡기를 금하는 분위기였지만 그래도 공자가 말한 "노는 것보다 낫다"는 명분으로 실제로는 잡기를 즐겼다. 그런 명분은 최한기의 글에 보인다.

장기와 바둑은 하찮은 기술이지만 그것으로도 사람을 헤아릴 수 있다. 기술이 서로 비슷한 사람들이 이겨도 좋고 져도 좋다는 뜻을 가지고 시간을 보내거나 적적한 마음을 풀려고 하는 것은, 비록 식견 있는 이에게는 웃음거리가 되지만 그래도 일없이 노는 것보다는 낫다. _『인정』 측인문 1, 박혁측인博奕測人

앞서 인용한 김극검의 말에는 잡기에 속하는 것들이 나열되어 있다. 그렇지만 이보다 더 많은 것들이 있는 것은 물론이다. 그 가운데 기록이

제법 많이 남아 있는 집단 놀이인 격구와 석전을 비교해서 살펴보겠다.

막대기로 공을 쳐서 점수를 내는 놀이인 격구擊毬는 타구打毬라고도 한다. 말을 타고 막대기로 공을 몰아서 상대방 골문에 넣는 것이 가장 일반적인 것이고, 현재의 골프처럼 막대기로 공을 쳐서 구멍에 넣는 것도 있으며, 필드하키처럼 땅 위에서 공을 몰아 골문에 넣는 것도 있었다. 골문은 하나를 세우기도 하고 두 개를 세우기도 했다.

격구에 필요한 도구나 놀이 방법은 조선 초기 실록에 보인다. 그중에서 세조실록에 있는 봉희 기록을 보겠다.

경회루에 행차하여 활쏘기를 보고, 사정전에 행차하여 종친들이 벌이는 봉희棒戲를 관람했다.【봉희는 격구라고도 한다. 격구하는 법은 이렇다. 몇 사람이나 십여 명 혹은 수십 명이 좌우로 나뉘어서 승부를 겨룬다. 봉 모양은 숟가락과 같고 크기는 손바닥과 같은데 물소 가죽으로 만들고, 자루는 두꺼운 대나무를 합쳐서 만든다. … 공은 나무로 만드는데 마노를 쓰기도 하며, 크기는 달걀만 하다. 땅을 주발만 하게 파는데, 이 구멍을 와아窩兒라 부른다. 구멍은 전각 건물을 사이에 두고 만들기도 하고, 섬돌 위나 평지에 만들기도 한다. … 단번에 쳐서 구멍에 들어가면 산가지 두 개를 얻고, 한 번 쳐서 들어가지 못하고 공이 그쳐 있는 곳에서부터 두 번 세 번 쳐서 들어가면 산가지 한 개를 얻는다. … 서서 치기도 하고 무릎 꿇고 치기도 하는 등 다양한 방법이 있다.】_세조실록 1년(1455) 9월 8일

여기에 설명된 놀이는 말을 타지 않고 평지에서 구멍에 공을 넣는 것

그림 2 이맘 광장의 폴로 경기 골대(2009. 2.)

이니 골프에 가까운 경기라고 할 수 있다.

격구는 원래 고대 페르시아에서 시작된 것으로 알려져 있다. 페르시아의 후예인 이란에 여행갔을 때에 이스파한 이맘 광장에서 폴로 경기 골대를 볼 수 있었다.그림 2 동서 163미터, 남북 512미터 크기의 이 광장은 폴로 경기장이었고, 왕은 알리카푸 궁전에서 외빈과 음악을 즐기며 폴로 경기를 관람했다고 한다. 이스파한은 사파비 왕조의 압바스 1세 1587~1629가 수도로 정한 곳이다.

이것이 동쪽으로 중국을 거쳐그림 3 한반도로 전래되었고, 서쪽으로 인도를 거쳐 영국으로 간 뒤에는 폴로 경기로 발전했다. 일본에서는 아스카시대6세기 후반~8세기 초반에 이미 들어와 있던 것으로 보아 삼국시대에 우리나라에도 소개되었을 것이지만, 현재 가장 오래된 기록은 이보다 늦은 발해 때에 보인다. 일본에 파견된 발해 사신 왕문구가 822년 정월에 일본 왕 앞에서 타구 경기를 시연했고, 이를 보고 일본 천황과 신하가 지은 시가 전해진다. 다음은 일본 천황이 지은 시로 타구 경기장의 모습을 상상할 수 있다.

그림 3 당나라 이옹 무덤의 마구도

이른 봄에 타구 경기를 구경하고

화창한 봄날 이른 아침에 자욱한 안개 사라졌는데
사신들 때를 어길세라 앞마당에 나섰네
공중에서 휘두르는 곤봉 초생달인 양 싶고
땅에서 굴러가는 공 유성과도 같아라
요리조리 치고 막고 하면서 골문을 향해 돌진하는데
떼를 지어 달리는 말발굽 소리 천지를 진동하네
북소리 환호 소리 급하기도 하였건만
관중들 경기가 빨리 끝났다 아쉬워하네 _『경국집經國集』 조춘관타구早春觀打毬

727년 정월에 일본 궁중의 신하들이 경기장에 나가 타구에 빠져 있을 때에 갑자기 비가 오고 천둥이 쳤는데, 천황이 돌아보니 시종도 시위도 없이 혼자 궁중에 남아 있는 것을 알게 되어 신하들을 벌준 일이 『만엽집萬葉集』에 해학적인 노래로 실려 있다고 한다. 일본에서 지금 야구에 빠져 있는 것처럼 과거에는 타구 경기에 열광했던 모양이다.

신라에서도 격구를 했을 것이 분명하다. 기록에는 없지만, 2008년 가을 국립경주박물관에서 열린 '신라, 서아시아를 만나다' 특별전에 가보니, 경주 구정동 방형고분에서 출토되었다는 통일신라시대 석조물이 나와 있었다. 자세히 보니 서역인으로 보이는 인물이 들고 있는 막대 끝이 지금의 하키 채처럼 굽어 있는 것이 격구 채인 듯했다.그림 4 격구 선수였던 이방인 모습으로 보였다.

그림 4 격구 채를 든 인물

고려 무신정권 시기의 권력자인 최이?~1249는 격구장을 만들어 사용하면서 백성들의 원성을 샀다.

고종 16년1229에 최이가 이웃집 100여 채를 빼앗아 격구장을 만들었는데, 동서 거리가 수백 걸음에 달하고 평탄하기가 바둑판 같았다. 격구할 때마다 마을 사람들을 동원하여 물을 뿌려서 먼지가 일지 않게 했다. 뒤에 다시 인가를 허물어 넓혔는데, 전후에 빼앗은 집이 무려 수백 호에 이르렀다. 날마다 도방의 마별초를 모아서 격구를 시키거나 창 놀이, 말달리기와 활쏘기를 하게 했다. _『고려사』 최이 전기

중국에서는 여성도 격구 놀이를 즐겼다. 2007년 가을에 타이완역사박물관을 방문했는데, 여기서 여성이 말 타고 격구하는 모습의 도용을

그림 5
여성 격구 도용

볼 수 있었다.그림 5 고려 때에도 여성이 격구를 했던 것으로 생각되는 자료가 있다.

이때에 서울에 남아 있던 백관이 의장과 음악을 갖추어 마천정에서 왕을 맞이하는데, 대악부와 관현부에서 신기한 것과 사치한 것으로 서로 경쟁을 벌였다. 심지어는 부녀들을 시켜 말을 달려 격구를 하게 했다. 왕이 명령을 내려 내쫓게 했는데, 그 후로 이 유희는 사라졌다. _『고려사』 예종 11년(1116) 4월

그런가 하면 아이들도 격구를 즐겼다.

혜정교 거리에서 곽금, 막금, 막승, 덕중 등의 아이들이 타구 놀이를 했다. 공마다 이름을 붙였는데, 하나는 주상이라 하고, 하나는 효령군이라 하고, 하나는 충녕군이라 하고, 하나는 반인伴人이라 하였다. 서로 치

다가 공 하나가 다리 밑의 물로 들어가자, 그 아이가 "효령군이 물에 빠졌다"고 했다. _태종실록 13년(1413) 2월 30일

주상은 태종이고, 효령군과 충녕군은 그의 아들이다. 세종이 즉위하기 전에 충녕군이었다. 반인은 고위 관리가 부리는 심부름꾼인 '반당'을 가리킨다. 마침 효령군의 유모가 지나다가 이를 듣고 잡아서 신고하여 감옥에 가두게 되었다. 정말 불경스런 일이었을 것이다. 그러나 열 살밖에 되지 않은 아이들이라 해서 태종이 용서하여 무마될 수 있었다.

고려 의종은 왕이 되기 전에 격구의 고수였던 것 같다. 다음은 왕이 된 직후의 말이다.

왕이 북쪽 후원에서 놀면서 "내 격구 기술도 다시 시험하지 못하겠구나" 하고 좌우에 이르더니, 이윽고 공을 잡아서 때리는데 그에 미칠 만한 사람이 아무도 없었다. _『고려사』 의종 1년(1147) 5월

이런 전통에 따라 조선 초기까지는 왕실에서도 격구를 즐겼다. 왕이 직접 격구에 참여하기도 했다.

종친 영안군 이양우 등을 불러서 격구를 했다. 이때 작약이 만발했는데, 입직한 대언 한상덕을 불러서 꽃술을 내려주며 "내가 이러한 놀이를 하는 것이 불가하지 않은가?"라고 물었다. 대답하기를 "이 놀이는 거칠고 음란한 것이 아닙니다. 만일 매일 단정히 앉아 있으면 기운이 막혀서 병이 납니다. 주상께서 정무를 보시는 여가에 종친과 잠깐 이런

놀이를 하는 것이 무엇이 해롭겠습니까?" 했다. 임금이 "내가 만일 거칠고 음란한 데에 이르거든 경들은 반드시 말하라" 하니 "명령에 따르겠습니다" 했다. _태종실록 12년(1412) 4월 22일

태종은 세종에게 왕위를 물려준 뒤에도 격구를 즐겼다.

태상왕이 임금과 더불어 새 궁궐 안뜰에서 타구를 시작했다. 날이 추워 교외에 나갈 수 없어서 이렇게 즐겼는데, 이듬해 봄에 이르러서야 그쳤다. _세종실록 3년(1421) 11월 25일

이해 9월에 태종을 상왕에서 태상왕으로 올렸으므로, 여기서 태상왕이라 부르고 있다. 그 뒤에도 왕실에서 격구가 계속된 것을 세조의 다음 말에서 알 수 있다.

우리 선왕 때부터 겨울이면 격구하고, 여름이면 투호하고, 봄·가을이면 활을 쏘았다. 지금 겨울이 되었으니 바로 격구할 때다. _세조실록 13년(1467) 11월 30일

그러나 이 뒤로는 왕이 격구를 하지 못했다. 역시 성리학 이념이 강화되면서 쇠퇴해갔던 것이고, 단지 무사를 선발하는 시험으로만 남게 되었다. 격구는 원래 무예 수련이 목적이었다. 요나라의 지배를 받던 발해 유민들의 격구 문제를 다룬 다음 자료가 잘 보여준다.

중희 7년1038에 동경유수가 되었다. 이때 발해인들의 격구를 금지했는데, 소효충이 "동경은 매우 중요한 군사 지역인데 사냥할 곳이 없으니, 만일 격구를 하지 않으면 무엇으로 무예를 닦겠습니까? 또한 천자는 온 세계를 한 집안으로 생각하는데, 왜 그들과 우리를 구분합니까? 금지를 해제하는 것이 마땅합니다"고 건의하자, 이를 따랐다. _『요사』 소효충蕭孝忠 전기

요나라에서는 발해인들이 무예를 익혀서 반란을 일으킬까봐 격구를 금지했던 모양이다. 고려에서도 격구를 무예 연습 수단으로 삼았지만 점차 유희로 변모해갔다. 이런 모습을 본 조선 초기 사대부들은 격구에 대해서 부정적이었다. 다음은 무과 시험에 격구를 넣은 데에 대해 사간원에서 왕에게 건의한 말이다.

우리나라의 격구 놀이는 고려 전성기에 시작된 것으로, 그 말기에 이르러서는 한갓 놀며 구경하는 실없는 놀이의 도구가 되었습니다. 호협한 풍습이 날로 성해지기는 했으나 국가에 도움이 되었다는 말은 아직 듣지 못했습니다. … 비록 전술을 익힌다고 하지만 모두 유희하는 일이며, 만세에 본보기가 될 만한 규범은 아닙니다. 옛 선비인 주희도 타구는 무익한 일이므로 해서는 안 된다고 했습니다. _세종실록 7년(1425) 11월 20일

이에 대해서 세종은 "나는 격구하는 일을 가지고 이렇게까지 극언할 것은 아니라고 생각한다"고 대답했다. 이로부터 5년 뒤에도 세종은 격구가 무예를 연습하기 위한 것이지, 희롱하기 위한 것이 아니라고 강조

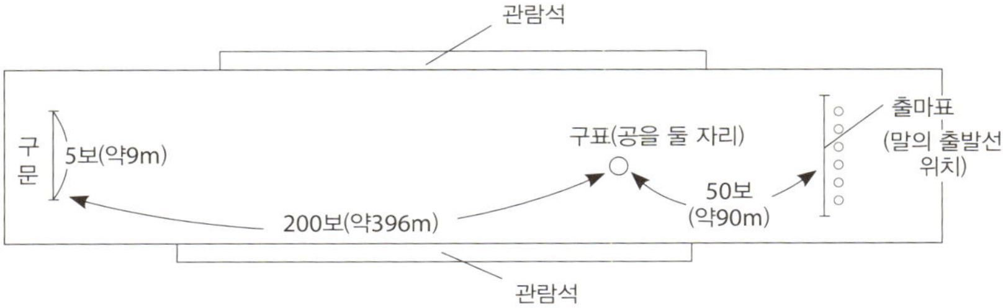

그림 6(위) 15세기 격구장
그림 7(아래) 격구 시범

했다. 이렇게 해서 무인을 뽑는 데에 격구 시험을 치렀다. 『경국대전』에도 시험 내용이 자세히 규정되어 있다. 격구 채로 공을 다루는 방식도 분류되어 설명되어 있다. 시험 장소는 한쪽에 말 출발선이 있고, 이로부터 50보 떨어진 곳에 공을 두는 곳이 있으며, 여기서 다시 200보 떨어진 곳에 너비 5보의 골문이 있었다.그림 6

그렇지만 사대부들의 부정적 인식 때문에 격구는 점차 쇠퇴해갔고 조선 후기로 가면서 무과 시험 과목에서도 제외되었다. 정조 때에 만든 『무예도보통지』에도 무예의 하나로서 격구가 실려 있다. 그렇지만 이 때 이미 격구는 거의 사라진 뒤였고, 다시 언젠가 시험 과목에 넣을 것이란 기대감에서 이 책에 수록했다고 한다. 지금은 경마장에서 가끔 시연하는 옛 유산으로만 남게 되었을 뿐이다.그림 7

그림 8 서양인이 본 서울 근교의 석전(1902년)

고대로부터 면면히 내려오던 격구는 이렇게 조선시대에 와서 점차 쇠퇴의 길을 걷고 말았다. 반면에 고대로부터 1960년대까지 면면히 내려온 놀이가 있으니 석전石戰이 그것이다. 근대 서양인의 여행기에도 석전 모습이 종종 등장한다.그림 8 다음은 러시아 장교의 목격담이다.

어느 날 나는 서울 성벽의 서쪽 구역들을 따라 걷다가 사방이 탁 트인 평야에서 두 무리로 나뉘어 있는 조선인들을 보았다. 그들은 양편에서 몇 명씩 앞쪽으로 싸우러 나왔고, 나머지 사람들은 싸움판 뒤에 앉아서 이따금씩 소리를 질렀으며 심지어는 돌을 던지기도 하며 진격과 후퇴를 되풀이하곤 하였다.

조선인들은 2월과 3월에 이런 놀이를 하러 도시에 나온다고 하였다.

소년들이 먼저 시작하고 그 다음으로 어른들도 하는데, 도시 주민들은 두 파로 나뉘어 싸움을 시작한 사람 중에 누군가가 다치면 그 편에서 복수를 하기 위하여 또 다른 사람이 나왔다. 이렇게 해서 무리는 점점 더 커지게 되는데, 때로는 싸움 놀이를 하러 만호 마을까지 간다고 하였다.

이 싸움 놀이는 주먹과 막대기와 돌로 시작하여 때로는 죽음으로 끝나기도 하지만, 보통은 조정의 명령으로 중지되었다. _카르네프 외 책, 105~106쪽

이렇게 두 편을 갈라서 돌을 던져 싸우는 놀이는 그 기원이 고구려까지 올라간다.

매년 초에 패수 가에 모여 노는데, 왕은 요여를 타고 우의를 벌여놓고 구경한다. 일이 끝나면 왕은 의복을 물에 넣는다. 이때 좌우 둘로 나누어 물을 뿌리고 돌을 던지며 떠들썩하게 소리 지르며 쫓는데, 이렇게 하기를 두세 번 한 뒤에 그친다. _『수서』 고려 전기

패수는 대동강을 가리키고, 요여腰輿는 여러 사람이 허리 높이만큼 높이 들고 가는 가마를 가리키고, 우의羽儀는 의식에 사용되는 새 깃털로 장식된 깃발 종류를 가리킨다. 둘 다 지배자의 상징물이다. 6세기 말에서 7세기 초에 해당하는 고구려 역사서에 기록된 것으로서, 돌로 싸우는 놀이의 초기 모습을 여기서 엿볼 수 있다.

고려 말기 우왕과 관련해서 기록된 석전 설명을 보겠다. 여기서 말하는 신우는 우왕을 이른다. 이성계가 정권을 잡으면서 우왕은 왕씨가 아

니라 신돈의 아들로 가짜라고 해서 조선시대에 만든 『고려사』에는 신우로 나온다.

신우가 석전 놀이를 보고자 하니, 지신사 이존성이 "이것은 임금이 볼 만한 것이 못 됩니다"고 간했다. … 우리나라 풍속에 단오절에는 무뢰배가 떼를 지어 큰 거리에 모여서, 좌우 두 편으로 갈라 서로 기왓장과 돌을 던지며 공격하였다. 때로는 몽둥이까지도 사용하여 승부를 가렸는데, 이를 석전이라 한다. _『고려사』 신우 6년(1380) 5월

지신사는 왕의 측근 벼슬이다. 고구려 것과 고려 것을 보면 석전하는 시기가 다른 것을 볼 수 있다. 고구려에서는 정월에 했고, 고려에서는 단옷날에 했다. 조선시대에도 단옷날에 했던 기록이 많이 남아 있는데, 20세기 초의 민속 조사 자료에는 정월 보름에 하는 것도 많이 보고되어 있다. 지방에 따라 습속이 달랐던 모양이다.

이는 단지 놀이로 그치지 않고 고려시대부터 조선 초기까지는 척석군擲石軍을 조직하여 돌로 싸우는 군대를 운영하였다. 태종 때에는 중국 사신이 이를 보고자 해서 시연한 적도 있다. 태종은 격구뿐 아니라 석전 놀이도 즐겼던 모양이다. 상왕인 태종이 아들 세종과 함께 석전을 보고 싶어 해서 세종은 어쩔 수 없이 구경에 나서야 했다.

상왕이 병조, 대언사에게 일렀다. "오늘 내가 주상과 함께 석전을 보려 하나, 주상이 굳이 사양한다. 지난 봄 무예를 연습할 때에도 함께 갔었다. 지금 석전을 구경하고자 하는데, 이것도 놀이가 아니요 무예 재주

라 생각한다. 또 내가 혼자 가면 적적해서 얘기할 상대가 없으니, 경들은 어떻게 생각하는가?" 병조판서 조말생 등이 아뢰었다. "신들의 생각도 그러합니다. 전하께서 혼자 가시고 주상께서 따라 가시지 않으면, 실로 편하지 못합니다."

임금이 부득이 상왕을 받들고 종루에 행차하여 석전을 구경했다. … 왼편은 방패防牌가 300여 명이고, 오른편은 척석군이 150여 명이었다. 척석군은 고려 때에 설치되었다가 근년에 폐지되었는데, 지금 다시 예전 군졸을 거두고 또 사람을 모집하여 충당하였다. 지시가 떨어지면 북을 치고 함성을 지르면서 양편이 어울려 싸우는데, 방패가 매번 이기지 못하고 달아났다. 총제 하경복·곽승우·권희달·박실, 상호군 이징석, 대호군 안희복 등이 말 탄 군사를 거느리고 공격했으나 역시 패배했다. … 장소를 바꾸어 싸우도록 명령하고, 돌 던지는 것을 금지하고 몽둥이를 가지고 서로 치게 하니, 방패가 또 이기지 못했다. … 상왕이 영을 내려 "맞아서 쓰러진 사람은 다시 공격하여 죽거나 다치게 하지는 말라"고 하였다. 또 의원에게 명령하여 부상자를 치료하고, 저녁이 되어 그쳤다. _세종실록 3년(1421) 5월 4일

세종 때의 다른 기록을 보면, 흰 기를 세운 좌군과 푸른 기를 세운 우군으로 양분해서, 서로 200보 거리를 두게 한 뒤에 공격하여 상대편의 깃발을 빼앗는 경기를 했다. 그러나 신하들은 척석군을 폐지하자고 건의했고, 세종 11년1429 6월에 폐지하라는 명을 내리게 된다. 세종은 태종과 달리 석전에 대해서 호의를 가지지 않았던 것 같다.

석전 놀이 모습은 서울대학교박물관에 소장되어 있는 19세기 평양

그림 9
석전 장면

그림 병풍에 잘 묘사되어 있다. 평양성 밖에 '훈련'이란 글자가 쓰인 건물 주위로 흰옷 입은 사람들이 잔뜩 모여 있다.그림 9 예종 1년1469 기록에는 훈련관 활터에 모여 석전을 즐긴 것이 보이는데, 이것도 그러한 장면을 그린 것이다. 주변 나무에 꽃이 만발한 것으로 보아 단오절 행사로 치러지는 것 같다. 군중에는 어른이 많지만 아이들도 섞여 있다. 갓을 쓴 선비도 있어서 양반이나 상놈, 어린아이 할 것 없이 모두 참여하는 놀이 마당이었다. 패싸움에 참여하는 사람이 있는가 하면 구경꾼도 많이 있다. 성벽 위에도 구경꾼이 올라가 있다. 또 막대기를 들고 공격하는 자세를 취한 사람도 있다. 싸움에 져서 도망가는 사람들도 보이고, 도망치다 엎어진 사람도 있다.

근대 서양인의 눈에 비친 석전 모습이다.

그 즈음에 나는 처음으로 어떤 놀이에 대해 듣게 되었는데, 그 놀이는 음력 설에 이어서 한 달 동안이나 계속되는 야만적인 놀이였다. 그러나 포졸들은 그 놀이에 대해 이야기를 하면서 경탄해 마지않았다. 그 놀이는 진짜 싸움이다. 200~300명으로 구성된 두 팀이 저마다 60센티미터 길이의 굵은 몽둥이를 들고 서로 마주보고 서 있다가, 시작 신호가 떨어지기가 무섭게 상대편을 향하여 돌격하여 몽둥이를 마구 휘두른다. 결국 한 팀이 항복을 선언하거나 도망가야 놀이가 끝난다. 이 놀이가 끝나면 턱과 어깨가 탈구되거나, 머리, 다리 그리고 팔이 부러진 사람들이 다수 생기고 심지어는 사망자도 나온다. 그야말로 글래디에이터로마시대의 검투사 시합라고 말할 수 있는데, 사람들은 그 놀이를 서울 사람들의 가장 훌륭한 볼거리라고 말하며 자랑스럽게 여긴다. _펠릭스 클레르 리델 책, 86~87쪽

돌을 던지는 패싸움은 목숨까지 앗아갈 수 있는 위험한 놀이였다. 예종 1년1469 기록에는 사상자가 많이 났다고 해서 임금이 형조에 명령하여 죄를 다스리도록 했다. 그럼에도 고대로부터 최근까지도 면면히 생명이 끊어지지 않게 한 원동력은 무엇이었을까 궁금하다. 석전은 풍요를 기원하는 데서 시작되었다는 설이 있다. 고싸움처럼 이긴 마을이 풍년을 맞이한다는 생각이 있었을 수도 있다. 그렇다면 농업 사회에서 목숨을 걸고 싸웠을 만도 하다. 그러나 풍요를 기원하는 행사라는 직접적인 증거를 찾기는 어렵다.

반면에 군사 훈련으로 이용한 증거는 조선시대에 많이 보인다. 앞의 척석군이나 태종의 말도 그렇고, 훈련관에 모이는 것도 그렇다. 이러한

석전 전통은 중종 5년1510에 일어난 삼포왜란을 진압할 때에 유용하게 이용되었다.

안동과 김해 두 고을의 풍속에 해마다 정월 16일이 되면 주민들이 모이는데, 이를 좌우로 나누어 돌팔매질하는 놀이를 하여 승부를 가렸다. 정덕 경오년1510에 왜적이 침입하자 방어사 황형과 유담년 등이 두 고을에서 돌을 잘 던지는 사람들을 모집하여 선봉을 삼아서, 마침내 크게 격파하고 섬멸했다. _『패관잡기』

석전은 조선 초기만 해도 왕실에서도 즐겼지만, 시간이 흐르면서 점차 이들과 멀어지고 일반 백성들의 풍속으로 남아 근래까지 지속되었다. 이렇게 성리학이 뿌리를 내리면서 격구와 석전은 지배층에서 멀어졌지만, 격구와 달리 석전은 민중의 세시 풍속으로 꾸준히 살아남았다.

단오 부채와 동지 달력

강릉 단오제가 2005년 11월에 유네스코가 지정하는 세계무형유산에 선정되었다.그림 1 그런데 이 과정에서 중국이 반발하는 사태가 발생했다. 단오절은 중국의 전통 명절인데, 한국이 이를 빼앗아 간다는 다소 감정 섞인 보도 때문이었다. 이는 중국인들에게 크게 각인되어 반한 감정을 야기했다. 2008년 2월 타이완역사박물관을 방문했을 때에 부관장이 이에 관한 질문을 해 왔다. 그래서 강릉에서 신청한 것은 '단오절'이 아니라 단오절에 치르는 축제인 '단오제'라고 해명해주었다. 그제야 그는 고개를 끄덕였다.

동북공정으로 불거진 한·중 갈등이 급기야 세시 풍속에까지 번졌다. 세시 풍속이란 계절마다 반복적으로 치르는 민간 행사를 가리키며, '속절'이라고도 부른다. 지금도 정월 대보름이면 부럼을 깨물거나 오곡밥을 해 먹고, 동짓날에 팥죽을 해 먹는다. 한식날에는 성묘를 하고 추석날에 차례를 지낸다. 정월 초하루에도 차례를 지내고 세배를 한다. 아마 지금까지 명맥을 유지하는 절기 행사는 이 정도인 것 같다.

그러나 시간을 거슬러 올라가면 제사와 각종 놀이, 다양한 점복과 기복 행사가 많았다. 그 기원도 다양하여 4월 초파일처럼 불교에서 온 것

그림 1 인사동에서 펼쳐진 강릉단오제 홍보 공연(2008. 5.)

이 있고, 경신일을 지키는 것처럼 도교에서 온 것이 있으며, 한식처럼 중국 고사에서 온 것이 있고, 추석처럼 신라시대부터 전해 내려오는 고유한 풍속도 있다. 그러한 다양성은 다음 글에서 확인된다.

속절에서 정월 초하루, 3월 3일, 5월 5일, 7월 7일, 9월 9일을 중히 여기는 것은 모두 6률六律의 달이기 때문이다. 9월 9일뿐 아니라 나머지 다섯도 모두 중양重陽이지만, 그중 9가 최대 양수가 되는 까닭에 9월 9일을 특별히 '중양'이라 일컫는다.

정월 15일은 '상원'이고 7월 15일은 '중원'인데, 이는 달이 차기 때문에 이름을 얻은 것으로서, 봄과 가을이 시작되는 날이기도 하다. 6월 15일은 '유두'인데 고려 때에 재앙을 물리치던 풍속에서 유래되었고, 8월 15일은 '추석'인데 수로왕 무덤 제사에서 시작되었다.

세歲는 동지에서 시작되고 연年은 정월 초하루에서 시작되는데, 모든 사물이 시작되는 길일이 된다. 납臘 제사는 자禮에서 비롯되었고, 사社 제사는 토지신에서 비롯되었다.

또 한식은 불 금기에서 시작되었고, 10월 1일 묘소 참배는 진릉秦陵에서 시작되었으며, 4월 8일은 불상 목욕 의식에서 시작되었는데, 이를 모두 속절이라 한다. _『성호사설』 인사문, 속절俗節

이 글에 대해서는 다소 부연 설명이 필요할 것 같다. 숫자 가운데 홀수는 양이고 짝수는 음이다. 3은 양과 음이 합쳐진 숫자로서, 3이 3개인 9는 가장 선호되는 숫자다. 전통적으로 양의 숫자를 선호했기에 동일한 양수가 겹쳐지는 1월 1일부터 9월 9일까지를 절기로 삼았고, 그 중에서도 9월 9일을 '중양절' 즉 '양이 겹쳐지는 날'이라 해서 가장 중시했다. 음악의 12음은 각각 12달과 대응되면서, 양의 소리인 6률과 음의 소리인 6려로 양분된다.

지금은 '세'와 '연'이 동일하게 1월 1일부터 시작되지만, 과거에 '세'는 태양이 견우 자리에서 뜨는 날인 동지부터를 기점으로 삼았다. 쉽게 말해서 동지는 양력의 시작이요, 설날은 음력의 시작이었다. 납 제사는 섣달 말일경에 지내는 제사이고, 토지신 제사는 중춘인 음력 2월에 농사가 잘 되길 바라는 뜻에서, 그리고 중추인 음력 8월에는 농사가 끝난 뒤 보답하는 뜻에서 지냈다.

이 밖에 유두와 추석, 한식과 10월 1일과 4월 초파일을 손꼽았는데, 추석의 유래는 잘못 설명하였다. 추석은 신라시대 '가배'에서 유래한 것이지 수로왕릉 제사에서 비롯된 것이 아니다. 또 10월 1일 묘제의 유래에 대해서는 중국 진나라 때에 와서 처음으로 묘소 옆에 재실을 세웠으므로 아마 진나라 때의 왕릉 제사에서 비롯되었을 것이라고 이익이 추정한 말이다.

이상은 속절을 대표하는 것들이다. 이 밖에도 상해일, 복날, 제석除夕 등과 같은 여러 속절이 있었다. 이제 성현1439~1504의 책에 적힌 새해 첫날 풍속으로 이야기를 시작해보겠다.

선달 그믐날 서로 인사하는 것을 '과세'라 하고, 정월 초하룻날 서로 인사하는 것을 '세배'라 한다. 정월 초하루에는 모두 일을 하지 않고, 모여서 다투어 효로梟盧 놀이를 하면서 술을 마시고 즐겨 논다. 새해 자·오·진·해가 들어가는 날에도 이렇게 하였다. 또 어린이들은 쑥을 모아서 동산에서 불 지르는데, 해일은 훈가훼薰豭喙, 돼지불라 하고, 자일은 훈서薰鼠, 쥐불라 한다. 모든 관청은 3일에 한하여 근무하지 않고, 친척이나 동료들 집에 경쟁적으로 가서 명함을 던지는데, 대갓집에서는 미리 함을 설치하여 이를 받았다. _『용재총화』 권2

새해가 시작되기 전날에 어른에게 '묵은세배'를 하고, 새해 아침에 다시 세배를 하였다. 또 과거에 합격하라는 등 그해 소원을 담은 덕담을 건넸다. 이날에 떡국을 먹어야만 한 살을 더 먹는다고 생각했다. 새해에 친척들이 모이면 요새는 주로 술 마시거나 고스톱을 치며 친목을 다지는데, 조선 전기에도 술 마시거나 주사위로 하는 도박인 효로 놀이를 했던 모양이다.

다른 한편으로 도소주屠蘇酒를 마시거나 질병을 파는 풍속도 있었다.

설날 아침에 도소주를 마시는 것은 옛날부터 내려오는 풍속이다. 젊은 이가 먼저 마시고 노인이 뒤에 마신다. 또 지금 풍속에 설날 아침 일찍 일어나서 사람을 만나면 그 이름을 부르고, 그 사람이 대답하면 "나의 허술한 것을 사 가라" 하는데, 이것은 자기의 병을 파는 것으로 재앙을 면하고자 하는 것이다. _『견한잡록』

도소주는 사악한 기운을 물리치고 오래 산다고 하여 설날 아침에 차례를 지내고 마시는 술이다. 조상이 내려주는 복을 마신다고 해서 제사 뒤에 술을 나눠 마시는 음복飮福이 그런 전통일 것이다. 또 질병을 파는 것은 대보름날에 "내 더위를 사 가라"고 하여 더위를 파는 풍습과 같은 것이리라. 보름날 아침이 되면 다른 사람이 불러도 대답하지 말라는 주의를 들었던 기억이 있다.

다음 글은 신유한이 일본에 사신으로 갔다 돌아오면서 기록한 것으로, 1719년 말 대마도와 조선의 세시 풍속 일단을 엿볼 수 있다.

해가 저물어 돌아오면서 남천촌의 민가를 지나가는데 집집마다 마루 가운데 높은 상 하나를 놓고 흰떡을 관冠 모양으로 높이가 한 자쯤 되게 만들고, 생선과 과일도 물건 모양으로 만들어 상 위에 벌여놓고는 한 남자가 그 앞에 꿇어앉아 있었다. … 진호를 시켜 조선간장을 걸러서 겨자, 생강, 신 것, 짠 것을 넣어서 생선회를 버무리고, 쌀을 갈고 고기를 다져서 떡국을 만들게 하여, 고향의 설음식이라 일렀다. _『해유록』 1719. 12. 29.

첫번째 해일은 상해일上亥日, 첫번째 자일은 상자일上子日이라 해서 각각 '돼지의 날'과 '쥐의 날'이라 불렀다. 궁중에서는 횃불을 내저으며 "돼지를 불살라라, 쥐를 불살라라" 하면서 돌아다녔으니, 이는 풍년을 비는 풍습이라고 한다. 또 궁궐에서는 해일과 자일에 비단 주머니를 만들어서 새해 문안 온 신하들에게 나누어주었는데, 이를 해자낭이라 하였다. 해낭은 둥글고 자낭은 길쭉했다고 한다.

그림 2 연날리기(김준근)

어렸을 때 대보름 무렵이면 쥐불놀이를 했다. 깡통에 공기가 통하도록 구멍을 숭숭 낸 뒤에 줄을 매달고, 그 안에 나무로 불을 때서 빙빙 돌렸다. 마지막에는 하늘로 내던져 불티가 공중에 멀리 퍼지는 희열을 맛보았다. 그러고 나면 얼굴은 시꺼멓게 그을었다. 그런 쥐불놀이가 바로 상자일 풍습에서 비롯된 것이다.

쥐불놀이와 함께 많이 한 것이 연날리기다.그림 2 대나무 살을 얇게 만들어서 간단한 가오리연이나 좀 더 복잡한 방패연을 만들었다. 연 자새얼레에 실로 매달아 달음박질치면 잘 만들어진 연은 금세 떠오르는데, 균형이 맞지 않은 연은 빙빙 돌다가 땅바닥에 처박곤 했다. 때로는 연끼리 싸움을 벌였고, 그 바람에 줄이 끊어지기도 했다. 겨울이 지날 무렵이면 동네 전깃줄이나 나뭇가지 위에는 몇 개의 연이 걸려 있기 마련이었다.

미나리꽝에서 썰매를 타는 것도 즐거운 놀이였다. 나무판자 양쪽에 철사를 박은 막대로 날을 만들었다. 또 기다란 막대에 송곳처럼 못을 박아 얼음을 지치는 도구로 썼다. 판자 위에다 발을 올려놓고 타기도 했지만, 필자처럼 겁이 많은 경우에는 무릎을 꿇어 타기도 했다. 때로는 썰매판보다 작은 것을 두 개 만들어 스케이트처럼 타기도 했다. 역시 스케이트 날이 없어 철사로 못을 박아 만든 것이었다. 그러나 동네 방죽에서 타다가 녹은 얼음에 불상사를 당하는 일이 종종 벌어지는 위험한 놀이기도 했다.

정월 대보름에는 다리밟기 놀이를 즐겨서, 이때에는 특별히 통금을 해제했다.

3일간 야간 통행금지를 풀고 숭례문과 흥인문 잠그는 것을 중지하라고 명해서 도성 백성들이 성을 나가 다리밟기를 할 수 있게 했다. _정조실록 15년(1791) 1월 13일

이 다리 저 다리를 건너는 다리밟기, 즉 답교踏橋를 해야 일 년 동안 다릿병을 앓지 않는다고 생각했다.그림 3 우리말에 '다리'가 두 가지 뜻이 있어 이렇게 해석된 것 같다. 탈것이 마땅치 않았던 전통시대에는 걸어 다니는 것이 중요했으니, 다리가 아프지 않기를 바라는 심정을 이해할 만하다.

중국 쓰촨성 안현安縣에 있는 태평교에서는 지금까지 200년간 매년 입춘 무렵에 다리밟기踩橋會 행사를 한다. 조그만 시골의 다리를 건너는데, 많을 때는 무려 10만 명이 건너서 인산인해를 이룬다. 이때 다리 아래로 돈이나 옷가지를 던지며 액을 털어내고 복을 빈다. 그러나 다리

그림 3 강릉 사천 하평 답교놀이

낫기를 소원하지는 않는다.

대보름날에는 부럼도 깨물었다. 밤이나 호두 등 껍질이 단단한 것을 이빨로 깨물면 그해에 부스럼을 앓지 않는다고 생각했다. 더위팔기도 있었다. 이날 처음 만난 사람을 불러 대답을 하면 “내 더위 사라”고 소리한다. 그렇게 상대방에게 더위를 팔면 그해에는 더위를 먹지 않는다고 생각했다. 과실나무 가지 사이에 돌을 끼워서 나무를 시집보냈던 추억도 있다. 그리하면 그해에 과일이 많이 열린다고 생각했다. 또 개에게 밥을 주지 않았다. 밥을 먹이면 여름에 쇠약해지기 때문이라고 한다. 그래서 명절에 굶은 사람에 대하여 “개 보름 쇠듯 한다”는 속담이 생겼다.

대보름은 농경이 시작되는 시점이기도 하다. 그래서 떠오르는 보름달을 보고 한 해의 풍흉을 점쳤다.

임금이 김치인에게 "날씨가 이처럼 추우니, 가을보리가 많이 얼어 죽지 않겠는가?"고 물으니, 김치인이 "올해 농사에 대해서는 농가에서 풍년이 들 거라고 말했습니다"고 했다. 임금이 "왜 그런가?" 물으니, 김치인이 "농가에서는 상원에 달을 보고 그해를 점치는데, 올해는 좋은 징조가 많다고 합니다"고 했다. 임금이 "그 징조는 무엇이라던가?" 물으니, 김치인이 "처음 뜰 때에 달이 온전히 둥근 데다가 색이 노랬으며, 일찍 떠오르면서 남쪽에 가까웠으니, 이것이 풍년의 징조라고 합니다"고 했다. _정조실록 10년(1786) 1월 16일

입춘날이 되면 '입춘대길'과 같은 글자를 써서 문에다 붙였다. 물론 이것도 중국에서 온 풍습이다. 신라 때는 2월에 탑돌이를 하면서 복을 빌었고, 때로는 사랑을 싹 틔웠다.

신라 풍속에 매년 2월이 되면 초8일부터 15일까지 서울 남녀가 다투어 흥륜사의 불전과 탑을 돌아 복을 비는 모임으로 삼았다. 원성왕785~798 때에 화랑 김현이 밤이 깊도록 홀로 돌면서 쉬지 않았다. 그때 한 처녀가 염불을 하면서 따라 돌았으므로 서로 감응되어 눈길을 주었다. _『삼국유사』 김현감호金現感虎

3월 3일은 삼짇날이라 해서 진달래꽃을 따다가 찹쌀가루와 함께 화전이라 부르는 지지미를 만들어 먹었다. 또 답청이란 행사를 했다.

"…고려에서는 당나라를 본받아서 3월 3일, 9월 9일을 영절令節, 좋은 절기

로 정하고 문무 대소의 관리들에서 서민에 이르기까지 모두 마음대로 즐기게 했습니다. 3월 3일에는 들판에서 놀아 이를 '답청踏靑'이라 불렀고, 9월 9일에는 산봉우리에 올라 이를 '등고登高'라고 했는데, 이로써 태평한 시대를 즐기게 했습니다. …" 하고 상소하니, 3월 3일과 9월 9일을 영절로 삼고, 대소의 여러 관리 및 전국의 선비와 백성으로 하여금 각각 그날에는 경치 좋은 곳을 선택하여 즐겁게 놀게 하여 태평한 시대의 모습을 형용하도록 윤허했다. _세종실록 11년(1429) 8월 24일

답청은 봄에 파릇파릇 난 풀을 밟으며 노니는 것을 가리킨다. 단풍이 좋은 9월 초에는 산을 올랐을 것이다. 고려 때에는 채색 들것에 불경을 담아서 거리를 도는 불교 행사인 '경행經行'을 치렀다.

4월 초파일은 불교 기념일이다. 먼저 고대로 올라가 보겠다.

『고기』에 이런 말이 있다. 전한 선제 신작 3년 임술년기원전 59 4월 8일에 천제가 흘승골성에 내려왔는데 오룡거를 탔었다. 도읍을 정하여 왕이라 일컫고, 국호를 북부여라 하고, 자칭 해모수라 했다. _『삼국유사』 북부여

이는 북부여의 건국신화인데, 다른 신화와는 달리 사건이 일어난 월일까지 명시되어 있다. 그날이 4월 8일이니 불교의 영향을 받은 것이 분명하다. 동부여의 터전이 된 가섭원迦葉原도 불교식 지명이다. 따라서 불교가 들어온 뒤에 윤색된 신화에 해당한다.

초파일에는 지금도 연등 행사를 거창하게 치른다. 사찰마다 화려한 등을 매달고,그림 4 종로를 따라 조계사까지 퍼레이드를 벌인다. 고려시

그림 4
안동 봉정사 연등
(2005. 5.)

대는 물론이요 조선시대에도 연등놀이를 했다.

임금이 한성부에 "오늘은 바람이 어지러워 집집마다 하는 연등으로 화재가 날까 두려우니 금지하도록 하라"고 지시했다.

나라 풍속에 이날을 석가의 생일이라 하여 집집마다 등을 펼쳐놓는다. 장대를 여럿 세우고 수십 개의 등을 연달아 매다는데, 등으로 새나 짐승, 물고기나 용의 형상까지 만들어 극히 사치스럽고 교묘하기에 힘썼으므로, 구경하는 사람이 줄지어 모여들었다. _성종실록 6년(1475) 4월 8일

이때에는 화재 가능성 때문에 연등 행사를 금지했지만, 불교적인 행사라는 이유로 조선 초기부터 이를 금지하려 노력했다. 이미 태조 때에 연등회를 폐지하자는 건의가 있었고, 태종 15년1415에는 마침내 연등을 하지 못하게 지시를 내렸고, 세종 13년1431에도 금지 명령이 내려졌다. 그런데도 조선 후기까지 연등 행사는 지속되었다.

초파일에는 전례에 따라 관등하라고 명했다. 이때 내의원 숙직을 폐지하지 않아 등을 달지 않았기 때문에, 임금이 이를 듣고 "우리 백성이 몇 달 동안 마음을 써서 이제 이미 병이 나아가니, 초파일 저녁의 관등은 전례에 따라 거행하라" 했다. _영조실록 42년(1766) 4월 7일

왕의 병환 때문에 등을 달지 않고 연등 구경도 하지 못하는 것을 듣고 이런 명령을 내린 것이다. 이처럼 조선 후기에도 연등 행사가 지속된 것을 알 수 있다.

5월 단옷날은 수릿날이라고도 하는데, 이는 신라시대 차득공의 고사에서 비롯되었다. 아마 '수리'는 그의 성씨인 '수레'와 연관이 있을 것이다. 이날에는 창포물에 머리를 감았고, 그네뛰기나 씨름 놀이도 했고,그림 5 석전놀이도 즐겼다. 쑥떡을 해 먹는 날이기도 한데, 이런 풍습은 발해 유민들 사이에도 있었던 것으로 보아 전통이 오래된 것 같다.

단옷날 시골과 서울의 풍경을 비교할 수 있는 자료가 오희문의 일기에 나온다.

오늘은 곧 단오가절이다. 옛날에 서울이 번성했을 때에는 곳곳에 그네를 매고 거리마다 씨름 놀이를 하며, 곱게 화장한 여인들이 서로 이끌며 무리 지어 다니면서 놀았던 것이 떠올랐다. 그런데 흉악한 적이 나라를 해친 이후로는 은나라 옛터에서 부르는 맥수가麥秀歌의 탄식만 있으니, 언제 다시 태평성대를 볼 수 있을까? 아아, 슬프도다. _『쇄미록』 1593. 5. 5.

맥수가는 기자가 은나라 폐허를 지나다가 그곳에 보리가 팬 것을 보

그림 5 단오절 풍경(신윤복)

고 읊은 노래다. 이로부터 4년 뒤에는 산골짜기인 강원도 평강에서 단오절을 보냈다.

단오가절이다. 작년 오늘 내가 함열에서 올 때에 웅포익산 곰개나루에서 물을 거슬러 올라와 바로 남당나루부여에 이르렀는데, 좌우를 바라보니 남북 강가의 인가 곳곳에 그네를 높이 매고 젊은이나 어른이 모두 모여서 놀이를 했었다. 이제 산골짜기강원도 평강에 와서 보니 어느 데도 그네놀이를 하지 않으니, 산중 사람들의 풍속이 가위 순박하여 번화한 모습이 없다고 하겠다. _『쇄미록』 1597. 5. 5.

일본은 이런 우리의 단오절 풍경과 사뭇 달랐다. 다음은 1698년 일본에 표류했던 사람이 증언한 단오절 모습이다.

그림 6 일본의 코이노보리(2014. 5.)

이때 마침 단오를 맞아 집집마다 문 밖에 채색 깃발과 창을 세워놓았는데, 그 숫자의 많고 적음이 서로 달랐다. 물어보았더니 이렇게 말해주었다. "아들이 하나 있는 사람은 깃발과 창이 다 하나씩이다. 아들이 여럿 있는 사람은 숫자 또한 같게 한다. 그렇게 해서 자식이 복을 받고 오래 살기를 비는 것이다."

단오에는 남녀들이 온통 채색 꽃이 그려진 옷을 입고 거리로 나와서 노는데, 몹시 아름다웠다. 이날 그해 들어 처음으로 우산을 쓰는데 비가 오거나 볕이 내리쬐지 않아도 모두 우산을 들고 접지 않았다. _『탐라문견록』 86쪽

일본에서는 지금 단옷날과 어린이날이 5월 5일로 같다. 어린이날에는 코이노보리鯉のぼり라고 해서 종이나 천 등으로 만든 잉어연을 장대에 높이 매다는 풍습이 있다.그림 6 잉어가 용이 되어 하늘로 오르는 등용문 고사에서 비롯된 것이라 한다.

단옷날은 더위가 본격적으로 시작되는 때이므로 부채를 선물하는 풍습이 있었다. 지방 관청에서는 서울에 부채를 진상했고, 왕은 다시 신하들에게 하사했다.

매년 단옷날이면 전라도와 경상도의 감영과 통제영에서 부채를 만들어 조정 대신들에게 두루 선물하는 일이 옛날부터의 관례다. 이에 앞서 이윤경이 통제사로서 임기가 만료되어 교체되자, 흉년이 들었다고 핑계 대면서 매년 하는 관례를 폐지해버렸다. _정조실록 17년(1793) 8월 29일

6월 15일은 유두다. 이날에는 머리를 풀어 물에 씻음으로써 불길한 것을 털어버린다고 생각했기에 '머리를 흘러 내린다'는 뜻으로 유두流頭라 하였다.

병인일에 시어사 두 사람이 환관 최동수와 함께 광진사에 모여 유두음流頭飮 놀이를 했다. 나라 풍속에는 이달 15일에 동쪽으로 흐르는 물에서 머리를 감아 좋지 못한 것을 제거했고, 이때에 모여서 술 마시는 것을 유두음이라 하였다. _『고려사』 명종 15년(1185) 6월

이렇게 몸을 씻어서 정화하는 의식은 독일 민속에서도 보인다.

1330년에 페트라르카Petrarca, 이탈리아의 시인·학자가 남긴 요한 축제일의 목욕에 대한 기록은 독일에서 가장 오래된 것이다. … 친구는 내게 이것이 쾰른에 오래전부터 전해져 내려오는 여성들의 관습이며, 이해의 모든 고통이 이날 라인 강에 다 씻겨 내려가고 그 후부터는 일이 생각대로 된다고들 믿고 있다고 설명해주었다. _아베 긴야 책, 42쪽

7월 보름은 중원이라 했고 백중날이라고도 했다. 불교에서 재를 드

리는 큰 명절로 삼았기 때문에 고려 때까지 성행하다가 조선시대에는 쇠퇴했다. 이 무렵이 되면 농사일이 거의 마무리되면서 봄부터 사용하던 호미가 더 필요 없게 되어 호미를 씻어두는 '호미씻이'를 했다.

마을 사람들이 술과 안주를 모아서 냇가에 모여 무당을 불러다가 북을 치면서 신에게 빌었으니 호랑이 피해를 없애달라는 것이라 한다. 노래하고 춤추며 종일토록 논다. 우리 집 계집종들도 역시 가서 참여했다. 술 한 동이와 떡 한 바구니를 가져왔기에 온 집안이 함께 먹었다. 이는 곧 해마다 초가을이면 한 번씩 으레 하는 일인데, 혹은 말하기를 갈고 매는 일이 이미 끝나서 호미를 씻어두는 것이라고 한다. _『쇄미록』 1600. 8. 6.

서양의 추수감사절에 비길 수 있는 8월 보름인 추석은 지금은 대단한 명절이지만, 과거에는 시골에서 중요하게 여기던 명절이었다. 설날, 한식, 단오와 함께 이날은 산소에 올라가 명절 제사를 지냈는데, 특히 한식과 추석을 우위에 두었다고 한다. 사회 분위기가 조상 제사를 중시하게 되면서 나중에 추석이 중요 명절로 부각된 것이다. 추석 무렵에는 기온이 덥지도 않고 춥지도 않은 데다 모든 것이 풍성하고 걱정 없이 즐겁게 노는 때라서 "더도 말고 덜도 말고 한가위만 같아라"는 말이 생겨났다.

9월 9일은 양기가 가장 겹친다는 중양절이었다.

부인이 중양가절이라 해서 간소한 술자리를 만들고 죽매와 맛덕을 시켜 해금을 타게 하자 경렴·관중·변간이 차례로 일어나서 춤을 추었다.

우리 부부는 매우 즐거워했고 은우의 모자도 역시 즐거워했다. 관중이 짤막한 시 한 편을 지었는데 … 대개 경렴이나 변간이 다 천 리 밖에서 왔기 때문이었다. 해가 저물어서야 파했다. _『미암일기』 1574. 9. 9.

멀리서 아들과 사위 등이 왔을 때가 마침 중양절이라 가족들이 노래하고 춤추고 시 지으며 즐겁게 노는 모습이 그려진다. 사위인 관중이 먼저 시를 짓자 아들 경렴과 자신, 그리고 부인이 차례로 화답하는 시를 지었다고 한다.

겨울이 되면 첫눈이 오기를 고대한다. 세종 때의 기록은 첫눈이 왔을 때의 흥미로운 풍습을 전한다.

상왕태종께서 첫눈을 봉해서 약물이라 일컫고 내신 최유를 보내서 장난삼아 노상왕전정종에 올렸다. 노상왕은 미리 알고 최유를 쫓아가 잡게 했지만 미치지 못했다.

고려 풍속에 첫눈을 봉하여 서로 보내는데, 받은 사람은 반드시 술자리를 마련해야 했다. 만약 미리 알고 심부름 온 사람을 잡으면, 보낸 사람이 도리어 술자리를 마련했다. 이렇게 서로 장난을 했다. _세종실록 즉위년(1418) 10월 27일

동짓날에는 새해 달력을 선물로 주었다. 그래서 '단오 부채, 동지 달력'이란 말이 생겨났다.

관상감에서 달력을 바친다. 그러면 황장력黃粧曆과 백장력白粧曆을 모든

관원에게 나누어주는데 '동문지보同文之寶'란 어새를 찍었다. 각 관청은 모두 분배받는 몫이 정해져 있다. … 대개 서울의 옛 풍속에 단옷날 부채는 관원이 아전에게 나누어주고, 동짓날 달력은 아전이 관원에게 바친다. 이것을 '하선동력夏扇冬曆'이라 부른다. 그러면 관원은 그 달력을 자기 고향의 친지·묘지기·농토 관리인에게 나누어준다. _『동국세시기』 121쪽

황장력은 누런 종이로 겉장을 장식한 달력이고, 백장력은 흰 종이로 장식한 달력이다. 대개 위로부터 달력을 하사받아 주변에 나누어주었지만, 부족할 경우에는 돈을 주고 샀다. 유희춘의 『미암일기』에도 연말이 되면 달력을 받거나 주는 사례가 많이 나온다.

동짓날은 음기가 움츠러들면서 양기가 비로소 일어나기 시작하는 날이기에 조용히 보내는 금기가 있었다.

왕이 지시를 내렸다. "내일은 바로 양기가 이르는 날이다. 선왕께서 문을 닫고 조용히 지내던 뜻을 본받아서, 떠들지 않고 양기를 부양하는 정치를 마땅히 생각해야겠다. 동지 전후 각 하루와 동짓날에는 각 관청에서 금패를 회수하여 간직하고, 긴급하지 않은 글은 일체 올리지 말라." _정조실록 14년(1790) 11월 15일

이때에는 순찰 군관이 소지하던 금패를 회수하여 단속을 하지 못하게 했다. 겨울에 음기가 성하다가 이제 봄이 시작되면서 양기가 되살아나니 이를 돕기 위해서 조용히 근신했다. 팥죽을 끓여 먹거나 이를 문에 뿌리는 것도 양기의 회생을 바라는 것과 연관이 있다고 한다.

선달그믐이 되면 궁중에서는 내기 밑천을 신하들에게 내려주는 풍습도 있었다.

임금이 선달 그믐날 밤에 전례에 따라 활과 화살 등 물품을 숙직하는 신하들에게 내려주어 도박의 밑천으로 삼게 했다. _세종실록 즉위년(1418) 12월 30일

이 밖에도 다양한 해넘이 풍속이 있었으니, 성종의 말을 한번 들어보겠다.

승정원에 지시했다. "옛날 세종 때에는 해가 바뀔 무렵 경신일에 종친을 모아 격구와 같은 것을 하면서 밤을 지새웠다. 옛날 시에도 경신일을 지키면서 지은 것이 있다. 이런 일들은 본래 경전에 기록된 것은 아니지만, 역질을 쫓아내는 나례儺禮를 구경하는 것도 세속에서 하는 것일 뿐이다. 그래서 해가 바뀌는 때에 종친을 모아서 밤을 지새우려고 하는데 어떻겠는가?

이런 일은 묻지 않고 거행해도 괜찮겠지만 내가 처음으로 거행하는 일이라서 그렇다. 만약 의논을 하지 않고서 갑자기 행한다면 아마 사사로이 종친들을 모아서 잔치 베풀기를 좋아한다고 여길까 걱정이다. 그런 까닭으로 그대들에게 묻는다." 승지 등이 아뢰었다. "신들도 세종께서 이런 행사를 했다는 말을 들었으니, 지금 이를 행하더라도 어찌 불가하겠습니까? 만약 이 일을 그만두어야 한다면 역질을 쫓아내는 나례를 구경하는 것도 폐지해야 될 것입니다." _성종실록 10년(1479) 12월 6일

그림 7
『기사경회첩』의
처용무 장면

이 무렵이 되면 성리학적인 행사 이외에는 점차 배척되는 추세에 있었다. 그러기에 성종도 신하들의 눈치를 볼 수밖에 없었다. 그럼에도 불구하고 일부 세시 풍속은 계속 살아남았다.

경신일에 잠을 자지 않고 밤을 새우는 것은 도교에서 유래한 것이다. 몸에 있는 세 가지 시충이 사람의 잘못을 기억하고 있다가 경신일 밤에 잠자는 틈을 타서 몰래 상제에게 밀고한다고 해서, 그 틈을 주지 않기 위해 잠을 자지 않았다고 한다.

나례는 원래 중국에서 유래된 것으로 묵은해의 악귀를 쫓아내던 의식이다. 이때 가면을 쓰고 붉은 옷을 입고 주문을 외우기도 하고, 처용무를 추기도 했다.그림 7 이 의식도 유교 경전에 입각한 것이 아니었다. 이에 나례 의식이 폐지되기도 하고 부활되기도 했다. 다음은 그 한 사례다.

그림 8 화성능행도에 보이는 매화포

섣달에 거행하던 '대나례'를 복구했다. 당초 인조 정축년1637 난리 뒤에 헛된 비용이 많아서 일시 폐지했었다. … 관상감으로 하여금 『오례의』를 상고하여 예전의 제도대로 복구하게 명했다. 다만 방상시가 쓰는 종이 가면을 나무로 대신한 것은 비용을 줄이기 위한 것이다. _숙종실록 18년(1692) 12월 18일

연말연시에는 대포나 불화살을 쏘고 징이나 북을 울려서 귀신을 쫓았다. 불꽃놀이도 역시 귀신을 놀라게 하는 방법이었다.

이어서 근정전에서 연회를 베풀고, 군기감에 명하여 불꽃놀이 기구를 근정문 바깥뜰에 설치하게 했다. 저녁이 되어 연회를 파하고 사신과 더불어 근정문에 나아가서 불꽃놀이를 구경했다. 화염이 하늘을 가로지르고 소리가 궁정을 뒤흔드니, 사신과 두목 등이 아주 기이하게 여겨 찬탄하기를 그치지 않았다. _태종실록 18년(1418) 1월 1일

정조의 화성 행차 그림에는 화약을 땅에 묻어서 터뜨리는 불꽃놀이인 매화포埋火砲 장면이 보인다.그림 8 또 제야에 잠을 자면 눈썹이 희게 된다고 해서 아이들을 자지 못하게 했다. 혹시 자는 아이가 있으면 눈썹에 흰가루를 묻혀서 놀라게 했다.

우리 조상들은 사시사철마다 그때에 맞는 축제를 벌여왔으니, 그것

이 바로 세시 풍속이다. 지금은 고장마다 축제를 만들어 별별 종류가 다 있게 되었다. 지방자치제가 시행된 뒤에 자기 고장을 알리는 수단으로 이용하기 때문이다. 아마 축제만 따라다니면 일 년 동안 전국을 돌아다닐 수 있을 것이다. 그런 축제 가운데에는 강릉 단오제처럼 세시 풍속을 활용한 것도 있다. 현대적 변용인 셈이다. 다만, 개인적으로 귀향하여 조상에게 차례를 지내고 성묘를 하는 날은 설과 추석으로 축소되어 2대 명절로 남게 되었다.

공존과 배척

그림 1 백의관음도의 십자가 낙서(2008. 3.)

1980년대 중반에 강진 무위사에 답사를 갔다가 사나운 개들 때문에 학생들이 무서워했던 기억이 있다. 한적한 이 시골 절이 개 짓는 소리로 떠들썩했는데, 주지 스님의 말을 듣고서야 수긍이 되었다. 절 자리는 풍수가 좋은 곳이기에 이곳에 무덤을 쓰려고 방화를 기도하는 사람이 있는가 하면 광신도가 들어와서 훼손하려 하기 때문에 어쩔 수 없이 개를 키운다는 것이었다. 이곳에는 1430년 세종 때에 지은 국보 13호 극락보전이 있어 유명하다. 이 극락전 내부의 「백의관음도」도 보물로 지정되어 있는데 거기에는 지금도 십자가를 그은 자국이 남아 있다.그림 1

2008년은 종교 편향 문제로 시끄러웠던 한 해였다. 새 정부 인사가 이를 자극하는 발언을 한 데다가 정부 웹 사이트에서 사찰 정보를 누락한 것이 알려지면서 촉발되었고, 급기야 한 목사가 "불교 국가는 못 산다"든가 "스님들은 쓸데없는 짓 하지 말고 빨리 예수를 믿어야 한다"고 하는 등 불교를 비하하는 발언을 해서 물의를 일으켰다. 2010년에도 '봉은사 땅밟기'가 벌어져 시끄러웠다. 서울 강남의 봉은사 안에 들어가서 기도하고 찬송하는 일을 벌인 것이다. 이 뒤에도 외국 사원에서 기타 치며 찬송하는 젊은이들 동영상이 물의를 빚은 적이 있다.

이런 불협화음 속에 신부, 목사, 스님들이 함께 축구 대회를 열었다는 기사는 눈길을 끄는 것이었다. 서로 다른 종교의 화합을 위한 불교, 천주교, 원불교의 여성 성직자들의 모임인 삼소회도 주목된다.

동양 사회는 전통적으로 다종교성에 바탕을 두었다. 중국을 여행하다 보면 유교 국가라기보다는 도교가 국교라는 느낌이 들 정도다. 또 도교와 불교가 한데 어우러져 도교 사원인 도관에 가면 절에 있는 것 같고, 절에 가도 도관에 있는 것 같은 느낌을 받는다. 어딜 가나 향을 태우는 연기가 자욱하다. 중국인은 기독교인이라 해도 도관에 가서 절하는 것을 전혀 꺼리지 않는다. 도관이든 절이든 따지지 않고 돈을 잘 벌게 해달라는 매우 현실적인 기도를 열심히 한다. 이렇게 그들은 유교나 도교나 불교를 개의치 않는다.

도교가 중국의 민족종교라 한다면, 신도는 일본의 고유 종교다. 아쉽게도 우리는 그렇게 뚜렷한 민족종교를 손꼽기가 어렵다. 일본인은 태어나서 자라고 결혼하고 새 물건을 사고 하는 일체의 삶을 신사에 의지하고, 죽은 뒤에는 절에 묻힌다. 신사와 절이 분업을 하고 있다. 2008년 8월 일본을 답사할 때에 한 신사에 들르니 마침 새 자동차를 구입한 듯한 여인이 신관의 축도를 받고 있었다.그림 2

우리도 최첨단을 달리는 슈퍼컴퓨터나 점보기를 구입하면 돼지머리

그림 2
신관의 축도(2008. 8.)

를 놓고 고사를 지낸다. 유적을 발굴할 때도 고사를 지내곤 한다. 최근에는 글로벌 기업을 지향하는 롯데백화점이 고사판을 벌였다고 해서 기사가 났다.그림 3 승용차 사고와 화재 사건 등이 빈발하자 고육지책으로 소공동 본점 명품관에서 돼지머리를 올려 고사를 지냈다고 한다. 지푸라기라도 잡는 심정이었을 것이다. 이처럼 우리 사회에는 고사가 아직도 생명력을 가지고 있다.

개인의 다종교성은 우리도 예외가 아니었다. 한 종교학자는 현대 한국인의 다종교 상황을 이렇게 설명한다.

사실상 한국인은 인간관계의 위계질서는 유교의 윤리관에서, 삶의 당혹감을 달래고 해석하는 데는 불교의 인연 업보관에서, 삶의 역동적 추구를 구하는 행동 철학은 기독교의 사랑의 정신에서, 그리고 불확실

오죽했으면… '고사판' 벌인 롯데百

올 여름 화재 등 사고 잇달아 기강 다잡고 매출증대 기원

글로벌 기업을 지향하는 롯데백화점이 최근 서울 중구 소공동 본점 명품관 애비뉴엘에서 '고사판'을 벌인 것으로 알려졌다.

고가의 해외 수입 브랜드가 즐비한 이곳에 어울리지 않게 돼지머리가 올려진 고사상이 차려진 까닭은 올여름 줄지어 터진 각종 사건·사고 때문. 백화점 관계자들도 "어떻게 이런 일이…."라며 당혹할 정도로 불상사가 끊이질 않았다.

지난 8월 26일 광주점 지하 주차장 3층에서 직원이 몰던 승용차가 벽을 뚫고 나가 지하 6층으로 추락해 이 직원이 숨지는 사고가 시작이었다. 2주 뒤인 9월 8일엔 구리점 지하 2층 잡화 창고에서 원인을 알 수 없는 불이 나 손님들이 대피하는 소동이 벌어지기도 했다.

이뿐 아니다. 외부에 알려지지는 않았지만 청주점 옥상에서 노인 고객이 뛰어내려 사망하는 끔찍한 일이 벌어졌고, 부산 지역의 한 점포에서도 고객이 자살하는 사건이 발생했다. 또 서울 잠실점에서도 슈퍼 쪽 연결 통로에서 작은 화재가 일어나기도 했다.

이처럼 각종 안전사고가 끊이지 않는다는 것은 그만큼 기강이 해이해졌다는 방증으로, 고객 서비스를 생명으로 하는 유통업체에는 치명적일 수밖에 없다.

특히 구리점 화재의 경우 본사 임원이 각 점포에 불조심을 당부하는 지침을 내리자마자 바로 일어난 것이어서 고위 경영진을 격분케 했다.

여기에다 밖으로는 공정거래위원회의 판매 수수료 인하 압박이 거세 골머리가 아플 지경이다. 글로벌 금융위기 여파로 내수시장이 얼어붙을 조짐을 보이는 가운데 공정위가 영업이익에 손을 대려 하니 여러모로 심기가 편치 않은 것이다.

또 상반기 내내 두 자릿수 신장률을 구가하던 매출이 최근 급격히 둔화되는 것도 고민을 키우고 있다. 롯데백화점의 9월 매출은 전년 동월보다 8.4% 늘었지만 현대백화점 14.0%, 신세계백화점 12.6%에 비해 저조한 성적표를 받았다.

깊어가는 '내우외환'에 지푸라기라도 잡는 심정으로 결국 고사까지 지내게 된 것이다.

한 롯데쇼핑 관계자는 "올해처럼 악재가 줄 이은 경우는 처음"이라면서 "오죽했으면 고사를 다 지냈겠느냐."며 답답한 심경을 토로했다. 박상숙기자 alex@seoul.co.kr

그림 3
롯데백화점 고사
(서울신문 2011. 10. 17.)

한 내일의 운명을 헤아리는 운명관은 무속에서 영향을 받고 있다. _윤이흠 책, 250쪽

많은 한국인이 필요에 따라 불교 사찰에 갔다가 기독교 교회에 갔다가 해서 똑같은 동기로 기복 행위를 하면서도 양심의 갈등을 느끼지 않는다는 것이다. 굳이 신자가 아니라도 나 자신의 행동 패턴을 반추해 보면 몇 가지 종교적 영향이 미치고 있는 것을 깨닫게 된다. 장례를 치르고 난 뒤에 유교식인 삼우제를 지내고 불교식인 49재를 지내는 것도 그런 것이다.

그런데 이런 지적은 현대 종교학자만 했던 것은 아니다. 헐버트의 말을 인용한 다음 글을 보자.

코레아 전문가 헐버트 … 에 의하면 코레아 사람들은 사회생활에서는 유가에, 사고를 할 때는 불가에 속하며, 곤란한 지경에 빠지면 귀신 숭배자가 된다고 합니다. _아손 그렙스트 책, 104쪽

역시 100여 년 전에 한반도를 방문했던 독일인도 이렇게 기록해놓았다.

사실 조선인들은 선량한 만큼 신앙이 필요 없다. 하나의 종교에 정착하지 못하고, 서너 개의 종교를 두루 거쳐 가는 이상한 무관심을 농담 삼아 말하기도 한다. 즉 유교를 믿는 집안에서 태어나 어릴 때부터 유교 교육을 받으며, 부모들은 자식들을 자신과 조상들의 영혼을 위해 제사를 지내주는 가장 바람직한 사람으로 만든다. 그 후 나이가 들어가면서 토속적인 원시 신앙에 어느 정도 마음을 여는 추종자가 된다. 정령을 숭배하고 나무나 돌에 기원하며 온갖 미신적인 관습으로 가득한 샤머니즘은, 수천 년 전이나 지금이나 여전히 민족의 고유 종교로 자리 잡고 있다. 그러다 임종이 다가오면 조선인들은 결국 불교에 귀의한다. 불교의 영원한 윤회 사상이 죽음의 순간을 맞이하는 그들에게 그럴듯하면서도 위협적으로 다가오기 때문일 것이다. 이 나라 어디서나, 관직상 유교의 예를 지키는 국가 관리들조차 불교 관습에 따라 장례를 치르고 제사를 지낸다. _지그프리트 겐테 책, 197쪽

이러한 다종교성은 고대부터 내려오는 전통이었다. 643년 고구려 연개소문이 보장왕에게 건의한 말이 우선 머리에 떠오른다.

3월에 연개소문이 왕에게 고했다. "3교는 솥발과 같아서 하나라도 없어서는 안 됩니다. 지금 유교와 불교는 모두 흥한데 도교는 아직 성하지 않으니, 천하의 학술을 구비했다고 말할 수 없습니다. 엎드려 청하건대, 당나라에 사신을 보내 도교를 구해다가 나라 사람들을 가르치소서." 대왕은 매우 옳게 여겨서 당나라에 글을 올려 요청하니, 태종이 도사 숙달 등 8인을 파견하고, 아울러 노자의 도덕경을 보내주었다. 왕은 기뻐하고 절간에 머물게 했다. _『삼국사기』 고구려 보장왕 2년(643)

정鼎은 세 발 달린 솥이니, 그중 하나라도 길이가 맞지 않으면 솥이 될 수 없다. 그러기에 세 개의 대등한 세력이 솥발처럼 서 있다고 해서 정립鼎立이라 부르고, 세 세력이 대등하게 분점한 것을 정분鼎分이라 한다. 고구려 말기에 연개소문은 유교와 불교를 억제하고 도교를 키워서 억강부약을 통해 유·불·도 3교의 정립을 꾀했다. 이러한 3교의 공존 모색은 고대의 기본적인 종교 정책이 되었다.

이런 정신은 통일신라 말 최치원857~?이 지은 난랑이란 화랑의 비문에서도 엿볼 수 있다.

최치원의 난랑비 서문에 다음과 같이 일렀다. "나라에 심오한 도가 있으니 이를 풍류라 한다. 이 가르침을 일으킨 내력은 선사仙史에 자세히 갖추어져 있으니, 이는 실로 3교를 포괄하여 중생을 교화하고자 하는 것이다.

예컨대 들어와서는 집안에서 효를 행하고 나가서는 나라에 충성하는 것은 노나라 공자의 뜻이요, 인위적으로 일을 처리하지 않고 말 없는 가르침을 실행하는 것은 주나라 노자의 가르침이며, 모든 악행을 저지르지 않고 여러 선행을 받들어 행하는 것은 천축국 태자의 교화다." _『삼국사기』 진흥왕 37년(576)

여기서 지적한 풍류는 신라를 대표하는 화랑도를 가리키며, 이 역시 유교와 불교에 노자의 무위자연 사상이 결합된 것임을 알 수 있다. 이러한 화랑의 이념은 6세기 진흥왕 때에 화랑도가 창설되면서 형성되기 시작했을 것이다.

원광법사555~638가 만든 '세속오계', 즉 화랑이 지켜야 할 다섯 가지 계율도 불교 교리에만 집착하지 않았다. '사군이충', '사친이효'는 유교적인 충효를 중시한 것이고, '교우이신'이나 '임전무퇴'도 유교적인 신의와 용기를 강조한 것이다. 심지어는 살생하지 말라는 불가의 가르침과 달리 선택적으로 살생을 하라는 '살생유택'마저 들어가 있다. 이것은 유교와 불교가 결합된 신라인의 가치관을 반영한다.

고려시대 들어서도 3교의 가치는 그대로 인정되었다. 다음은 고려 초기 최승로927~989가 982년 성종 즉위 시에 올린 상소문에 나온다. 이른바 시무28조의 한 부분이다.

또한 3교는 각각 전담하는 바가 있으므로 받드는 자가 이를 하나로 뒤섞을 수는 없습니다. 불교의 봉행은 스스로를 닦는 근본이 되는 것이요, 유교의 실행은 나라를 다스리는 근원이 되는 것입니다. 스스로를 닦는 것은 내세를 위한 바탕이요, 나라를 다스리는 것은 현재 실행할 임무입니다. 현재는 아주 가깝고 내세는 지극히 머니, 가까운 것을 버

리고 먼 것을 구하는 것은 잘못이 아니겠습니까? _『고려사』 최승로 전기

그는 신라가 지나치게 불교에 치우쳐 멸망한 것을 인식하고, 성종에게 불교에만 집착하지 말고 유교도 진흥할 것을 건의했다. 유교는 현세를 위한 것이요, 불교는 내세를 위한 것이라는 지적이다. 선교도교에 대해서는 직접 언급하지 않았지만, 3교는 각자 독자적인 역할이 있다는 점을 강조했다.

이런 분위기는 고려시대를 통관했고, 조선시대 대표적인 유학자인 서경덕1489~1546도 이렇게 얘기했다.

서 선생서경덕이 일찍이 말하기를 "천하에 세 가지 도道가 있는데, 유도儒道가 최상이고, 불도佛道가 다음이며, 선도仙道는 그다음이다. 학문도 그러하다" 하였다. _『오산설림초고』

문종 때에 경기 지방에 악질이 돌자 민간에서는 불교의 수륙재를 베풀어 기도하도록 조치했으나, 박팽년은 후세의 웃음거리가 될 터이니 정지해야 한다고 왕에게 건의했다. 이에 대해서 문종은 다음과 같이 대답하고 그의 말을 받아들이지 않았다.

임금이 말하기를 "똑같은 사람인데, 승려 옷을 입고 행하면 불사라 하고, 유학자 옷을 입고 행하면 제사라 한다. 그러니 여제厲祭나 수륙재나 신을 섬기는 것은 동일하다. 여제만 해도 어찌 그 신의 소재를 알고서 하는 것인가. 또 귀신은 만물과 연결되어 빠짐이 없으니, 한 귀신만 섬

기면 모든 신에게 두루 제사할 필요가 없이 모두 통한다는 것이다. … 만약 수륙재 행사가 점차 이단을 일으키는 빌미가 되어 장차 큰 해를 끼친다면 할 필요가 없다. 그러나 이것은 다만 백성들의 소원에 따라 잠시 마음의 위안을 주려는 것일 뿐이다. 대저 병이란 마음에서 비롯되는 것이어서 편안해지면 병도 그칠 수가 있는 것이다" 하고, 박팽년이 간청했으나 윤허하지 않았다. _문종실록 1년(1451) 9월 18일

문종은 불교의 수륙재나 유교의 여제나 신을 섬기는 것은 마찬가지라고 답했다. 그러면서도 이단을 키우는 것이 아님을 분명히 했다. 성리학자에게 불교는 이단이었고 배척 대상이었던 것이다. 그래서 박팽년은 수륙재 정지를 간청했다.

그런데 불교 교리에는 '이단'이란 말이 없다고 한다. 절에 가면 전통신앙이 습합되어 있는 것을 흔히 볼 수 있다. 산신을 모신 사당이 있고, 그림 4 북두칠성을 모신 사당도 있다. 그러기에 우리나라에 주자성리학이 들어오기 전에는 유불도 3교가 평화롭게 공존할 수 있었다.

심지어 기독교의 일파인 경교가 불교와 결합된 모습도 경주에서 출토된 마리아상에서 찾아볼 수 있다. 현재 숭실대학교 기독교박물관에 소장되어 있는 이 유물은 흙으로 구워 만든 것인데, 광배가 달린 불상 형식이면서 가운데에는 여인이 아이를 안고 있다.그림 5 이와 비슷한 것으로 둔황 천불동에서 스타인이 발견한 예수 그림이 있다. 가사를 두르고 엄지와 중지를 맞댄 수인을 하고 뒤에 광배가 달린 것은 영락없는 보살상인데, 다만 왕관과 지팡이 상단, 가슴 목걸이에 십자가가 달려 있어 예수의 모습임을 보여준다.그림 6

그림 4 강진 무위사 산신각(2008. 3.)

그림 5 경주 출토 마리아상

일본 에도시대에 기독교 탄압이 있었을 때에는 주로 중국에서 만든 자모관음상慈母觀音像을 성모마리아상으로 삼아서 신앙을 지켰다고 한다. 일본 나가사키에 있는 오우라大浦성당 전시실에서 마리아 관음상을 볼 수 있었다.그림 7

신라 말에 불교가 큰 폐해를 불러오자 새 왕조인 고려에서는 유교를 진흥시켜 이를 견제하고자 했다. 이는 최승로의 건의에서 잘 알 수 있다. 그런데 고려 말에 불교의 폐단이 불거지자 새 왕조인 조선에서는 이를 배척하고 성리학 일변도의 국가로 만들어갔다. 이때부터 불교는 배척되었고 탄압받는 존재가 되었다. 3교의 공존 논리는 사라져갔다.

이제 불교는 유교의 동반자가 아닌 적대자가 되어버렸다. 다음은 성종 때 상소문의 일부다.

그림 6 보살상 형식의 예수상

그림 7 마리아 관음(2014. 5.)

중국의 위나라와 진나라가 어지러웠던 것은 노자의 도교 때문이고, 양나라와 후위가 실패한 것은 불교 때문이었습니다. 우리 동방에서 신라가 쇠퇴하고 고려가 멸망한 것도 역시 불교 때문입니다. 그러니 지나간 역사를 찾아보면 하나하나 징험할 수 있습니다. 우리 태종대왕께서는 앞 수레의 넘어진 바퀴를 거울로 삼아서 우리의 도吾道, 유교를 높여 숭상하고 이단을 물리쳐서 절을 혁파하고 노비를 거두어 우리 조선에 문명한 정치를 여셨습니다. _성종실록 23년(1492) 12월 3일

이 글 앞부분에서 중국의 한, 당, 송나라가 번성했던 것은 유교의 가르침을 활용했기 때문이라고 지적한다. 그에 비해서 위, 진, 양, 후위가 쇠퇴한 것은 도교와 불교 때문이었다고 주장한다. 그러니 유교의 가르

침은 옳고 도교와 불교의 가르침은 옳지 않다는 논리가 나올 수밖에 없다. 이런 상대적 인식은 중종 때 한형윤이 왕에게 아뢴 대목에서 잘 드러난다.

지금은 불교와 노자의 도가 쇠퇴해서 상하가 모두 숭봉하려는 뜻이 없습니다만, 예로부터 지금에 이르기까지 저들이 성하면 우리가 쇠하고 우리가 성하면 저들이 쇠하여 번갈아 성쇠했으니, 처음 싹이 자랄 때에 막아버려 금지하는 방법을 찾아보지 않을 수 없습니다. _중종실록 18년(1523) 7월 18일

채수가 지은 『설공찬전』이 1997년에 처음 세상에 알려져 『홍길동전』보다 100여 년이 앞선 한글 소설로 확인된 적이 있다. 중종 6년1511 9월에 불온한 서적으로 낙인찍혀 소각된 뒤로부터 500년 가까운 세월이 지난 뒤였다. 그 내용이 불교의 화복 윤회를 다루고 있어 요망스럽고, 부정한 도로 올바른 도를 어지럽혀 백성들을 혼란에 빠뜨렸다고 비판받았다. 그는 이 때문에 파직되었다.

숙수사란 절이 있던 자리에 우리나라 최초의 서원인 백운동서원, 즉 소수서원이 세워진 것은 불교에서 유교로의 교체를 상징해준다. 2012년 서울 도봉서원이 있던 곳을 발굴한 결과 금강저, 금강령 등 고려시대 불교 유물 77점이 무더기로 쏟아져 나왔다. 도봉서원 자리가 원래 절이었던 것을 증명해준다.

이를 보면 스페인 사람들이 멕시코 아즈텍의 피라미드를 허물고 그 위에 천주교당을 지은 행태가 생각난다. 항상 관광객으로 북적이는 멕

그림 8 피라미드 위의 성당
(2006. 12.)

시코시티 소칼로 광장에는 유명한 천주교당이 있는데, 그곳에 가면 그 옆에 흔적만 남은 피라미드 유적도 함께 보길 바란다. 아즈텍 제국의 핵심지가 어떻게 비참하게 파괴되었는지 볼 수 있을 것이다. 이것은 아즈텍, 식민지, 현대의 세 문화를 볼 수 있다고 해서 붙여진 3문화광장에서도 확인된다. 파괴된 피라미드 위에 식민지시대 성당이 서 있고, 그 뒤로 현대식 아파트가 보인다.그림 8 이곳은 1968년 독재 정권이 군대를 동원하여 사람들을 학살한 현장이기도 하다. 세계 최대의 체적을 가진 피라미드로 손꼽히는 촐룰라Cholula 피라미드 꼭대기에도 멕시코 정복자들이 지은 성당이 올라가 있다.

경기도 양주에 있는 회암사지의 역사에서도 그런 사회적 분위기를 잘 느낄 수 있다. 필자가 대학생 시절에 주지 스님 몰래 무학대사 비석을 탁본하다가 비바람 때문에 결국은 실패하고 만 쓴 경험이 있는 곳이다. 고려시대에 창건된 회암사는 무학대사가 이성계와 맺은 큰 인연 때문에 조선시대의 숭유억불 정책에도 불구하고 번창했다. 태조가 왕위

그림 9
발굴 중인 회암사지(2004. 6.)

그림 10
효령대군 명문 기와(2014. 2.)

를 물려준 뒤에는 회암사에 거처했을 정도였다. 태종과 세종 때에도 비호를 받아 중창을 하거나 대규모 불사를 열었으며, 성종과 명종 때에는 왕후들의 도움으로 크게 세력을 키웠다. 1998년부터 장기간 발굴되어 드러난 회암사지의 규모를 보면 얼마나 번성했었는지를 금방 느낄 수 있다.그림 9

이 절터에서 '효령대군'이란 글자가 박힌 막새기와가 몇 점 발굴되었다.그림 10 연도도 함께 표기되어 있는데, 각각 세종 16년1434, 세종 18년,

세조 6년1460에 해당하여 그가 회암사 중창에 깊숙히 관여했던 것을 알 수 있다. 관악산 연주암에도 그의 영정이 모셔져 있을 정도로 불교에 독실하였다. 그의 형인 양녕대군과 그 사이에 있었던 다음 얘기는 이를 잘 말해준다.

효령대군이 절에서 법회를 베풀 때에 양녕대군과 동행하게 되었다. 양녕이 하인 10여 명을 시켜 매를 팔 위에 얹고 개를 끌고 가니 방울 소리가 계곡에 울렸다. 절에 도착하여 불상 옆에 매를 쉬게 하고, 꿩을 잡아 불에 구워 먹으며 절간에서 크게 취했다. 효령은 그가 방자하고 꺼림이 없음을 몹시 못마땅히 여기고 안색을 바꾸어 말했다. "형님은 큰 부처님 앞에서 어찌 무례하십니까? 앞으로 있을 길흉화복이 두렵지 않습니까?" 양녕이 크게 웃으며 "태어나서는 임금의 형이 되어 온 나라가 존경하고, 죽어서는 부처님의 형이 되어 세상이 받들 것이니, 살아서나 죽어서나 복이 있는데 내가 어찌 두려워하겠나?" 하니, 효령은 아무 말도 못했다. _『청파극담』

위의 얘기처럼 자유분방했던 양녕은 태종의 맏아들이며, 효령은 둘째 아들이고 세종인 충녕은 셋째 아들이다. 두 사람이 세종에게 왕위를 물려주려 노력했던 일화는 잘 알려져 있다. 방배동方背洞은 우면산을 등지고 있는 동네란 뜻이란 설이 유력하나, 양녕대군이 왕위에 대한 생각이 없음을 보여주기 위해서 한강을 등지고 남쪽으로 내려왔다고 하는 데서 유래되었다는 설도 있다. 흥미롭게도 효령대군의 묘소가 서초구 방배동에 있고, 양녕대군의 묘소가 동작구 상도동에 있어, 직선거리로

6킬로미터가 되지 않는 가까운 거리에 두 사람이 묻혔다.

회암사 비호는 매번 조정 신하들의 반발을 불러왔다. 세종 때에 회암사에서 중들의 간음과 절도 사건이 벌어지자, 이를 빌미로 본격적인 공격이 시작되었다. 명종 때에 문정왕후가 승정원에 내린 지시를 보면 유생들이 사찰에서 소란을 피운 것을 알 수 있다.

선왕의 능침에 대한 일은 잡인들이 출입할 염려가 있어서 궁궐에서 적발하게 했는데, 유생들이 몹시 소란을 피워 사찰에 전해 내려오던 많은 기물이 파손되었다고 한다. … 그중에서도 가장 심했던 황언징은 식년에 열리는 과거시험을 보지 못하게 하라. 정인사는 덕종대왕의 능침사이고 회암사는 태종대왕의 능침사인데, 유생들이 난입하여 소란을 피워서야 되겠는가? 봉은사, 봉선사 두 절의 사례처럼 방을 내걸어 금지하라. _명종실록 4년(1549) 9월 8일

이로부터 몇 년 뒤에 사관은 이에 대해서 나라가 망할 것이라고 실록에 적어놓았다.

이때 보우普雨가 하고 싶은 일이 있으면 반드시 한글 편지로 궁궐 안에 직접 들여보냈는데, 아무도 감히 캐묻지 못했다. … 상께서도 사찰 승려에 관한 일에 대해서는 역시 곡진히 보호하고 치우치게 비호했다. 이 때문에 공경에서부터 천한 백성에 이르기까지 높이 받들고 조심하여 두려워하지 않는 이가 없었으니, 이미 풍습이 되어버려 사람들이 괴이하게 여기지 않았다. 사신은 논한다. 아아, 나라가 망할 날이 얼마 남지

않았다. _명종실록 10년(1555) 4월 23일

그러나 왕실의 비호는 더 이상 오래가지 못했다.

양주 회암사에서 무차대회를 베풀었는데, 내시를 보내서 중지시켰다. 【이때 세자를 갓 잃자 요승 보우가 복을 기원해야 한다는 말을 떠벌여 무차대회를 베풀자고 청했는데, 자전께서 그 말에 혹하여 따랐다. 승려들이 사방에서 모여들어 몇천 명이나 되는지 모를 정도였고, 조각 장식한 물건으로 극히 화려하고 사치하게 꾸며 옛날에는 보지 못하던 광경이었다. … 자전께서 그 계율에 따라 목욕재계하고 채식만 하기를 수십여 일 동안 하다가 병환이 나기에 이르렀다. 병세가 위독해지자 사람을 보내서 중지하게 했는데, 무차대회를 베푼 지 이미 며칠이 되었다.】 _명종실록 20년(1565) 4월 5일

이 때문에 문정왕후가 죽자 그녀의 비호자였던 보우는 죽임을 당했다. 그 뒤에 회암사는 유생들에 의해 불태워져 역사 속으로 사라졌던 것 같다. 명종이 지시한 다음 말에서 이를 유추할 수 있다.

요즈음 유생들이 상소한 뜻을 보니 사실 오도吾道를 돕고 이단을 물리치려는 지극한 심정에서 나온 것이다. 유자의 도리로는 과연 이렇게 하는 것이 마땅하고, 나도 가상하게 생각한다. … 다만 금년 봄에 송도의 유생이 음사를 불태워 버린 뒤로 사방에서 그것을 본받아 유림들이 헛되이 혈기의 용맹을 부려 방자한 행동을 일삼고 있다. 민간에서 떠들썩하

게 떠도는 소문을 들으니 회암사를 불태우려 한다거나 새로 지은 인수궁에 불 지르려 한다고 하니, 듣기에 매우 놀랍다. _명종실록 21년(1566) 4월 20일

소문대로 유생들이 불을 질렀는지 그 뒤 임진왜란 때에 불탔는지 확인할 길이 없다. 그 번창했던 사찰이 기록도 남기지 못하고 폐허가 되어버렸다. 발굴을 통해서도 화재 때문에 폐사된 것이 확인되었을 뿐이다. 이렇게 해서 16세기 후반부터 400년간 땅속에 잠들어 있었다.

조선이 불교를 억압함에 따라 불교를 숭상했던 중국이나 일본과의 외교에서도 이따금 곤란한 문제가 발생했다. 세종 1년1419에 30명의 승려가 명나라로 도망간 사건이 발생하자, 이들이 중국에 탄압 사실을 고하여 문제를 일으킬 것을 염려해서 대책 회의를 한 일이 있다. 이때 세종이 한 말이다.

우리나라에서는 앞서 이미 절에 속한 땅과 백성을 혁파하여 겨우 열에 하나만 남겼고 이번에 또 절의 노비를 다 없앴으니, 비록 그들이 스스로 자초한 것이라 할지라도 어찌 원망이 없겠는가? 이들이 이미 희망을 잃은 데다가 황제가 불교를 숭상한다는 말을 들었으니, 분명히 중국으로 도망해 들어가 말을 꾸며서 참소하는 사람이 있을 것이다. 하물며 황제의 불교 신봉이 그와 같고 우리나라의 불교 혁파가 이와 같은데, 중들이 여기서 도망하여 저곳으로 들어가고자 하는 것은 의심할 여지가 없는 것이다. _세종실록 1년(1419) 12월 10일

이때에 임시로 불교계를 위무하고 경을 외우는 등 중국에 꼬투리를

잡히지 않으려는 정책을 지시했다. 그러면서 "이것은 과인이 불교의 화복설을 겁내서가 아니다. 또 불교를 배척한다 하여 천자가 갑자기 군사를 일으켜 우리나라를 치겠느냐마는, 지금은 임시방편으로 이렇게 하지 않을 수 없다"고 신하들에게 말했다.

청나라와의 관계에서도 이 사정은 변하지 않았다. 다음은 중국의 연락관이 조선 통역관에게 불교를 믿는지 묻자, 어찌 답해야 할지 사신들과 상의한 장면이다.

통관通官이 당번한 역관에게 "당신 나라에서도 불교를 믿는가요? 국내 사찰은 얼마나 되나요?" 하고 묻자, 수석 통역관이 들어와 사신에게 "통관의 이 말은 단지 그의 개인 생각에서 나온 것이 아닌 듯하니 뭐라 대답하오리까?" 하고 물었다. 세 사신이 상의하여 다음과 같이 답하게 했다. "우리나라 습속은 본래 부처를 숭배하지 않아서, 사찰이 지방에는 있지만 도성에는 없습니다. 그러니 조금 있는 셈입니다." _『열하일기』 태학유관록

중국에서 하사받은 사리나 불상도 처리하는 데 골머리를 썩였다. 중국에서 왕에게 보내온 사리를 받지 말라고 신하들이 요구했던 일을 보자.

승정원이 아뢰었다. "신들이 엎드려 보건대 웅유격熊遊擊, 유격장군 웅정동?이 바친 물건 가운데 사리 1과가 있습니다. 사리란 바로 중을 다비했을 때에 나오는 것입니다. 그 도리는 오랑캐 것이며, 그 물건은 흉악하고 더러운 것입니다. 흉악하고 더러운 물건을 전하에게 바친 것은 오랑캐의

도리로 전하에게 아첨하려는 의도이니, 바친 물건은 비록 작지만 그 해는 클 것입니다. … 사리를 받지 말아서 이단을 물리치고 법도를 숭상하는 훌륭한 뜻을 보이소서."

이에 "예조의 관원들이 의논하여 처리하게 한 다음에 보은사로 보내라"고 지시했다. _광해군일기 11년(1619) 3월 11일

중국 황제의 최측근 승려에게서 선물로 받은 불상을 어찌 처리할지도 골칫거리였다. 박지원의 일기를 다시 보겠다.

오늘 반선이 준 불상은 거의 한 자나 되고, 나무로 새겨서 도금한 것처럼 보인다. 여기에 요괴가 붙어 있지 않은지 어찌 알 수 있겠는가? 창졸간에 이를 받았으나, 우리 일행 모두가 마치 꿀단지에 손을 넣은 것처럼 어찌 할 바를 모르겠다. 내가 밤에 정사에게 이를 어떻게 잘 처리할지 물었더니, "벌써 수석 통역관을 시켜 작은 궤짝을 만들게 했네" 한다. 나는 "좋습니다" 했다. 정사는 잘했다는 게 무슨 뜻이냐고 물어서 "이는 강물에 띄우려는 것이지요?" 하니, 정사가 웃고 나도 웃었다.

오는 길에 사찰에다 버린다면 중국의 노여움을 살까 두렵고, 이를 가지고 입국한다면 당연히 물의를 일으킬 것이다. 그러니 피차의 국경에서 흐르는 물에 띄워 바다로 떠내려 보낼 수밖에 없고, 그러기에는 압록강만 한 곳이 없다. _『열하일기』 피서록避暑錄

이 불상은 이 말처럼 처리되지 않고 압록강을 건너왔고, 왕은 급히 절에 가져다 두라고 지시했다.

황제가 금불상 하나를 사신 편에 보내 왕의 장수를 기원하는 뜻을 비쳤다. 임금이 그 소식을 듣고 급히 사신에게 지시하여 묘향산의 절에 두게 하였다. _정조실록 4년(1780) 9월 17일

일본과의 외교에서도 껄끄러운 문제들이 발생했다. 고려시대 정습인에 관한 기록에서 우선 찾을 수 있다.

일본 사신이 오자 정습인을 답례 사신으로 일본에 가게 했다. 일본 사신은 불교도였는데, 정습인의 이름을 듣고 "불교를 배척하는 사람을 우리들은 함께하지 않습니다. 바꾸어주기 바랍니다"고 말해서 결국 가지 못했다. 정습인은 부모상을 당하여 여막을 짓고 3년상을 마쳤으며, 상을 치르는 것은 한결같이 주자가례를 따랐다. _『고려사』 정습인 전기

조선 초기에 일본에서는 대장경을 달라고 요청했다. 조정에서는 어차피 배척해서 폐기해야 할 것이라서 일본 측 요구를 들어주곤 했다. 때로는 폐사된 절의 종을 주자는 논의도 있었다. 지금 대마도에만 해도 한반도에서 넘어간 불상과 종이 상당수 있다. 1996년 일본 규슈대학에 머물 때에 조사 과정에 동행한 적이 있기에 목격할 수 있었다. 이 가운데에는 왜구들이 약탈하거나 일제강점기에 넘어간 것도 있겠지만, 조선시대에 우리 스스로 넘겨준 것도 상당수가 될 것이다.

때로는 대장경을 주면서 유교 경전도 함께 주어, 조선이 유교 국가임을 강조하려 했다.

좌의정 김안로가 의논하여 아뢰었다. "… 일본 사신이 불경을 구하는데, 옛 절에 버려진 채 남아 있는 것이라서 아까울 것은 없습니다. 다만 우리나라는 불법을 받들지 않아서 불경이 없다고 답하고, 그 대신에 우리 유교의 서적을 내려주고 아울러 다른 물건을 주어 그 바라는 마음을 위로하는 것이 어떻겠습니까?" _중종실록 32년(1537) 2월 2일

중종은 이 건의를 듣고 불경과 유교 경전을 함께 주도록 지시했다. 우리나라는 불법을 숭상하지 않아서 흩어진 불경을 겨우 모아 주는 것이며, 우리가 숭상하는 것은 오직 유교 경전뿐이라 하면서 아울러 주도록 했다.

인조 때에 일본 사신에게 잔치를 베풀면서 일본 승려 현방과 대화한 내용도 보겠다.

현방이 또 "삼국시대에는 문인과 악사를 일본에 보내서 글을 가르치기도 하고 음악을 가르치기도 했습니다. 음악은 '고려악'이라 부르면서 지금까지 쓰고 있지만 음률이 잘못 변해버렸고, 글도 전해지는 것이 없습니다. 이 때문에 지난번에 도춘이 이 두 가지 일로 왔었던 것입니다. 또 불법이 중국에서 귀국에 전해져 융성하였기에 법사를 만나뵙고 배우고 익히려고 하는 것입니다"고 하니, 홍서봉 등이 "글과 음악은 바로 태평시대를 일으키는 도구이므로 관백일본 최고 지배자이 여기에 뜻이 있다면 참으로 가상하고 감탄스러운 일이다. 그러나 불법에 대해서는 우리나라가 오로지 유학만을 숭상하기 때문에 그 공부에 정통한 사람이 전혀 없다"고 했다. _인조실록 7년(1629) 윤4월 27일

그림 11
단군상 건립 반대를 내건 교회(2000. 3.)

조선 정부는 승려들이 도성에 출입하는 것을 금지할 정도로 불교를 탄압했다. 불교계가 친일 세력으로 쉽게 변모했던 것도 그런 서러움 때문이었다고 한다. 그런데 철저히 불교를 이단으로 백안시했던 성리학의 순정주의적 정신세계는 주로 미국에서 들어온 근본주의 개신교로 이어져 오늘에 이르게 되었다.

서울대학교 정문 부근에 학생회에서 세운 장승이 있었다. 그런데 어느 날 갑자기 전기톱으로 잘려버렸다. 2000년 3월에 경남 함양에 답사를 갔을 때에 시골 교회에 '단군상 건립 결사반대'란 플래카드가 걸려 있는 것도 보았다.그림 11 교정에 단군상 세우는 것을 개신교에서 적극 반대할 때였다.

그러나 그 반대의 장면도 있다. 1999년 6월에 한국학을 전공하는 외국인 학생들과 송광사에서 하룻밤을 잔 적이 있었다. 다음 날 불일암에 올랐더니 그곳 스님이 이곳에 신부와 수녀들이 차를 마시러 자주 들른다는 얘기를 해주었다. 2003년 3월에 내소사에 들렀을 때에는 기와 불사 자리에서 흥미로운 문구를 발견하였다. 광주 대성동성당 이름으로 쓴 “부활을 축하하며 불자님들과의 우정을 기원합니다”는 문구그림 12와 천주교 인천교구 이름으로 쓴 “해탈과 부활의 기쁨을 그리며…”란 문구였다. 다른 종교에 대한 따뜻한 배려를 느낄 수 있었다.

그림 12 기와에 쓴 종교 간 소통 문구(2003. 3.)

무당과 점쟁이

전라북도 부안군 격포의 해안 절벽에 있는 수성당은 원래 서해를 다스리는 개양할머니와 그의 여덟 딸을 모신 제당[그림 1]으로, 이 지역 어민들이 마을 공동으로 제사를 지내는 곳이다. 그런데 이 일대를 발굴해보니 놀라운 사실이 밝혀졌다. 삼국시대인 4세기 중반부터 현대까지 제사를 지내온 사실이 겹겹이 쌓인 유물에서 드러난 것이다. 격포 앞바다는 물살이 센 곳으로 유명하다. 1993년에 서해 훼리호 참사가 일어난 곳도

그림 1 수성당 입구(2003. 3.)

그림 2 감악산 굿당(2009. 9.)

이 부근이다. 그래서 고대로부터 이곳을 지나는 배들의 안전을 비는 제사를 올리거나 현지 주민들이 풍어를 빌면서 제사를 지낸 것이다. 1997년 2월에 이곳을 들렀더니 마침 안에서 굿을 하고 있었다.

그런가 하면 경기도 감악산 자락에는 굿당이 몰려 있다.그림 2 국내에서 계룡산 다음으로 영험한 곳으로 알려져 있기 때문이라고 한다. 굿당이란 굿을 할 수 있도록 전문적으로 장소를 빌려주는 곳이다.

대학생 시절 샤머니즘의 역사에 심취해서 이 방면으로 연구를 해보려 한 적이 있다. 그러나 자료를 읽을수록 역사학에서 연구하기가 어렵겠다고 판단하여 결국 포기하고 말았다. 이때 읽은 엘리아데의 『샤머니즘』이란 책의 한 부분은 지금도 기억에 남아 있다. 샤머니즘의 본고장은 북방인 시베리아 일대지만, 지금은 남한에 가장 전형적인 모습이 남아 있다는 것이다. 본고장에 가까운 지역들은 공산화하면서 무당들이 사라져버렸으니, 그럴 수밖에 없다.

그림 3 굿하는 장면

무당은 굿을 하여 신과 교통하는 종교인이다. 이들은 '탈혼'이나 '황홀감'이라고 하는 엑스터시를 통해 접신한다. '굿'이란 북방 아시아의 민족들에서 공통적으로 쓰이는 말로 '행복', '행운' 등을 뜻한다고 한다. 반면에 『조선무속고』를 쓴 이능화는 좋지 않은 일에 쓰이는 '궂은 날', '궂은 일' 등도 '굿'에서 나왔다고 해석했다.그림 3 지금은 무당 대신에 무속인이란 말을 많이 쓰고 있는데, 이 용어를 학술적으로 처음 쓴 이가 바로 이능화다.

무속인을 일컫는 말로 여러 가지가 있지만, 남자는 흔히 박수라고 하고 여자는 무당, 무녀라 한다. 그런데 무당이 남녀 모두를 지칭하는 대표어로 쓰일 정도로 무속인 수에서 여자가 절대 다수를 차지해왔다. 이것은 북방 아시아의 샤먼이나 서양의 종교 사제자가 대부분 남성인 것과 대비되는 것으로, 남자가 직업적으로 하기 어려웠던 우리 사회의 환경적 요인에 그 이유가 있다고 한다.

앞으로 인용하는 사료를 봐도 무당이 무녀만 가리키기도 하고 때로는 남녀 모두를 가리키기도 한다. 이 사정은 조선 후기에도 마찬가지였던 모양이다.

옛날에는 박수가 있고 무당이 있었는데, 지금은 여자 무당만 있다. 대

그림 4 문경 고모산성 부근의 성황당(2009. 6.)

개 안팎에 출입하면서 사람들과 친근해져 이득을 꾀하는데, 이런 일은 남자가 여자만 못하기 때문이다. 이 때문에 남자 무당이 드디어 없어지게 되었다. _『성호사설』 인사문, 무巫

이 밖에 경기도의 세습 무당을 '화랭이패'라고 부르는데, 이 말은 신라 화랑에서 변형된 말이라 한다. 한강변에 중한 국사범이나 천주교인을 처형했던 장소가 새남터인데, '새남'이란 말은 원래 죽음과 관련하여 야외에서 거행되는 대규모 굿을 의미한다고 한다. 그런가 하면 무녀가 어깨춤을 추다가 점차 빨라지면서 제자리에서 시계 반대 방향으로 도는데, 일상적으로 쓰는 '맴돈다'는 말은 여기서 유래되었다.

무당에는 일정한 거처를 가진 경우가 있는가 하면, 떠돌아다니는 유랑무도 있었다. 다음은 성황당그림 4 사당에 정주하는 무당을 이용해서 경주 부근의 반란자를 토벌한 얘기다.

정언진이 전선에 이르렀다. 그는 왕의 은혜에 감사하는 기도를 하겠다는 빌미로 성황당 사당에 가서 적을 체포할 꾀를 비밀히 무당에게 일러주었다. 하루는 적의 두령인 이비 부자가 사당에 와서 몰래 기도를 드리고 있었다. 무당이 거짓말로 "두령이 군대를 일으켜 신라를 회복하려하니 우리들도 기뻐한 지 오래입니다. 이제 다행히 뵙게 되었으니 술을 한 잔 대접할까 합니다" 하고, 자기 집으로 데리고 가서 술을 마셔 취하게 한 다음 마침내 정언진에게 잡아 보냈다. _『고려사』 정언진 전기

반면에 정처 없이 돌아다니는 무당은 '떠돌이 무당游巫'이라 불렀다. 다음은 숙종의 국문에 답변하는 말이다.

종의 자식인 철생이 무녀의 집에 왕래했는데, 그 무녀가 죽자 유무【일정한 거처가 없는 무당을 유무라고 한다.】에게 물어보고, 신당을 희빈의 본궁으로 옮겨 설치했습니다. _숙종실록 27년(1701) 9월 26일

천신天神을 섬기던 고대에 무당은 지배자 그 자체였거나 그 측근자에 해당하였다. 중국 랴오닝성 선양에서 1965년에 청동기시대 무덤이 하나 발굴되어 정가와자 6512호로 명명했는데, 800점에 가까운 엄청난 유물이 쏟아져 나왔다. 지배자의 세력이 대단했는지 무기나 장신구, 마구 등이 잔뜩 묻혀 있었고, 가죽신에는 수많은 단추 장식들이 달려 있었다. 더욱 주목을 끈 것은 거울 모양의 청동 제품이 머리부터 발끝까지 등간격으로 올려져 있었다는 점이다.그림 5 이것은 무당 옷에 청동거울을 주렁주렁 다는 모습을 연상시킨다.그림 6 아마 주인공은 샤먼이면

그림 5 정가와자 6512호 무덤

그림 6 중국 동북방 소수민족(허저족)의 샤먼 복장

서 정치 지배자였던 것 같다.

신라 왕을 초기에 차차웅이라 불렀던 것도 무당과 같은 존재였기 때문이다. 그 당시 샤먼을 '자충'이라 했는데, 불교가 들어온 뒤에 그런 역할을 하는 승려를 '중'이라 부르게 되었다고 한다. '중'은 '자충'의 반절에 해당한다. 고대에 샤먼과 중은 먼 거리에 있지 않았다. 1993년에 처음 정가와자 유적지에 들렀을 때에 이렇게 쏟아져 나온 유물만으로 번듯한 박물관이 세워져 있었으나, 그 직후 폐쇄되어 2004년에는 잡초와 더불어 건물만 덩그러니 남아 있었다.

무당에 관한 고대의 기록은 많이 남아 있지 않다. 『삼국지』에 기록된 마한 기사를 보면, 3세기 무렵에 '소도'가 있었는데, 큰 나무에 방울과 북을 매달아 놓고 귀신을 섬긴다고 했다. 앞에서 인용한 고려시대 성황당 사당과 거기에 살던 무당 모습과 별반 차이가 없었을 것이다. 소도는 특별히 신성한 구역으로 인정되었을 정도로 무당의 위상이 높았다.

고구려 기록에도 왕의 조언자로서 무당이 등장한다.

19년기원전 1 8월, 하늘에 제사 지낼 돼지가 달아나자, 왕이 탁리와 사비를 시켜 찾게 했더니, 장옥택에서 이를 잡아 칼로 다리 힘줄을 끊어버렸다. 왕이 듣고 노해서 "하늘에 제사 지낼 희생물을 어찌 상하게 했단 말인가?" 하며 두 사람을 구덩이에 던져 죽였다.

9월, 왕이 병이 나자 무당이 "탁리와 사비가 빌미가 된 것입니다"고 하여, 왕이 사과하게 시키니 즉시 나았다. _『삼국사기』 고구려 유리명왕

시간이 지나 불교와 유교 등 이른바 고등 종교인 외래 종교가 들어오면서 이제 무당은 천시되기 시작했다. 구약성경에도 예수의 가르침, 하느님의 가르침에 반하는 무당이나 신접한 자를 몰아내는 대목이 자주 나온다. 무당은 점점 더 부정적이고 척결해야 할 대상으로 묘사되었고, 조선시대에는 더욱 천대받았다.그림 7 그럴수록 비정상적으로 발전할 수밖에 없었고, 흔히 혹세무민의 주범으로 지목되었다.

어떤 요망한 무당이 제주堤州, 충북 제천에서 와서 천제석天帝釋이라 자칭하며 사람의 길흉화복을 망령되게 말했다. 이에 원근의 사람들이 몰려와 경쟁적으로 그를 받들었고, 가는 곳마다 재물이 산더미처럼 쌓였다.

무당이 천수사에 이르자 "내가 서울로 들어가면 풍년이 들고 병란이 멈추어 나라가 태평해질 것이다. 만일 임금이 나와서 맞이하지 않으면

그림 7
굿하는 근대 사진

나는 반드시 하늘로 올라가 버릴 것이다"고 했다. 서울 사람들이 모두 혹해서 시장 바닥처럼 몰려들었다. 이운목이 기병과 어사대 관리를 이끌고 가서 그 무당을 잡아다가 머리를 깎고 큰길가의 감옥에 가두었다가 곤장을 쳐서 쫓아 보냈다. _『고려사』 이승로 전기

일반 백성에게는 무당이나 중이나 동일했다. 잘 알다시피 우리나라 종교인들은 지금도 복을 비는 기복적 성격이 강하다고 하는데, 복을 빌 수만 있으면 무당이건 중이건 상관할 바가 아니었다. 다음은 사헌부에서 세종에게 건의한 말이다.

무식한 무리들이 사악한 말에 미혹되어 병이 나거나 초상이 나면 즉시 야외제사野祭를 지냅니다. 이렇게 안 하면 저주를 풀어낼 수 없다고 생각하여, 남녀가 떼를 지어 무당·박수를 불러 모으고 술과 고기를 성대하게 차립니다. 또 중 무리를 부르고 불상을 맞아들여 향과 꽃 그리고

차와 음식을 그 앞에 벌여놓은 뒤에는 노래와 춤과 범패를 서로 뒤섞어 행사합니다. 음란하고 요사스럽고 더러워서 예절을 무너뜨리고 풍속을 해치는 일이 이보다 심한 것이 없습니다. _세종실록 13년(1431) 8월 2일

특히 남성보다는 여성이 무당에 의지했다. 이익의 지적처럼 박수는 사라지고 무녀들만 남았다는 말도 여기에 기인한다. 이 때문에 이따금 여장한 남자 무당이 안채에 드나들고 심지어 간통 사건까지 벌어져 문제가 되었다.

한 아전이 무녀와 그 남편을 잡아 왔는데, 현덕수가 심문하더니 동료들을 돌아보면서 "이 무당이 여자가 아니라 남자구나"라고 했다. 동료들이 웃으면서 "여자가 아니면 어찌 남편이 있을 수 있느냐?"라고 하자, 현덕수가 옷을 벗기게 해서 보니 과연 남자였다.

이에 앞서 무당들이 사대부 집에 드나들면서 몰래 부녀자들과 음란한 짓을 했으나, 피해를 입은 자들이 부끄러워서 사람들에게 발설하지 못했다. 이 때문에 가는 곳마다 음란한 짓을 자행해왔는데, 이때에 이르러 온 고을이 그의 신명함에 탄복했다. _『고려사』 현덕수 전기

조선시대에도 이런 사례가 몇 건 보고되어 있다. 광해군 때에 궁중에 드나들던 복동이란 무당도 그런 인물이었다. 광해군 14년1622에 한효중이 광해군에 올린 말에 "또 듣건대 요사스런 인물인 복동은 본래 사내로서 여자 옷을 입고 궁중에 출입한다고 하는데, 어찌 한심스러운 일이 아니겠습니까?"라고 지적했는데, 마침 다른 기록에 자세히 언급되어 있다.

광해군 때에 남자 무당인 복동이란 자가 있었는데, 수염이 없고 모습도 여자 같았으며 말소리도 여성스러웠다. 여자 옷을 입고 궁궐에 출입하면서 왕비의 병환을 위해 기도한다며 통명전에 음란한 제사를 차려놓았다. … 하루는 과천에 있는 만수승암에 갔었는데, 그 암자는 우리 집안 묘소가 있는 산속에 있었다. 10여 세 정도 된 종 섬동이 가서 보고 사람들에게 가만히 "저 사람이 궁궐에 출입하면서 나인들과 교통하는 자입니까?" 했는데, 복동이 그 말을 언뜻 듣고 사람을 시켜 끌어다가 가죽신으로 거의 죽을 정도로 빰을 때린 뒤에 놓아주었다. 섬동이 매번 그 일을 우리들에게 말했는데, 인조반정 후에 복동은 형벌로 죽임을 당했다. _『공사견문록』 33~34쪽

숙종 때에도 이런 일이 있었다. 사헌부에서 아뢰어 윤허를 받은 내용이다.

도사都事를 지낸 이인한의 아들 이용석이 신령스런 무당이라고 자칭하며 요사스런 말로 사람들을 미혹하자, 다투어 재물을 가지고 남녀가 몰려들었습니다. 그 아버지의 상사를 당해서는 여자 옷으로 갈아입고 여염집에 드나들며 종적을 속이고 감추었으니, 청컨대 담당 관청에서 잡아 가두어 죄를 다스리게 하소서. _숙종실록 14년(1688) 11월 10일

도사는 종5품 벼슬로 관리의 감찰을 담당하던 관리다. 양반집 자제가 무당이 되어 여장을 하고 다녔으니, 조정에서는 난리가 났을 것이다. 더구나 부친상을 제대로 돌보지 않은 것으로 보이니, 불효스럽기

그지없었다. 이로부터 21년이 지난 숙종 35년1709에도 신령스런 무당이라 자처하며 여장을 하고 여염집에 드나든 황순중이 처벌을 받았다.

그런가 하면 명종 6년1551에는 무당 감덕이 권세가 집을 드나들며 여인네들에게 남자 행위를 하였고, 어느 여인은 마치 어미 섬기듯 했다고 한다. 결국 권력자의 세력이 꺾이자 매를 쳐서 죽여버렸다. 이 기록은 여장 남자가 아니라 무녀와 여인네 사이의 동성애였던 것처럼 보인다.

그런데 이용성의 사례를 보면 무당은 출신이 반드시 천한 사람들만은 아니었다. 이능화의 책에서도 개성 지방의 풍습에 대해 이렇게 언급했다.

무당은 본래 씨가 없어 신분에 관계없이 누구나 될 수 있다. 지금 개성군의 풍습에서는 상류층 여자가 무당이 되면 선관仙官이라 하고, 하류층 여자가 무당이 되면 무당이라 일컫는다. _이능화 책, 107쪽

신분에 따라 선관이니 무당이니 구별했다고 한다. 선관이란 고려 때의 풍습이 그대로 내려온 것이다.

무당은 고려나 조선에서 사악한 존재로 취급되어 도성에서 축출되기도 하고 세금을 물리기도 하는 사회적 약자였다. 다음은 고려 인종 때의 얘기다.

병자일에 일관日官이 아뢰었다. "근래에 무당 풍습이 크게 일어 음란한 제사가 성행하니, 담당 관리에게 명령하여 무당들을 멀리 내쫓게 하소서." 왕이 허가하는 조서를 내리자, 무당들이 걱정하여 재물을 모으고

은병銀甁, 고려 화폐 100여 개를 사다가 권력 있는 귀족에게 뇌물을 먹였다.

그러자 그가 "귀신은 형체가 없어서 그 허실을 알지 못하니 무당을 일체 금지하는 것은 좋지 않습니다"고 건의하자, 왕이 그렇게 여겨 금지법을 완화했다. _『고려사』 인종 9년(1131) 8월

이번에는 무당들이 합동으로 뇌물을 써서 살아남았다. 일관은 길흉을 점치는 일을 담당하던 벼슬아치였다. 그러나 고려 후기에 성리학이 들어오면서는 더욱 배척을 받기 시작했다. 필자가 초등학교 다닐 때에 안향1243~1306이 무당을 쫓아낸 이야기가 교과서에 실려 있었던 기억이 있다. 그 원래의 기록은 이렇다.

충렬왕 원년1275에 상주판관으로 파견되었다. 당시에 무녀 세 사람이 요망한 신을 받들어 사람들을 미혹에 빠뜨리면서 합주현 합천로부터 여러 군·현을 돌아다녔다. 가는 곳마다 공중에서 나는 사람 소리를 지어냈는데, 그 소리가 은은하게 "높은 사람이 가니 길을 비켜라"고 호령하는 것 같았다. 듣는 사람들이 서로 뒤질세라 분주히 제사 지냈으니, 수령 가운데도 그런 자가 있었다.

그들이 상주에 오자 안향은 곤장을 치고 형틀에 채워놓았다. 무당들이 신의 말이라 칭탁하며 화복을 얘기하자 상주 사람들이 모두 두려워했으나, 안향은 동요하지 않았다. 며칠이 지나자 무당들이 애걸하므로 그제야 놓아주었더니 요망한 풍속이 드디어 사라졌다. _『고려사』 안향 전기

조선시대에는 무당들을 성 밖으로 추방하는 조치를 취했다.

한성부에서 "서울 안 무녀들은 이미 성문 밖 먼 곳으로 내쫓았는데, 유독 남대문 밖의 반송방과 반석방 무녀들만 민간에 섞여 살고 있어 좋지 못하니 모두 옮기게 하소서"라고 아뢰니, 그대로 따랐다. _세종실록 15년(1433) 6월 23일

이렇게 도성에서 무녀를 추방한 사례는 뒤에도 자주 보인다. 반송동은 서대문 바로 밖에 있었고, 반석동은 남대문에서 지금의 염천교를 건넌 부근에 있었다. 무당에게는 세금도 과중하게 매겼다. 다음은 세종에게 건의하여 재가를 받은 내용이다.

토지세와 노비 공물은 모두 1년에 한 번씩 거두는데, 경쟁이經師와 무당·박수의 공물은 1년에 두 번씩이나 거두고 남녀 맹인 무당에게도 세금을 받으니, 진실로 애처롭습니다. 원하건대 경쟁이와 무당·박수에게는 1년에 한 번만 받고, 맹인 무당의 세금은 전부 면제하도록 해주십시오. _세종실록 5년(1423) 12월 20일

퇴계 이황이 1553년에 아들에게 보낸 편지에서도 "무녀가 자주 출입한다고 들리는데, 이 일은 집안의 법도를 매우 해치는 것이다"고 경고하는 대목이 보인다. 이처럼 사대부는 무당을 백안시했지만, 큰 병환이 생기거나 집안에 우환이 들면 양반도 어쩔 수 없었다. 주로 안주인이 무당을 부르고, 남편은 이러지도 저러지도 못하고 눈감아 버리곤 했다.

집사람은 경쟁이를 불러서 경을 읽어 잡귀를 쫓게 했으니, 딸의 병환을

낫게 하기 위한 것이다. 비록 헛일인 줄 알지만 급박한 사정으로 말릴 수 없는 형세이니 탄식한들 어찌하랴? _『쇄미록』 1596. 12. 18.

결국 그 딸이 죽어 백일이 되었을 때에 부인은 무당을 불러 재를 올렸다. 다만 남의 눈 때문인지 옆집에 차려놓고 지내게 했고 부인만 다녀왔다.

딸이 죽은 지 100일 되는 날이다. 집사람이 무당을 불러 이웃집에 제사를 차려놓고 징과 북을 치면서 굿을 했다. 그것이 허사인 줄 분명히 알면서도 애통한 나머지 자식 사랑의 정에 못 이겨 허락하고 금하지 못했다. 집사람도 직접 가서 무당의 말을 듣고는 통곡하며 돌아왔다. _『쇄미록』 1597. 5. 11.

사대부 집만 그런 것이 아니었다. 왕실에도 큰 우환이 들면 어쩔 수 없는 노릇이었다. 성리학 논쟁이 치성하던 시기에도 그러해서 신하들의 반발을 불러왔다.

임금이 마마를 앓을 때에 무녀 막례가 술법을 한다고 궁중에 들어왔다. 재앙을 물리치는 법祈禳法을 행한다면서 대비에게 매일 차가운 샘물로 목욕할 것을 요구했다. 또 나인들을 유혹하여 재물과 보물을 많이 취했으며, 출입 시에는 항상 높은 사람이 쓰는 교자를 타고 다녔으니, 듣는 사람들이 놀라고 분하게 여겼다. _숙종실록 9년(1683) 12월 15일

이렇게 핍박을 받았지만, 무당 나름으로 사회적 기능이 있었기에 명맥을 유지했을 것이다. 무당 가운데에 제법 재물을 모은 경우도 많았던 것은 충분히 짐작 간다. 그런 사례가 일기에 보인다.

동면에 사는 무녀 집에 곡식을 많이 저장해놓아서 불을 놓게 했더니, 창고와 집에 난 불이 이틀 밤낮으로 꺼지지 않았다고 한다. _『쇄미록』 1592. 7. 4.

임진왜란이 일어나자 적이 올 것에 대비해서 저장된 곡식을 나누어주고 나머지는 태워버렸다. 이에 따라 무당집 곡식도 태웠을 때의 일이다.

지금 서울에서도 서민들이 많이 살고 있는 주택가에는 나무 솟대를 대문에 세워놓은 무당집을 어렵지 않게 발견할 수 있다. 그런데 무당이 굿도 하고 운수도 보기 때문에 점만 보는 점쟁이와 구별이 쉽지 않다. 거리를 다니다 보면 처녀보살이니 선녀보살이니 하는 간판을 내건 곳이 무당집인지 아니면 단순한 점집인지 잘 분간이 안 된다. 옛날에는 무당과 점쟁이가 엄격히 구별되었는데, 지금에 와서 그 구분이 사라져 버린 것이다.

점은 선사시대부터 보아왔다. 장래가 어찌 될지 궁금하기 마련이고, 그 심리 때문에 점술은 영원히 사라지지 않을 것이다. 우리나라 신문에 독특하게 오늘의 운세가 꾸준히 연재되는 것만 봐도 그렇다. 필자는 신문 운세에서 그날 뭔가를 조심하라고 하면 하루종일 찜찜해서 마음이 편하지 않아 아예 거들떠보지 않는다.

미국에 머물 때에 중국 음식점에서 후식으로 주는 포춘쿠키fortune cookie란 것을 처음 보았다. 쿠키를 깨물면 그 안에 있는 작은 띠에 운세

그림 8 무산 호곡동 출토 점뼈

가 영어로 적혀 있었다. 대부분 좋은 말이었던 것으로 기억되는데, 고객에게 흥미를 끌기에 충분한 것이었다. 이것은 중국 본토가 아니라 미국 서부에 정착한 중국인들이 만들어낸 것이라 한다.

우리나라에서는 청동기시대부터 고대까지 점을 친 증거물로 복골, 즉 점뼈가 발굴된다. 중국에서는 거북 등 따위를 불에 지져서 갈라진 모습을 보고 운세를 판단했고, 그 결과를 문자로 기록했으니 그것이 갑골문자다. 아쉽게도 우리나라 점뼈에는 불로 지진 흔적은 발견되지만 글을 남긴 흔적은 보이지 않는다. 점뼈로 여러 가지가 나오지만 특히 넙적한 주걱뼈를 많이 사용했다.그림 8

6세기 후반으로 추정되는 오회분 4호묘의 고구려 벽화에는 머리를 깎은 사람이 오른쪽 무릎을 세우고 왼쪽 무릎을 뉜 채 앉아서 막대기로 뭔가를 가리키는 부분이 있다. 자세히 보면 막대기 주위에는 팔괘가 돌아가며 그려져 있다.그림 9 이 사람 아래에는 연꽃 좌대가 붉게 그려져 있다. 승려나 하늘의 신이 팔괘로 점을 치는 모습을 그린 것 같다.

실제로 고구려에 추남이라는 점쟁이가 있었다는 전설이 『삼국유사』

그림 9 점치는 모습

에 등장한다. 신라 김유신이 전생에 이 사람이었다는 것이다. 다음은 그를 죽이러 온 고구려 첩자가 자백한 내용이다.

일찍이 고구려 국경에 거꾸로 흐르는 물이 있어서 추남에게 점치게 했습니다. 그는 "대왕 부인이 음양의 도리를 거스르며 행동했기에 이런 조짐이 나타난 것입니다"고 아뢰었습니다. 대왕이 놀라고 괴상히 여겼고, 왕비는 크게 노하여 요망한 여우의 말이라고 했습니다. 그리고 다시 다른 일로 시험해 물어서 그 말이 틀리면 중형에 처하라고 왕에게 고했습니다. 이에 쥐 한 마리를 함 속에 감추어두고, 이것이 무슨 물건이냐고 물었습니다. 그는 "이것은 분명히 쥐인데 여덟 마리입니다"고 아뢰었습니다. 이에 틀렸다고 하여 목을 치려 하니, 그는 "내가 죽은 후에는 원컨대 대장이 되어 반드시 고구려를 멸망시키겠습니다"고 맹세했습니다. 즉시 목 베어 죽이고 쥐의 배를 갈라보니 새끼 일곱 마리가 있었습니다. 그제야 그가 했던 말이 맞은 줄 알았습니다. 그날 밤 대왕은 추남이 신라 서현공김유신 아버지의 부인 품속으로 들어가는 꿈을 꾸었습니다. _『삼국유사』 김유신 전기

경주 근교인 남산 서쪽 기슭에 서출지가 있는데, 이 명칭의 유래와 관련해서도 흥미로운 전설이 있다. 여름이 되면 연꽃이 가득 피어 아침

그림 10 서출지(2003. 8.)

무렵에 가면 장관을 볼 수 있는 곳이다.그림 10

이때 한 노인이 연못 속에서 나와 글을 바쳤는데, 겉봉에 "열어보면 두 사람이 죽고, 열지 않으면 한 사람이 죽는다"고 적혀 있었다. 보낸 사람이 돌아와 바치니, 왕은 "두 사람이 죽는 것보다 차라리 열지 않아서 한 사람만 죽게 하는 것이 낫겠다"고 했다. 그러자 일관이 "두 사람이란 서민이요, 한 사람이란 왕입니다"고 아뢰었다. 왕이 그렇게 여겨 열어보니 "거문고 갑을 쏘라"고 쓰여 있었다. 이에 왕이 곧 궁중으로 들어가 거문고 갑을 쏘았더니, 분향하고 수도하던 궁궐의 중이 왕녀宮主와 몰래 간통하고 있었다. 이에 두 사람을 죽였다. … 그 연못을 서출지書出池라 명명했다. _『삼국유사』 사금갑射琴匣

5세기 말 신라 소지왕 때의 일이다. 점이라기보다는 예언에 가까운 사건이지만, 앞일을 내다본다는 점에서 상통한다.

성리학이 들어온 조선시대에도 음양학에 대해 비판적이었지만 점을 치거나 사주팔자를 보는 것에 대해서는 무당 배척만큼 엄하지 않았다. 점치는 것도 고대에는 국가의 중요 대사였는데, 이것이 점차 개인 차원으로 변해왔지만 공자도 이를 배척하지는 않았기 때문이다. 다만 사사로이 왕의 팔자를 보았다고 역모 사건에 말려든 사례가 명종 때에 있었다. 다음은 그를 심문한 내용을 사관이 따로 적어놓은 것이다.

명나라 태조와 가정황제와 태자, 우리 조정의 중종과 인종의 팔자는 기록한 적이 있지만, 지금 주상의 팔자에 대해서는 이렇게 된 일입니다. 을사년1545에 상경해서 이홍남의 집에 갔을 때에 그가 갑오년생1534 팔자를 가지고 와서 "이 팔자가 어떠냐?"고 묻기에, 처음엔 주상의 팔자인지 모르고 "이 팔자는 아주 귀하다"고 했습니다. 그런 다음 누구 팔자냐고 물으니, 지금 주상의 팔자라고 답하기에 신은 책에 적어놓기만 하고 그 후로 점은 치지 않았습니다. 전순인이 "임금 팔자는 책에 기록해서는 안 되니 속히 지워 없애라"고 하기에 즉시 잘라버렸을 뿐 다른 일은 없었습니다. _명종실록 4년(1549) 4월 29일

유희춘의 『미암일기』나 이순신의 『난중일기』를 읽다 보면 수시로 점을 치는 것을 볼 수 있다. 꿈을 꾼 다음에 해몽하는 일도 자주 보인다. 심지어 코가 막히고 재채기를 해도 점괘를 보았다. 오희문은 딸의 병과 아들의 벼슬길을 묻고, 심지어 도망간 노비가 언제쯤 돌아오겠느냐는

것까지 점치는 사람에게 물었다. 우연인 것 같지만 유희춘은 점을 쳐서 효과를 본 적도 있다.

밤에 사위 윤관중의 녹패祿牌, 녹을 받는 패를 찾다가 못 찾아 온 집안을 정신없이 뒤졌는데, 한참 만에 안방 시렁에서 찾아냈다. 이는 부인이 점을 쳐 간괘艮卦가 나오자 '간'은 산이니 높은 데 있을 거라 해서 찾아낸 것이다. _『미암일기』 1574. 1. 12.

이현령비현령일 수 있고, 어렸을 때 물건을 찾지 못하면 손바닥에 침을 뱉아 튄 방향으로 찾아보았던 일과 별반 다른 것 같지 않다. 아무튼 이렇게 효험이 있다고 생각했으니 점술도 생명을 이어나갔다.

이황의 1555년 편지에도 "점치는 사람이 말하기를 9월 사이에 입양을 하는 것이 길하다고 하니, 천천히 데려가게 할 생각이다"고 아들에게 말한 대목이 보인다. 역술을 믿기 어렵다고 하면서 왕실에서도 막상 일이 닥치면 무당에 의존하듯이 역술가에 의존할 수밖에 없었다. 마치 이사할 때나 결혼할 때 손 없는 날을 잡거나 사주를 보는 것이 필요 없다고 당당히 말하다가도, 내 일로 닥치면 뭔가 께름해서 속는 셈치고 받아들이는 것이나 마찬가지일 것이다.

예조가 "자전께서 옮겨 가실 창덕궁은 방위가 올해에는 오귀五鬼가 됩니다"고 아뢰니, 왕이 "점술가의 말을 그대로 믿기는 곤란하다. 그러나 이미 오귀라고 했으니, 자전께서 옮겨 가실 수는 없다. 연말에 다른 날짜를 다시 택일하라"고 지시했다. _광해군일기 3년(1611) 7월 3일

오귀나 오구는 별자리 이름인데, 12년을 주기로 해마다 자리를 바꾼다. 시신이 쌓인 기상이 있다고 해서 이 별자리 방향으로 옮기면 동티가 난다고 생각했다. 동티는 원래 동토動土로서, 좋지 않은 방향에 사물을 잘못 건드려 재앙을 받는 것을 가리킨다. 굿 가운데 오구굿이 있다.

새해가 되면 어머니는 토정비결을 보아서 내 운수가 적혀 있는 부분을 찢어 오셨다. 그런 다음 올해는 언제 물조심하고 언제 불조심하라는 당부를 잊지 않았다. 매년 내용에는 별 차이가 없었다. 그렇게 해서 물조심하느라 어른이 되어서까지 수영할 줄을 몰랐다. 결혼할 때에도 사주 때문에 고생했었다. 사주가 맞지 않으니 헤어지자고 해서 기약 없이 이별했다가, 인연이 끊어지지 않았는지 2년이 흐른 후에 다시 만날 기회가 생겨 집사람과 결혼할 수 있었다. 그때 처갓집 쪽으로 내려가서 얼마나 사주가 나쁘길래 그런가 하고 장모님이 보셨다는 점쟁이 집에 가서 난생 처음 사주를 본 적이 있었다.

토정비결은 토정 이지함이 직접 쓴 것이 아니라고 하지만, 기인이었던 그가 예지력이 있었던 것은 분명하다.

아산현감 이지함이 죽었다. … 하루는 부친에게 "아내 집안에 길한 기운이 없으니 떠나지 않으면 장차 화가 미칠 것입니다" 하고는 마침내 가솔을 이끌고 떠났다. 다음 날 처갓집에 재앙이 일어났다. 그는 사람들을 만나면 현명한지 여부와 길흉을 종종 먼저 알아맞혔는데, 사람들은 무슨 수로 알아맞히는지 알지 못했다. … 이지함은 일찍이 용산의 마포 항구에 흙으로 언덕을 쌓은 다음 그 아래에 굴을 파고 위에는 정자를 지어 스스로 토정土亭이라 하였다. 그 뒤에 큰물이 사납게 쓸어 갔

지만 흙 언덕은 완연히 그대로 남아 있었다. _선조수정실록 11년(1578) 7월 1일

그림 11 사주카페

지금은 토정비결을 인터넷으로도 볼 수 있다. 인터넷에 무당, 점쟁이, 역술가 사이트가 성행하여, 운수도 보고 점도 쳐준다. 점쟁이 집이 많았던 미아리 고갯길은 쇠퇴했지만, 인터넷이 발달하면서 오히려 온라인으로 성업 중이다. 심지어 젊은이들이 가는 사주카페까지 등장했고,그림 11 길거리에서도 점을 봐주는 노점상이 심심찮게 보인다.

첨단의 시대에 고대적인 무당과 점이 꿋꿋이 살아남아 꿈틀대고 있다. 끈질긴 생명력이다. 유구한 역사를 지닌 우리 전통문화의 하나가 된 것이다. 중국의 도교와 일본의 신도가 그들의 민족종교이듯이, 샤머니즘이 우리의 민족종교라 하면 과언일까?

국악을 전공하며 무당굿을 연구한 이용식은 "우리는 찬란한 조선시대의 궁중 건물이나 궁중 의례를 자랑스럽게 생각하지만, 외국인들은 오히려 악가무樂歌舞가 연행되는 향토적인 무당굿을 가장 신비롭다고 손꼽는다. 더구나 우리나라처럼 삼현육각이나 시나위 같은 고도로 숙련된 음악으로 연행하는 샤머니즘 의례는 세계 어디에서도 찾아보기 어렵기 때문에 외국의 학자들에게 우리나라 무당굿은 매우 매력적인 연구 대상이다. 이렇게 자랑스러운 문화유산을 우리는 오히려 부끄럽

고 수치스럽게 여기고 없애야 할 대상이라고 손가락질한다"고 역설했다. 다행히 무당굿인 강릉 단오제가 종묘제례악, 판소리에 이어 2005년에 세계문화유산으로 지정되었다.

종교의 세계

우리 역사에서도 여러 종교가 들어와서 부침한 사실을 볼 수 있다. 어떤 신앙은 끊임없이 변신하면서 살아남았고, 어떤 신앙은 단명하여 흔적만 남겼다. 가장 질긴 생명력을 지닌 것은 세계에 보편적으로 퍼져 있는 하늘에 대한 믿음이다. 지금도 우리는 "네 죄는 하늘이 알고 있다", "하늘이 무섭지 않으냐?"라고 경고하거나 뭔가 절실할 때에는 천지신명에게 빈다. 또 노력한 결과는 하늘에 맡기고 하늘이 돕기만을 바란다.

고대에는 단군신화의 환웅을 비롯하여 박혁거세, 김알지 등 많은 지배자들이 하늘에서 내려온 것으로 되어 있다. 광개토왕비를 보면, 고구려를 세운 고주몽은 죽지 않고 다만 하늘로 올라갔을 뿐이다. 고주몽이 하느님, 즉 천제天帝의 아들이었기에 가능한 일이었다.

왕이 세상의 지위를 좋아하지 않자, 하늘에서 황룡을 내려보내 왕을 맞이했다. 이리하여 왕은 홀본 동쪽 언덕에서 용의 머리를 밟고 승천했다.

성경에는 예수가 부활한 뒤 승천하였다고 하고, 천주교에서는 우리의 광복절인 8월 15일을 성모 마리아가 지상 생애를 마친 다음에 육신

그림 1 경주 남산에서 본 낭산(1995. 2.)

과 영혼이 함께 승천한 날로 삼고 있다. 모두들 사망에 이르지 않고 그들이 온 곳으로 되돌아갔다고 한다.

그런데 불교가 들어오면서 하느님은 제석帝釋으로 바뀌었다. 전래되어 오던 단군신화가 불교로 윤색되면서 하느님은 환인桓因이 되었다. 『삼국유사』 단군신화에는 환인은 제석을 이른다고 주석을 달아놓았다. 환인, 곧 제석은 불교적 하느님으로서 수미산 꼭대기에 있다는 33천, 즉 도리천을 관장하는 지고한 존재다.

신라 선덕여왕이 자신을 도리천에 묻어달라고 해서 지금 경주 동남쪽에 있는 낭산 위에 장례 지냈다고 한다. 사천왕사가 낭산 남쪽 끝자락에 있으니, 사천왕이 머무는 곳 위에 도리천이 있기 때문이다. 사진에서 보면, 오른쪽 끝에 사천왕사가 있고 그 왼쪽 능선 위에 왕릉이 있다.그림 1

불교가 들어온 뒤에 고구려 왕의 자손들은 미륵이 머무는 도솔천에 올라가 있는 것으로 믿었다. 도솔천은 도리천보다 위에 있는 하늘이다.

그림 2 고구려 금동판(2005. 7.)

이는 함경남도 오매리 절터에서 출토된 고구려 때의 금동판 명문에서 확인할 수 있다.그림 2

원하건대 왕의 영령이 도솔천으로 올라가 미륵을 뵙고, 천손天孫이 함께 만나 모든 생명이 경사스러움을 입으소서.

유교가 들어온 뒤에 하느님은 추상화되었다. 하늘 그 자체를 만물을 낳고 기르는 세상의 주재자로 보기 때문이다. 민심이 천심이라는 말, 황제이건 왕이건 간에 모두 하늘의 명령을 받아 수행한다는 천명사상이 그런 것이다. 혁명이란 말은 그런 천명을 바꾸는 일이다. 천주교와 기독교가 들어오면서 사용된 상제니 천주니 하나님이니 하는 말도 이와 연결되어 있다.

반면에 남북국시대에 들어온 경교는 한반도에 흔적만 남기고 사라졌다. 경교는 기독교의 일파인 네스토리우스교로서 당나라 때에는 수도에 대진사大秦寺라고 하는 예배당까지 있었다. 그것이 통일신라와 발해에까지 들어왔으나 사라지고 말았다.

고려 때에 소개된 이슬람교도 짧은 생애를 마치고 말았다. '쌍화점'은 음탕한 내용을 담고 있는 고려 가요라고 해서 조선시대에 문제가 되었고, 근래에는 영화 제목으로도 쓰였다. 그 가사에 "만두집에 만두 사러 갔더니 회회아비 내 손목을 쥐더이다"고 하여 회회아비가 나오는데, 이는 이슬람인이 고려에 들어왔던 증거다.

대식국인大食國人이나 회회인回回人으로 불렸던 이슬람인은 조선시대 초기까지 그 자취를 남겼다. 다음은 예조에서 세종에 건의한 내용이다.

또 아뢰기를 "회회교도는 옷차림이 특이합니다. 그래서 사람들이 모두 그들을 보고 우리와 같은 부류가 아니라고 하며 혼인하기를 부끄러워합니다. 이미 우리나라 사람이 되었으니 마땅히 우리나라 옷차림을 따르게 하여 유별나게 하지 않는다면 자연히 혼인하게 될 것입니다. 또 큰 조회 때에 회회인들이 왕을 칭송하는 의례도 마땅히 폐지해야 합니다" 하니, 모두 따랐다. _세종실록 9년(1427) 4월 4일

이것이 실록에 마지막으로 나오는 회회교도 기록이다. 세종 때에는 이슬람 역법을 소개한 『칠정산 외편』이 저술되었다. 이렇게 명맥이 끊겼던 이슬람교는 1970년대에 중동 진출과 함께 부활하여 오늘에 이르고 있다.

임진왜란 때에는 명나라 군사들이 관왕묘를 만들어 조선에 관우 신

그림 3 동관왕묘(2014. 8.)

앙을 전해주었다. 서울에는 처음 숭례문 밖에 남관왕묘를 세웠고, 그 다음 동대문 밖에 동관왕묘를 세웠다. 지금 남아 있는 동관왕묘 건물을 보면 중국 양식을 따른 것을 알 수 있다. 두 건물이 앞뒤로 붙어 있어 평면이 공工 자를 이루고, 외벽은 벽돌로 쌓았으며, 실내의 전·후실 구조나 조각상 등도 중국풍이다.그림 3 서울 지하철 6호선의 동묘역은 가까이에 있는 동관왕묘에서 따온 것이다. 관왕묘는 안동, 남원 등지의 지방에도 설립되었으니, 안동 관왕묘는 한번 들러봄직할 정도로 잘 보존되어 있다.그림 4

다음은 서울에 관왕묘가 세워진 직후의 목격담이다.

이른 아침에 남이상을 부르고 종 광노를 데리고 남대문 밖 관왕묘에 가

그림 4 안동 관왕묘 내부(2009. 6.)

서 구경했는데, 중국 장수가 지은 것이다. 푸른 기와를 입히고 단청이 휘황하였는데, 좌우에 딸린 협실은 아직 다 완성하지 못했다. 문으로 들어가서 소상을 우러러보니 금관에 붉은 옷을 입었고, 얼굴은 붉고 수염은 길어서 하늘하늘 배 아래까지 늘어져 있었다. 영웅의 풍모가 늠름하여 오랜 옛날이 마치 어제와 같다. … 향을 피우고 예배하는 중국 사람들이 끊임없이 드나든다고 한다. _『쇄미록』 1599. 5. 8.

중간에 생략된 부분은 관왕묘 내부를 세세하게 언급한 것이다. 이 남묘는 현재의 남대문경찰서 뒤쪽에 있는 STX남산타워 자리에 있었으나 6·25 때 소실되었다. 재건된 남묘는 재개발 때문에 국립현충원 남쪽으로 옮겼으니, 내가 평소 다니던 약수터 부근에 있는 줄을 나중에야 알았다. 이 남묘는 재개발 때문에 또 옮겨야 할 운명에 있다. 관우는 무인의 신일 뿐 아니라 재물의 신이기도 해서 중국에 가면 곳곳에서 관왕묘나 관제묘를 볼 수 있다. 하지만 그런 것이 우리 체질에는 맞지 않았던지 제대로 뿌리를 내리지는 못했다.

이상으로 우리 역사에서 종교의 부침과 장단을 살펴보았듯이, 종교세계의 명암도 찾아볼 수 있다. 2009년 2월에 이란 유적을 답사하고 돌아왔다. 중동 지방은 세계 종교의 발원지라 해도 과언이 아니다. 유대교, 기독교, 이슬람교는 뿌리가 같은 형제 종교들로서 공존과 상생의 관계에 있었다. 코란에도 아담과 이브가 나오고 아브라함과 예수가 등장한다. 그러나 근대에 들어와서는 영토와 자원을 둘러싸고 피나게 싸움을 벌이고 있는 곳이기도 하다.

신앙은 의지할 길 없는 사람들의 마음을 기대게 해준다. 어려움이 닥쳤을 때에 도피처요 위안소가 된다. 종교에서 내세울 수 있는 긍정적 측면이 이것일 게다.

어렸을 적에 시골길을 가다 보면 공동묘지를 지나곤 했는데, 어두워지면 도깨비불이 돌아다닌다고 해서 무척 무서워했던 기억이 있다. 그런 도깨비 소동은 조선시대에도 종종 보인다.

다만 누님 집에 괴상한 일들이 벌어지고 있으니, 6월 10일부터 도깨비불이 행랑에서 일어나고, 윤6월 17일부터는 모래와 돌을 던지기 시작했다고 한다. 저녁마다 돌을 던지기도 하고 모래를 뿌리기도 해서 온 집안이 두려워하고 있다는 말이 들리니 몹시 걱정스럽다. _『미암일기』 1569. 7. 15.

그림 5 이차돈 순교비(2002. 9.)

이러한 도깨비 소동은 공포의 대상이었고, 이러한 공포를 해소해주는 것이 바로 신앙의 힘이었다. 이런 일이 벌어지면 무당을 부르거나 절에 가서 빌거나 정화수 떠놓고 손을 비비는 수밖에 없었다.

새로운 종교가 유입될 때마다 탄압을 받아 순교하는 사람들이 나오게 마련이다. 그런 희생은 신앙의 힘이 얼마나 큰 것인가를 보여준다. 이차돈의 순교는 잘 알려져 있다.

> 왕이 "사람들의 말이 견고하여 깨뜨릴 수가 없는데 너만 홀로 다른 말을 하니, 양 쪽을 모두 따를 수는 없겠다"고 이르고, 드디어 이차돈을 형리에게 넘겨 목을 베게 했다. 이차돈이 죽음에 임하여 말했다. "나는 불법을 위하여 형벌을 당하는 것이니, 부처에 만약 신령스러움이 있다면 내 죽은 뒤에 반드시 이상한 일이 벌어질 것이다." 목을 베자 잘린 곳에서 피가 솟구쳤는데 그 색이 젖처럼 희었다. 사람들이 괴이하게 여겨 다시는 불교를 헐뜯지 않았다. _『삼국사기』 법흥왕 15년(528)

경주박물관에는 통일신라 때 만든 이차돈 순교비가 있다. 6면 가운데 하나에는 목이 잘려 순교하는 장면이 새겨져 있다. 자세히 보면 피가 솟구치는 가운데 그 주변으로는 꽃비가 내리는 것을 알 수 있다. 그림 5 그의 목을 치자 머리가 경주 금강산 꼭대기로 날아가 떨어졌고,

하늘은 깜깜해지고 땅은 진동하며 하늘에서 꽃비가 내렸다는 『삼국유사』의 설화와 같은 내용이다. 이 사건을 계기로 신라 조정에서 불교를 공인할 수 있었다.

이차돈의 목이 떨어진 곳이 바로 경주 동천동의 소금강산에 있는 백률사라고 한다. 그의 순교비는 바로 이 절터에 있었다. 지금 절은 나중에 지은 것으로서, 대웅전 기단석에 신라 사찰의 흔적이 남아 있을 뿐이다.

조선 말기에 천주학이 들어왔을 때에도 많은 신자가 죽임을 당했다. 다음은 우리나라 최초의 신부인 김대건1821~1846의 처형에 관한 기록이다.

사악한 교리를 믿은 죄인 김대건을 효수하라고 명했다. 김대건은 용인 사람으로 15세에 중국 광동 지방으로 달아나 서양 교리를 배웠다. 계묘년1843에 현석문 무리와 결탁해서 몰래 돌아와 서울에서 교주가 되었다. 이해 봄에 황해도에 가서 고기잡이하던 중국 배를 만나 광동 지방에 있는 서양인에게 글을 부치려 하다가 현지인에게 잡혔다. 처음에는 중국 사람이라 했으나 마침내 사실의 본말을 털어놓았다. _헌종실록 12년(1846) 7월 25일

종교의 산물은 세계 문화유산의 원천이기도 하다. 각국에서 자랑스러운 문화유산으로 내세우는 것을 보면 독재정치나 전제정치와 같은 절대 권력이 아니면 독실한 신앙에서 나온 것이다. 이들만이 국부를 한 곳에 쏟아부을 수 있는 원동력이 되기 때문이다. 중국의 만리장성이나

그림 6 진시황릉 입구(2002. 1.)

그림 7 화려한 문양으로 장식된 이란 이스파한의 이맘 모스크 (2009. 2.)

진시황릉그림 6은 전자의 산물이요, 서양의 성당이나 중동의 모스크는 후자의 산물이다. 로마의 바티칸 성당이나 이란의 이맘 모스크그림 7에서 화려함의 극치를 보면서 새삼 종교의 무게를 느끼게 되었다.

그 당시에는 수많은 백성이 피를 흘렸겠지만, 이제 와서는 후손들을 먹여 살리는 관광자원이 되어 있다. 진시황을 폭군이라 하면서 그가 쌓은 만리장성은 중국인의 긍지가 되는 양면성이 존재하는 것만 봐도 그렇다. 이러한 모순은 역사학자로서는 곤혹스러운 게 사실이다.

우리나라에서는 절대적인 영향력을 행사했던 권력이나 종교가 없었기에 눈을 의심케 할 정도로 깜짝 놀랄 만한 문화유산은 없다. 서민적인 왕조들의 소박한 문화유산이 우리의 자랑이다. 백성을 위했다는 점에서 당시 사회를 높이 평가할 수 있겠으나, 지금의 관광 자산으로 내세우기에는 뭔가 부족한 것도 사실이다.

우리 역사에서 절대적인 권력은 존재하지 않았지만, 종교적인 유산은 그나마 내세울 수 있겠다. 통일신라의 석굴암을 비롯한 불교 조각들, 고려의 불화와 팔만대장경 등이 그러하다. 이런 점에서도 종교적 기여를 손꼽을 수 있다.

불교가 탄압을 받던 조선시대였지만 승려들은 국가 위기 때에 군사적 재원이 되었다. 승병이 바로 그들이다. 해남 대흥사에는 왜적을 물리친 서산대사 휴정, 사명당 유정, 뇌묵당 처영의 3대사를 기리는 표충사가 있다. 2009년 2월 말에 북한 묘향산에 갔더니 그곳 보현사에도 이 대사들을 기리는 수충사가 있었다.그림 8

다음은 임진왜란 초기에 활동했던 승병 이야기다.

들으니 충청도의 승병이 죽음을 두려워하지 않고 바로 들이치고 물러서지 않아서 도처에서 많이 승리했다고 한다. 만약 이 승려들을 선봉으로 삼았다면 성공할 수 있었을 것이다. _『쇄미록』 1592. 8. 9.

고구려 때부터 조선시대까지 왕릉을 지키고 보호하던 일도 승려들이 맡았으니, 능사나 능침사라고 부르는 절들이 그것이다. 때로는 신앙 공동체가 지방 사회를 운영하는 구심점 역할을 했다. 1525년에 간행된 용재 성현의 글에는 이를 칭찬하는 대목이 있다.

그림 8 보현사 안에 있는 수충사(2009. 2.)

요즈음 풍속이 날로 야박해가지만 시골 사람에게는 아름다운 것이 남아 있다. 대개 이웃하는 천민들이 모두 모여서 회합하는데, 적으면 7, 8, 9명이요 많으면 100여 명이나 된다. 매달 번갈아가며 술을 마시고, 초상을 당하면 동료인들이 상복을 갖추고 관곽을 준비한다. 또 횃불도 갖추고 음식을 마련해주며, 상여줄을 잡고 무덤을 만들면서 사람들이 모두 상복을 입으니, 이는 참으로 좋은 풍속이다. _『용재총화』 권8

이는 고려시대부터 내려오는 불교 공동체인 향도를 기술한 것이다.

종교가 긍정적 측면이 있다면 분명 어두운 면도 있게 마련이다. 아메리카에 처음 도착한 유럽인은 인디언에게 도움을 받아 정착했지만, 정작 이교도인 그들을 쫓아내고 나아가 인간 취급도 하지 않았다. 심지어 천연두 환자의 옷을 주어 면역력이 없던 인디언들을 무참히 몰살

시켰다.

최근에 종교 시설이나 종교인에 대한 세금의 부과 여부를 두고 논란이 된 적이 있었다. 지금까지는 비영리법인으로 분류되어 관행적으로 면세 혜택을 주어왔으나, 종교 시설의 규모가 커지면서 문제가 불거지게 된 것이다. 전통시대에도 절이 지니고 있던 사원전에는 과세하지 않았기에, 왕조 말기가 되면 꼭 사회문제가 되었다. 면세전이 늘어날수록 국가 재원은 줄어들게 마련이다. 그러기에 신라 말기나 고려 말기가 되면 사원전 폐해가 지적되고, 새로운 왕조에서는 사원전 혁파가 중요 과제가 되었다.

성리학은 자신들의 신념에 따라 불교를 집요하게 공격했다. 조선왕조실록을 읽어보면 불교에 관한 기사는 거의 일방적인 매도로 채워져 있다. 그러나 조선 초기만 해도 양반 자제들이 승려가 되기도 했다. 세조는 술 취한 뒤에 백부인 양녕대군에게 불교를 좋아한다고 말했다.

임금이 이미 취한 뒤에 양녕대군과 더불어 세상일을 많이 논했는데, 양녕대군의 말에는 에둘러 간하는 것이 많았다. 임금이 "나는 불교를 좋아하는 임금이다"고 하자, 양녕대군이 "백성의 임금으로서 불교를 좋아하여 재물을 손상하고 백성들을 해치지 않은 자가 드뭅니다. …"고 대답하니, 임금이 웃었다. _세조실록 6년(1460) 4월 26일

그러나 성종 무렵이 되면 불교 비판이 부쩍 늘어나고, 여승들의 비행에 대한 언급도 많아진다. 이때부터 비로소 성리학이 일방적인 주도권을 잡기 시작했던 모양이다. 시간이 흐를수록 불교를 가까이하는 것은

금기가 되었다. 다음은 조선시대 이단아였던 허균1569~1618에 대한 비판이다.

삼척부사 허균은 유학자 집안의 아들인데, 그의 아버지와 형이 하던 것과는 반대로 불교를 숭상하고 불경을 독송합니다. 평소에도 중 옷을 입고 부처에게 절했고, 수령이 되었을 때에도 재를 열어 승려들을 먹이면서 많은 사람이 보는데도 뻔뻔스러워 부끄러운 줄을 몰랐습니다. 심지어 중국 사신이 왔을 때에는 방자하게 선禪을 논하고 불교 용어를 사용하며 부처 좋아하는 일을 장황하게 늘어놓아, 타국의 풍속을 살피는 중국 사신의 눈을 현혹시켰으니 극히 놀랍습니다. 청컨대 파직하고 등용하지 말아서 선비들의 습속을 바로 잡으소서. _선조실록 40년(1607) 5월 4일

이율곡1536~1584도 어머니 상을 당한 뒤에 금강산에 들어가 불교에 심취했던 경력이 있어 뒤에 두고두고 비판의 빌미가 되었다.

조선 후기에는 서학도 공격의 대상이 되었다. 심지어는 허균을 천주학 서적을 학습하여 우리나라에 천주교가 들어오게 한 장본인으로 지목했다. 자신에 대한 비판을 견디다 못한 정약용이 심경을 구구절절 토로한 것을 한번 보겠다.

신이 이른바 서양의 사악한 학설에 관한 책을 일찍이 보고서 흔쾌히 좋아하고 사모했으며, 이를 거론하며 사람들에게 자랑했습니다. … 당초 그것에 물들었던 것은 아이들의 장난과 같은 일이었으며, 지식이 조금 늘어나서는 문득 적이나 원수로 여겼습니다. 이미 분명하게 알게 되었

고 더욱 엄히 분별하게 되었으니, 심장의 일곱 구멍을 후벼도 실로 더 감출 게 없고 창자의 아홉 구비를 뒤져도 실로 더 찾아낼 만한 게 없습니다. 그런데도 위로는 주상께 의심을 받고 아래로는 세상의 꾸짖음을 만나서, 입신한 것이 한번 무너져 모든 일이 기왓장처럼 깨졌으니, 살아서 무엇을 하겠으며 죽어서는 장차 어디로 돌아가겠습니까. 신의 직책을 바꾼 뒤에 내쫓으소서. _정조실록 21년(1797) 6월 21일

이러한 지적 풍토에서 이단의 유용성을 언급한 이수광1563~1628의 글은 새롭게 느껴진다.

이단은 원래 유교의 도리를 해치지만 유익한 것을 얻을 수도 있다. 도교의 무위無爲 사상은 일을 벌이는 사람에게 경계가 되고, 양생법은 삶을 버리려는 자에게 경계가 된다. 불가의 견심見心 사상은 방심하는 사람에게 경계가 되고, 살생 경계는 죽이길 좋아하는 자에게 타이름이 된다. _『지봉유설』 외도부, 선문禪門

물론 승려들의 개인 비행도 불교 비판을 제공한 원인이 되었다. 고려의 속악인 삼장이란 노래에도 그런 내용이 있다.

삼장사에 등불 켜러 갔더니
주지승이 내 손을 잡더이다.
혹시 이 말이 절 밖에 나가면
상좌야, 바로 네 말인가 하노라. _『고려사』 오잠 전기

불교계의 비행에 관한 내용은 실록에 도배할 정도로 많다. 세종 때에 태조의 종제였던 이지가 죽은 곡절을 한번 보자.

사람들이 말하기를 "이지가 후처 김씨와 함께 절에 올라가 여러 날 머물렀는데, 밤에 김씨가 중과 간통하자 이지가 간통 장소에서 붙잡아 꾸짖고 때리니, 김씨가 이지의 불알을 잡아당겨 죽였다"고 한다. 이때에 따라간 사람이 모두 김씨의 종들이었기 때문에 이를 비밀에 부쳐서 외부인들은 알 수 없었다. _세종실록 9년(1427) 1월 3일

다음은 성종 때에 박치가 왕 앞에서 정업원을 비판하면서 인용한 여승 비행에 관한 시구다.

무릇 비구니들이 모인 곳에는 반드시 추잡한 소문이 있습니다. 옛사람이 이를 나무라는 시에 "5경새벽 4시 전후의 종이 치면 절 문이 열리니, 앞의 사위 돌아가자 곧 뒤의 사위 들어오네"라고 했습니다. _성종실록 13년(1482) 2월 4일

성리학자들은 그들의 신념에 따라 불교를 비판했지만, 다른 한편으로는 국가나 개인 모두 사찰을 수탈의 대상으로 삼았다. 정조 때에 강원도 관찰사가 사찰이 퇴락하게 된 원인을 보고한 내용이다.

사찰의 폐단을 지적하자면, 절이 부서지고 승려가 사라지고 있는데 도처가 모두 그러합니다. 그 원인을 따져보면 절에 종잇감을 책임 지우고,

길잡이 짐꾼으로 세우고, 관아 하인들이 침탈하고, 가마를 메는 일꾼으로 삼고, 석수장이나 목각 장인으로 동원하는 등의 별별 부역과 갖가지 관청 공납이 아주 과중하기 때문입니다. 이들은 재작년에 이미 조정에서 혁파하고 금지했고, 지금 남아 있는 종잇감과 짚신 등의 물건 상납은 제 감영에서 스스로 금지시킬 수 있습니다. _정조실록 14년(1790) 8월 23일

이렇게 승려들을 동원한 사례는 기록에 흔히 보인다. 다음은 임진왜란이 일어나기 전야인 그해 봄에 전라도 장수에서 벌어진 주인공의 목격담이다.

성을 물려 쌓으려고 여러 고을 승병을 동원했는데, 서로 모여 돌을 끄느라 외치는 소리가 산골짜기를 진동한다. 조금만 뜻대로 하지 않으면 이내 채찍질해서 넘어뜨리니 사람들이 모두 원망하고 괴로워한다. _『쇄미록』 1592. 3.

평양성을 쌓는 데는 강원도, 황해도, 충청도의 승군을 동원했다.

충청도의 승군 200명을 징발하여 스스로 양식을 장만하여 두 달을 기한으로 평양성 쌓기를 비변사가 요청하니, 임금이 따랐다. 이때 평양성의 부역이 너무 커서 한 도의 백성 힘으로는 겨울철 방비 전에 끝내기 어려운 형세였으므로, 비변사가 일찍이 강원과 황해 2도의 승군 200명을 두 달 기한으로 동원하길 청했는데, 이것도 모자라서 이렇게 요청한 것이다. _인조실록 2년(1624) 6월 27일

심지어 유학 교육의 본산인 성균관에도 절이 소속되어 있었다. 김상로가 영조에게 건의한 말을 보면 조선 후기까지도 그러했다.

김상로가 말하기를 "각처의 원당과 사찰은 일찍이 조정의 명령으로 모두 혁파했었습니다. 그 가운데 성균관에 소속된 다솔사는 처음부터 보고하지 않아서 누락되었다가 후에 발각되어 함께 혁파되었습니다. 그런데 성균관의 우두머리가 억지로 돌려달라고 태연히 아뢰었으니 사리에 맞지 않습니다. 또 태학에 소속된 절이 있는 것은 더욱 옳지 않으니, 청컨대 대사성 서명신을 중벌로 추궁하고 소속된 사찰은 이전처럼 혁파하게 하소서" 하니, 임금이 옳게 여겼다. _영조실록 31년(1755) 4월 18일

이 다솔사는 지금 경남 사천에 있는 절을 가리키는지 모르겠다. 대사성은 성균관의 최고 책임자다. 또 선비들은 절에 올라가 독서하고 과거시험 준비도 했다.

유생들이 산속의 절에서 독서하는 일은 오늘날 비롯된 것이 아닙니다. 선대 왕 때에는 말미를 받은 관원이 정갈한 사찰에 거처하도록 맡겨 학업을 닦게 했으니, 이것도 인재를 양성하는 한 가지 일이었습니다. _명종실록 20년(1565) 3월 15일

퇴계 이황도 서울에서 고향에 있는 아들에게 보낸 편지에서 절에 올라가 공부하라는 말을 자주 할 정도로 사대부 집안과 절은 실제로는 불가분의 관계를 맺고 있었다.

잇손남자종이 와서 너의 편지를 전했다. 네가 산사에서 별 탈 없이 공부하고 있는 것을 알고 나니 대단히 기쁘고도 기쁘구나. _이황 1540년 편지, 연암서가 책, 25쪽

마땅히 조카 완完이나, 다른 뜻이 굳은 친구와 책을 짊어지고 절에 올라가서, 한겨울 동안 긴 밤에 부지런히 독서하도록 하여라. _이황 1542년 편지, 연암서가 책, 38쪽

남아 있는 희망은 네가 오직 너의 어머니의 기제사를 지낸 뒤 즉시 절에 올라가서, 힘차게 분발해서 공부하면서 한가하게 지내는 것을 경계하고 경계하는 바다. 여기에서 그친다. _이황 1545년 편지, 연암서가 책, 56쪽

손자를 키우면서 『양아록』을 저술한 이문건1494~1567 집안은 성주 안봉사와 밀접한 관계에 있었다. 그곳에는 성주 이씨 선조들의 영정이 모셔진 영당이 있었다. 이문건은 안봉사 스님 보명에게 괴산에 가서 살 집터와 무덤 자리를 찾아봐 달라고 부탁하기도 했다.

사찰은 양반의 수탈 대상이기도 했다. 임진왜란 때의 일기에는 주인공이 절에 콩을 보내서 두부를 해 먹는 기록이 자주 보인다. 중들은 여기에 일부를 떼어먹는 것으로 보답했다.

원적사의 중이 두부 36모를 보내와 받았다. 이는 어제 콩을 보냈기 때문이다. 다만 너무 작으니 반은 떼먹은 것이리라. 한 모가 겨우 어린애 주먹만 하니 밉고도 밉다. _『쇄미록』 1597. 12. 26.

이 밖에도 양반의 이런저런 요구들을 감당해야만 했다. 종이를 만들어 바치는 것도 과중한 일이었다. 과연 김삿갓의 시인지는 알 수 없지만, 구전으로 전해지는 다음과 같은 시가 있다.

법주사 승도들은 종이 만드는 것이 일인데
그 종이가 모두 구씨 집안 족보 용지로 들어갔네
작은 족보도 값이 있는데 하물며 대동보에 있어서랴

法住寺僧徒造紙爲業
其造紙盡入於具氏譜紙
小譜紙有價況次大譜紙乎 _김의숙 책, 47~49쪽

구씨 집안에서 대동보를 만들면서 종이를 가져다 쓰고 대금을 주지 않는다는 법주사 승려들의 하소연을 듣고 관청에 낼 소장으로 쓰라고 하면서 지은 시다. 내용으론 아무런 문제가 없지만, 한자를 읽어보면 '조지'와 '보지'란 말을 이용하여 교묘하게 비판하고 있는 것을 알 수 있다. 이와 비슷한 것으로 경남 고성군의 옥천사와 관련된 글귀도 전해진다. "옥천사의 조지가 모두 ○○ 조씨의 보지로 들어가 지금 우리 절에는 힘이 전혀 없다." 이 정도가 그들의 항거였다.

참고 자료

신분의 세계

『계곡만필』(장유 저).

『고려사』; 누리미디어·동방미디어 홈페이지.

『공사견문록』(정재륜 저); 강주진 역, 『동평위 공사문견록』 양영각, 1985.

『동각잡기』(이정형 저, 『대동야승』 수록); 한국고전번역원 홈페이지.

『동국이상국집』(이규보 저); 한국고전번역원 홈페이지.

『동국여지승람』; 한국고전번역원 홈페이지.

『목민심서』(정약용 저); 다산연구회 역주, 『역주 목민심서』 IV, 창작과비평사, 1984.

『문소만록』(윤국형 저, 『대동야승』 수록); 한국고전번역원 홈페이지.

『반계수록』(유형원 저); 이재호 역, 『반계수록』 한국의 사상대전집 22, 동화출판공사, 1977.

『삼국사기』(김부식 저); 동방미디어 홈페이지.

『삼국유사』(일연 저); 동방미디어 홈페이지.

『성호사설』(이익 저); 한국고전번역원 홈페이지.

『송와잡설』(이기 저, 『대동야승』 수록); 한국고전번역원 홈페이지.

『쇄미록』(오희문 저); 이민수 역, 『쇄미록』 상·하, 해주오씨추탄공파종중, 1990.

『양반전』(박지원 저).

『어우야담』; 박명희 등 역주, 『於于野譚』 1, 전통문화연구회, 2001.

『연려실기술』(이긍익 저); 한국고전번역원 홈페이지.

『연암집』(박지원 저); 한국고전번역원 홈페이지.

『열하일기』(박지원 저); 한국고전번역원 홈페이지.

『이옥전집』; 실시학사 고전문학연구회 편역, 『완역 이옥전집』 1·2, 휴머니스트, 2009.

『재조번방지』(신경 저); 한국고전번역원 홈페이지.

조선왕조실록; 국사편찬위원회 홈페이지.

『증보산림경제』(유중림 저); 농촌진흥청, 『증보산림경제』 II, 2003.
『지봉유설』(이수광 저); 이종술 등 역, 『지봉집, 지봉유설』 한국의 사상대전집 19, 동화출판공사, 1977.
『청장관전서』(이덕무 저); 한국고전번역원 홈페이지.
『패관잡기』(어숙권 저, 『대동야승』 수록); 한국고전번역원 홈페이지.
『한서(漢書)』(반고 저).
『홍길동전』(허균 저); 허경진 옮김, 『홍길동전』 책세상, 2004.

강우방 · 김승희, 『감로탱』 예경, 1995; 개정판, 2000.
국립중앙박물관, 『조선시대 고문서』 1997.
국립중앙박물관, 『조선시대 풍속화』 2002.
국립중앙박물관 외, 『단원 김홍도: 탄신 250주년 기념 특별전』 삼성문화재단, 1995.
노르베르트 엘리아스 저, 박미애 옮김, 『문명화과정』 I · II, 한길사, 1996.
박종성, 『백정과 기생: 조선천민사의 두 얼굴』 서울대학교출판부, 2003.
아손 그렙스트 지음, 김상열 옮김, 『스웨덴 기자 아손, 100년 전 한국을 걷다-을사조약 전야 대한제국 여행기-』 책과함께, 2005.
안길정, 『관아를 통해서 본 조선시대 생활사』 하, 사계절, 2000.
알프레드 에드워드 존 캐번디시 지음, 조행복 옮김, 『백두산으로 가는 길: 영국군 장교의 백두산 등정기』 살림, 2008.
연변박물관, 『연변문화유물략편』 연변인민출판사, 1989.
이능화 저, 이재곤 옮김, 『조선해어화사』 동문선, 1992.
이사벨라 버드 비숍 지음, 이인화 옮김, 『한국과 그 이웃나라들』 살림, 1994.
이영학, 「담배의 사회사-조선후기에서 일제시기까지-」 『역사비평』 12, 1991.
이영학, 『한국 근대 연초산업 연구』 신서원, 2013.
이영훈, 「11~16세기 한국의 노비와 일본의 게닌」 『경제사학』 36, 2004.
이윤기, 『내려올 때 보았네』 비채, 2007.
정병설, 『나는 기생이다』 문학동네, 2007.
정병설, 『조선의 음담패설』 예옥, 2010.
제이콥 로버트 무스 지음, 문무홍 외 옮김, 『1900, 조선에 살다』 푸른역사, 2008.
Joseph Vogt 저, 유희수 역, 「홈볼트에서 현대에 이르는 개황」 『서양고전고대경제와 노예제』 법문사, 1981.
조흥윤, 『민속에 대한 기산의 지극한 관심』 민속원, 2004.

주경철, 『역사의 기억, 역사의 상상』 문학과지성사, 1999.
지그프리트 겐테, 『독일인 겐테가 본 신선한 나라 조선, 1901』 책과함께, 2007.
최기숙, 『문밖을 나서니 갈 곳이 없구나』 서해문집, 2007.
통도사성보박물관, 『감로』 하, 2005.
편찬위원회, 『凉山彝族奴隷社會』 人民出版社, 1982.
Philippe Ariès and Georges Duby eds., Arthur Goldhammer trans., *A History of Private Life I: From Pagan Rome to Byzantium*, The Belknap Press of Harvard University Press, 1987.
헨드릭 하멜 저, 이병도 역주, 『하멜표류기』 일조각, 1997.
혼마 규스케 저, 최혜주 역주, 『조선잡기: 일본인의 조선정탐록』 김영사, 2008.

새로운 세상을 꿈꾸며

『고대일록』 (정운경 저); 남명학연구원 옮김, 『역주 고대일록』 상·하, 태학사, 2009.
『고려사』; 누리미디어·동방미디어 홈페이지.
『과정록』 (박종채 저); 박희병 옮김, 『나의 아버지 박지원』 돌베개, 1998.
『기재사초』 (박동량 저, 『대동야승』 수록); 한국고전번역원 홈페이지.
『남사(南史)』 (이연수 저).
『목민심서』 (정약용 저); 다산연구회 역주, 『역주 목민심서』 IV, 창작과비평사, 1984.
『사기(史記)』 (사마천 저).
『삼국사기』 (김부식 저); 동방미디어 홈페이지.
『삼국유사』 (일연 저); 동방미디어 홈페이지.
『삼국지(三國志)』 (진수 저).
성경.
『성호사설』 (이익 저); 한국고전번역원 홈페이지.
『쇄미록』 (오희문 저); 이민수 역, 『쇄미록 』 상·하, 해주오씨추탄공파종중, 1990.
『어우야담』; 현혜경 등 역주, 『어우야담』 3, 전통문화연구회, 2003.
『연려실기술』 (이긍익 저); 한국고전번역원 홈페이지.
『열하일기』 (박지원 저); 한국고전번역원 홈페이지.
조선왕조실록; 국사편찬위원회 홈페이지.
『지봉유설』 (이수광 저); 이종술 등 역, 『지봉집, 지봉유설』 한국의 사상대전집 19, 동화출판공사, 1977.
『청성잡기』 (성대중 저); 김종태 외 옮김, 『청성잡기』 민족문화추진회, 2006.
『청장관전서』 (이덕무 저); 한국고전번역원 홈페이지.

『택당집(澤堂集)』(이식 저).
『허생전』(박지원 저).
『홍길동전』(허균 저).

김영한, 「이상사회와 유토피아」『한국사 시민강좌』 10, 1992.
김정위, 「중세 중동문헌에 비친 한국상」『한국사연구』 16, 1977.
로베르 플라실리에르 지음, 심현정 옮김, 『고대 그리스의 일상생활-페리클레스 시대-』 우물이 있는 집, 2004.
샤를 바라·샤이에 롱 지음, 성귀수 옮김, 『조선기행-백여 년 전에 조선을 다녀간 두 외국인의 여행기-』 눈빛, 2006.
신영훈, 『절로 가는 마음』 2, 책만드는집, 1995.
안휘준·이병한, 『안견과 몽유도원도』 예경산업사, 1991.
정병삼, 『그림으로 보는 불교이야기』 풀빛, 2000.
정석종, 「조선후기 이상향 추구경향과 삼봉도」『민족사의 전개와 그 문화』 하, 벽사 이우성교수 정년퇴직 기념논총, 1990.
진정염·임기담 저, 이성규 역, 『중국대동사상연구』 지식산업사, 1990.
토머스 모어 지음, 주경철 옮김, 『유토피아』 을유문화사, 2007.

풍속과 종교

『견한잡록』(심수경 저, 『대동야승』 수록); 한국고전번역원 홈페이지.
『경국집(經國集)』(일본 시문집).
『고려사』; 누리미디어·동방미디어 홈페이지.
『공사견문록』(정재륜 저); 강주진 역, 『동평위 공사문견록』 양영각, 1985.
『동국세시기』(홍석모 저); 이석호 옮김, 『조선세시기』 동문선, 1991.
『미암일기』(유희춘 저); 담양향토문화연구회, 『미암일기초』 1992.
『북학의』(박제가 저); 안대회 옮김, 『북학의』 돌베개, 2003.
『삼국사기』(김부식 저); 동방미디어 홈페이지.
『삼국유사』(일연 저); 동방미디어 홈페이지.
『성호사설』(이익 저); 한국고전번역원 홈페이지.
『쇄미록』(오희문 저); 이민수 역, 『쇄미록』 상·하, 해주오씨추탄공파종중, 1990.
『수서(隋書)』.
『연려실기술』(이긍익 저); 한국고전번역원 홈페이지.

『열하일기』(박지원 저); 한국고전번역원 홈페이지.
『염철론』(환관 저); 김원중 옮김, 『염철론』 현암사, 2007.
『오산설림초고』(차천로 저, 『대동야승』 수록); 한국고전번역원 홈페이지.
『오주연문장전산고』(이규경 저); 한국고전번역원 홈페이지.
『요사(遼史)』.
『용재총화』(성현 저); 한국고전번역원 홈페이지 『대동야승』.
『인정(人政)』(최한기 저); 한국고전번역원 홈페이지.
『일득록』(정조 저); 정옥자, 『정조의 수상록 일득록 연구』 일지사, 2000.
조선왕조실록; 국사편찬위원회 홈페이지.
『지봉유설』(이수광 저); 이종술 등 역, 『지봉집, 지봉유설』 한국의 사상대전집 19, 동화출판공사, 1977.
『청파극담』(이육 저, 『대동야승』 수록); 한국고전번역원 홈페이지.
『탐라문견록』(정운경 저); 정민 옮김, 『탐라문견록, 바다 밖의 넓은 세상』 휴머니스트, 2008.
『해유록』(신유한 저); 강혜선 옮김, 『조선 선비의 일본견문록』 이마고, 2008 .

고병익, 「'군왜'와 기화요초-조선통신사의 일본관-」 『되돌아 본 한일관계사』 경인문화사, 2005.
김의숙 편저, 『김삿갓 구전설화』 푸른사상, 2001.
김찬웅 쓰고 엮음, 『선비의 육아일기를 읽다』 글항아리, 2008.
김창석, 「석전의 기원과 그 성격 변화」 『국사관논총』 101, 국사편찬위원회, 2003.
김호동, 『동방 기독교와 동서문명』 까치, 2002.
나영일, 『정조시대의 무예』 서울대학교출판부, 2003.
M. Eliade, *Shamanism*, Pantheon Books, 1970.
부산박물관, 『오래된 만남 한국과 일본』 2008.
심양고궁박물관 외(瀋陽故宮博物館·瀋陽市文物管理辦公室), 「瀋陽鄭家洼子的兩座青銅時代墓葬」 『考古學報』 1975-1.
아베 긴야 지음, 오정환 옮김, 『중세를 여행하는 사람들』 한길사, 2007.
아손 그렙스트 지음, 김상열 옮김, 『스웨덴 기자 아손, 100년 전 한국을 걷다-을사조약 전야 대한제국 여행기-』 책과함께, 2005.
윤이흠, 『한국종교연구』 권 I, 집문당, 1986.
이능화 지음, 서영대 역주, 『조선무속고』 창비, 2008.
이순신 저, 노승석 옮김, 『이순신의 난중일기』 동아일보사, 2005.

이용식, 『한국 음악의 뿌리 팔도 굿 음악』 서울대학교출판부, 2009.
이황 저, 이장우·전일주 옮김, 『퇴계 이황, 아들에게 편지를 쓰다』 연암서가, 2007.
조희승, 「고려의 격구와 타구」 『력사과학』 1982년 4호.
지그프리트 겐테 지음, 권영경 옮김, 『독일인 겐테가 본 신선한 나라 조선, 1901』 책과함께, 2007.
카르네프 외 4인 지음, A. 이르계바예브·김정화 옮김, 『내가 본 조선, 조선인: 러시아 장교 조선 여행기』 가야넷, 2003.
펠릭스 클레르 리델 지음, 유소연 옮김, 『나의 서울 감옥 생활 1878-프랑스 선교사 리델의 19세기 조선체험기-』 살림, 2008.
한국고대사회연구소 편, 『역주 한국고대금석문』 I, 가락국사적개발연구원, 1992.

사진, 그림 출처

신분의 세계

벗고 자는 중세의 여인숙; 아베 긴야 지음, 오정환 옮김, 『중세를 여행하는 사람들』 한길사, 2007, 75쪽 (20쪽)

목욕하는 수산나; 루브르박물관 전시, 송기호 사진 (21쪽)

유럽에 들어온 동식물들; 송기호 사진 (25쪽)

담배 썰기; 국립중앙박물관 소장(중박200812-495 허가); 국립중앙박물관 외, 『단원 김홍도』 삼성문화재단, 1995, 106쪽 (29쪽)

기생이 횡죽하는 모습; 간송미술관 소장; 안휘준 책임감수, 『풍속화』 한국의 미 19, 중앙일보사, 1985, 도144 (34쪽)

원산의 담뱃대 장수; 부산근대역사관, 『사진엽서로 떠나는 근대기행』 민속원, 2009, 119쪽 (35쪽)

담뱃대로 고양이 쫓아내기; 국립중앙박물관, 『조선시대 풍속화』 2002, 199쪽 (36쪽)

다듬이질하는 여인 옆의 담뱃대; 최석로 해설, 『민족의 사진첩』 II, 민족의 뿌리, 서문당, 1994, 183쪽 (37쪽)

봉선사 삼성각 벽화; 송기호 사진 (38쪽)

홍길동과 아버지; 장성군청 홈페이지 (39쪽)

강릉 외가 터에 세운 허균 기념비; 송기호 사진 (47쪽)

서얼의 상징인 해바라기; 송기호 사진 (50쪽)

검서관들이 근무했던 창덕궁 규장각; 송기호 사진 (51쪽)

서얼의 역사 『규사』; 규장각 소장; 김수진 촬영 (52쪽)

불교 회화에 비친 유생들 모습; 강우방·김승희, 『감로탱』 예경, 1995, 76쪽 (54쪽)

농사 짓는 백성; 국립중앙박물관 소장(중박200812-495 허가); 국립중앙박물관 외, 『단원 김홍도』 삼성문화재단, 1995, 107쪽 (56쪽)

스스로 몸을 판 계약 문서; 국립중앙박물관 소장(중박200812-495 허가); 국립중앙박물관, 『조선시대 고문서』 1997, 328쪽 (59쪽)

융릉 정자각; 송기호 사진 (61쪽)

서총대가 있던 지역; 문화부 문화재관리국, 『동궐도』 1991, 11쪽 (65쪽)

사냥꾼과 몰이꾼; 편찬위원회, 『조선유적유물도감』 5, 1990, 24쪽 (66쪽)

초라한 몰골의 백성; 간송미술관 소장; 안휘준 책임감수, 『풍속화』 한국의 미 19, 중앙일보사, 1985, 도140 (67쪽)

고단한 삶이 배어 있는 농촌의 일가족; 박현순 외, 『코리안의 일상』 청년사, 2009, 42쪽 (67쪽)

정효공주 무덤; 송기호 사진 (70쪽)

어린 기생들; 부산근대역사관, 『사진엽서로 떠나는 근대기행』 민속원, 2009, 333쪽 (72쪽)

김유신 묘; 송기호 사진 (72쪽)

화성능행도의 여악 부분; 국립중앙박물관 소장(중박200812-495 허가); 국립중앙박물관, 『조선시대 풍속화』 2002, 12쪽 (74쪽)

연산군 금표비; 송기호 사진 (79쪽)

남원의 춘향 사당; 송기호 사진 (83쪽)

기생을 껴안고; 간송미술관 소장; 안휘준 책임감수, 『풍속화』 한국의 미 19, 중앙일보사, 1985, 도149 (84쪽)

촉석루, 의암사적비, 의암; 송기호 사진 (88쪽)

폼페이 사창가 춘화; 송기호 사진 (90쪽)

봉선홍경사 비석; 송기호 사진 (91쪽)

연희패 모습; 강우방·김승희, 『감로탱』 예경, 1995, 78쪽 (105쪽)

수산리 벽화; 편찬위원회, 『조선유적유물도감』 5, 1990, 198쪽 (107쪽)

영화 '왕의 남자'의 줄타기; 인터넷 자료 (108쪽)

사당판 놀음; 조흥윤, 『민속에 대한 기산의 지극한 관심』 민속원, 2004, 95쪽 (110쪽)

안성 청룡사; 송기호 사진 (111쪽)

바우덕이 묘; 송기호 사진 (111쪽)

보물로 지정된 『쇄미록』; 문화재청 자료 (113쪽)

나그네의 종과 말; 국립중앙박물관 소장(중박200812-495 허가); 국립중앙박물관 외, 『단원 김홍도』 삼성문화재단, 1995, 80쪽 (114쪽)

서울 거리와 아이; 박현순 외, 『코리안의 일상』 청년사, 2009, 100쪽 (118쪽)

무용총 접견도의 상전과 솔거노비; 김원용, 『벽화』 한국미술전집 4, 동화출판공사, 1974, 61쪽 (123쪽)

주인이 종을 살해하는 장면; 국립중앙박물관 소장(중박200812-495 허가); 국립중앙박물관, 『조선시대 풍속화』 2002, 221쪽 (129쪽)
로마시대 노예 목에 채운 목걸이; 국립로마박물관 전시, 송기호 사진 (131쪽)
종이 주인을 범하는 장면; 통도사성보박물관, 『감로』 하, 2005, 208쪽 (133쪽)
불탄 뒤 터만 남은 경복궁; 고려대학교박물관 소장; 『겸재 정선』 한국의 미 1, 중앙일보사, 1977, 도3 (135쪽)
송하보월도; 국립중앙박물관 자료 (140쪽)
산수도; 국립중앙박물관 자료 (141쪽)
양동마을 정충비각; 송기호 사진 (146쪽)
노예를 상징하는 쇠사슬을 들고 있는 T. 클락슨; 송기호 사진 (150쪽)
이족의 다리 잘린 노예; 편찬위원회, 『凉山彝族奴隷社會』 人民出版社, 1982, 도판 (151쪽)

새로운 세상을 꿈꾸며

숭례문 화재 추모객들; 송기호 사진 (155쪽)
현대인의 괴담 기사; 조선일보 2008. 5. 26. (155쪽)
에밀레종으로 불리는 성덕대왕신종; 송기호 사진 (161쪽)
휴거소동; 인터넷 자료 (163쪽)
종말론을 다룬 영화 '2012'; 인터넷 자료 (163쪽)
소문의 여신 파마가 위에서 쌍나팔을 불고 있다; 인터넷 자료 (169쪽)
거짓말한 죄인 심판; 정병삼, 『그림으로 보는 불교이야기』 풀빛, 2000, 239쪽 (170쪽)
대학가의 탈춤 공연; 송기호 사진 (172쪽)
익산 미륵사지; 송기호 사진 (174쪽)
홍콩의 대자보; 인터넷 자료 (179쪽)
지금은 광고지가 더 많은 대학가 대자보; 송기호 사진 (179쪽)
중국 영화 '수호전' 포스터; 인터넷 자료 (184쪽)
영화 '홀리데이' 포스터; 인터넷 자료 (188쪽)
대낮에도 약탈하는 도적들; 강우방·김승희, 『감로탱』 예경, 1995, 75쪽 (190쪽)
신창원 현상 수배 방문; 송기호 사진 (197쪽)
홍길동 캐릭터; 장성군청 홈페이지 (201쪽)
소설 『임꺽정』의 무대인 죽산 칠장사; 송기호 사진 (202쪽)
임꺽정봉; 송기호 사진 (203쪽)
섬나라로 묘사된 신라; 인터넷 자료 (205쪽)

유토피아 목판화; 인터넷 자료 (207쪽)

몽유도원도의 도원 부분; 安輝濬·李炳漢, 『安堅과 夢遊桃源圖』 예경산업사, 1991 도판 (209쪽)

신천지로 지목된 삼수, 갑산 일대; 영남대학교박물관 소장; 영남대학교박물관, 『한국의 옛 지도』 1998, 55쪽 (211쪽)

도피처의 하나였던 울릉도; 규장각 소장 여지도; 이찬, 『한국의 고지도』 범우사, 1991, 124쪽 (216쪽)

19세기 천하도에 보이는 삼신산; 영남대학교박물관 소장; 영남대학교박물관, 『한국의 옛 지도』 1998, 13쪽 (218쪽)

백제 산수산경문전; 국립중앙박물관 소장(중박200812-495 허가); 국립부여박물관 도록, 1993, 90쪽 (218쪽)

도담삼봉; 송기호 사진 (220쪽)

『정감록』; 규장각 소장; 김수진 촬영 (230쪽)

불국사; 문화재청 자료 (233쪽)

미륵사지 탑과 용화산; 송기호 사진 (234쪽)

미륵보살반가사유상; 국립중앙박물관 전시, 송기호 사진 (235쪽)

고성 삼일포 매향비; 김상성 외 지음, 서울대 규장각 옮김, 『시화첩 관동십경』 효형출판, 1999, 29쪽 (236쪽)

개심사 석탑기의 '미륵향도' 명문; 송기호 사진 (236쪽)

금산사 미륵전; 송기호 사진 (237쪽)

케찰코아틀 신화 그림; 송기호 사진 (239쪽)

전주 경기전의 태조 어진; 송기호 사진 (241쪽)

일제강점기의 석왕사; 조선총독부, 『조선고적도보』 12, 1932, 1693쪽 (242쪽)

비무장지대 안에 온전히 남아 있는 궁예 도성; 구글 위성사진 (249쪽)

담무갈보살에 절하는 태조; 국립춘천박물관 자료 (250쪽)

진시황과 관련된 만리장성; 송기호 사진 (255쪽)

풍속과 종교

미인도의 다리; 간송미술관 소장; 국립중앙박물관, 『조선시대 풍속화』 2002, 177쪽 (259쪽)

장자오먀오족 가체; EBS 세계테마기행 화면 캡쳐 (259쪽)

다리 올린 여자들; 국립중앙박물관 소장; 국립중앙박물관, 『조선시대 풍속화』 2002, 171쪽 (262쪽)

안악 3호분의 여주인공 머리; 편찬위원회, 『조선유적유물도감』 5, 1990, 43쪽 (262쪽)

목제 큰머리; 국립고궁박물관 전시, 송기호 사진 (263쪽)

삼실총 애교머리 시녀; 조선일보사, 『집안 고구려 고분벽화』 1993, 163쪽 (263쪽)

쌍영총 세 여인; 『고분벽화』 45도 (263쪽)

갓끈을 길게 늘어뜨린 양반; 간송미술관 소장; 정병모, 『한국의 풍속화』 한길아트, 2000, 330쪽 (271쪽)

돈이 열린 나무; 동경국립박물관 소장; 송기호 사진 (274쪽)

일본에 간 통신사 행렬; 부산박물관, 『오래된 만남 한국과 일본』 2008, 128쪽 (275쪽)

장기 두기; 숭실대학교 한국기독교박물관, 『기산 김준근 조선풍속도-스왈른 수집본-』, 88쪽 (279쪽)

이맘 광장의 폴로 경기 골대; 송기호 사진 (281쪽)

당나라 이옹 무덤의 마구도; 『考古與文物』 2008-6, 도판 13 (282쪽)

격구 채를 든 인물; 경주박물관 특별전 전시; 송기호 사진 (283쪽)

여성 격구 도용; 대만역사박물관 전시; 송기호 사진 (284쪽)

15세기 격구장; 북한 자료를 다시 그림 (288쪽)

격구 시범; 과천경마공원 홈페이지 자료 (288쪽)

서양인이 본 서울 근교의 석전; 박현순 외, 『코리안의 일상』 청년사, 2009, 116쪽 (289쪽)

석전 장면; 서울대학교박물관 소장 (293쪽)

인사동에서 펼쳐진 강릉단오제 홍보 공연; 송기호 사진 (297쪽)

연날리기; 숭실대학교 한국기독교박물관, 『기산 김준근 조선풍속도-스왈른 수집본-』 82쪽 (301쪽)

강릉 사천 하평 답교놀이; 문화재청 자료 (303쪽)

안동 봉정사 연등; 송기호 사진 (306쪽)

단오절 풍경; 간송미술관 소장; 국립중앙박물관, 『조선시대 풍속화』 2002, 161쪽 (308쪽)

일본의 코이노보리; 송기호 사진 (309쪽)

『기사경회첩』의 처용무 장면; 국립중앙박물관 소장; 국립중앙박물관, 『조선시대 풍속화』 2002, 34쪽 (315쪽)

화성능행도에 보이는 매화포; 인터넷 자료 (316쪽)

백의관음도의 십자가 낙서; 송기호 사진 (318쪽)

신관의 축도; 전호태 제공 (320쪽)

롯데백화점 고사; 서울신문 2011. 10. 17. (321쪽)

강진 무위사 산신각; 송기호 사진 (327쪽)

경주 출토 마리아상; 숭실대학교, 『숭실대학교 기독교박물관』 2004, 219쪽 (327쪽)

보살상 형식의 예수상; 佐伯好郎, 『景教の研究』 下篇, 東方文化學院東京研究所, 1935, 917쪽 (328쪽)

마리아 관음; 송기호 사진 (328쪽)

피라미드 위의 성당; 송기호 사진 (330쪽)

발굴 중인 회암사지; 송기호 사진 (331쪽)

효령대군 명문 막새기와; 송기호 사진 (331쪽)

단군상 건립 반대를 내건 교회; 송기호 사진 (340쪽)

기와에 쓴 종교 간 소통 문구; 송기호 사진 (341쪽)

수성당 입구; 송기호 사진 (342쪽)

감악산 굿당; 송기호 사진 (343쪽)

굿하는 장면; 서울대학교 규장각, 『巫堂來歷』 영인본, 1996, 35쪽 (344쪽)

문경 고모산성 부근의 성황당; 송기호 사진 (345쪽)

정가와자 6512호 무덤; 瀋陽故宮博物館·瀋陽市文物管理辦公室, 「瀋陽鄭家洼子的兩座青銅時代墓葬」 『考古學報』 1975-1 (347쪽)

중국 동북방 소수민족(허저족)의 샤먼 복장; 王永强 등 主編, 『中國少數民族文化史圖典』 東北卷, 廣西教育出版社, 1999, 296쪽 (347쪽)

굿하는 근대 사진; 서울대학교박물관 유리건판 사진 (349쪽)

무산 호곡동 출토 점뼈; 편찬위원회, 『조선유적유물도감』 1, 원시편, 1990, 204쪽 (357쪽)

점치는 모습; 조선일보사, 『集安 고구려 고분벽화』 1993, 67쪽 (358쪽)

서출지; 송기호 사진 (359쪽)

사주카페; 송기호 사진 (363쪽)

경주 남산에서 본 낭산; 송기호 사진 (366쪽)

고구려 금동판; 송기호 사진 (367쪽)

동관왕묘; 송기호 사진 (369쪽)

안동 관왕묘 내부; 송기호 사진 (370쪽)

이차돈 순교비; 송기호 사진 (372쪽)

진시황릉 입구; 송기호 사진 (374쪽)

화려한 문양으로 장식된 이란 이스파한의 이맘 모스크; 송기호 사진 (374쪽)

보현사 안에 있는 수충사; 송기호 사진 (376쪽)